**PREFACE**

전 세계가 COVID-19로 인한 피해와 위험과 일상생활이라는 경계선에 서있는 2022년 끝자락에 우리나라 교육은 더욱더 크나큰 위기에 직면해 있다. 그러한 위기 속에서도 우리나라는 물론 글로벌 세계는 IT 4차 산업혁명의 개발에 박차를 가하고 있다.

우리는 IT 4차 산업혁명 사회 속에서 이제는 초고속, 초지연, 만능화을 체험하고 있지만 이러한 사회가 되기까지는 수많은 시행착오, 하드웨어와 관련 산업들의 융합 과정이 있었다. 우리는 IT 관련 산업의 발전을 보면서 4차 산업혁명에 대한 개념과 이론적 배경을 이해한다면 직접적인 기술과 연관이 없다 하더라도 현재의 IT 기술을 즐기고 미래의 IT 기술을 예측 가능할 것이다.

본도서는 총 9장의 내용들로 구성되어 있다. 1장에서는 독자 여러분들에게 4차 산업혁명 시대가 되기까지의 역사적인 배경과 전반적인 개요에 대해 설명한다. 2장에서는 4차 산업혁명의 일등공신인 컴퓨터의 발전과 반도체를 중심으로 한 컴퓨터의 구성요소들에 대해 알아본다. 3장에서는 가상현실 시스템, 사물인터넷, 인공지능 등을 구성하는 컴퓨터 시스템의 구조에 대한 설명으로 하드웨어의 구성요소들에 대해 이해할 수 있을 것이다. 4장은 컴퓨터 그래픽에 대한 개념으로 컴퓨터가 이미지를 어떠한 방식으로 표현하는지 가장 기본 적인 요소들부터 이를 활용하기 위한 소프트웨어에 대해 설명하였다. 5장과 6장에서는 4차 산업혁명의 꽃이라 할 수 있으며 전 세계적으로 관심이 있는 미래 먹거리 산업인 가상현실과 드론에 대한 개념과 활용방안에 대해 설명하였다.

전 세계 디바이스들이 사물인터넷을 통해 서로 초지연, 초고속으로 연결된 생활에서 중요한 개념인 정보의 보안과 네트워크 그리고 인터넷을 통한 문서의 표현은 7장과 8장을 통해 제시하였다. 이와 아울러 사물인터넷과 5G의 개념에 대해 설명하였다. 마지막으로 9장에서는 웹에서 직접 표현 가능한 Web 3D의 에 대해 알아보고 향후 미래의 웹 문서의 방향을 예측하는 기회가 될 것이다.

이 책이 나오기까지 많은 인내심과 편집에 도움을 준 가족들에게 고마움을 표현하며 책의 출판에 도움을 주신 이범만 사장님과 21세기사 출판사 관련 분들께 진심으로 감사드립니다. 끝으로 이 책을 통하여 많은 독자 여러분이 4차 산업혁명을 이해하고 나아가 4차 산업혁명에 걸 맞는 기술을 습득하기 바란다.

2022년 마지막 끝자락에
대표저자 박 경 배

E-mail: gbpark@yit.ac.kr

CONTENTS

CHAPTER 4   컴퓨터 그래픽   129

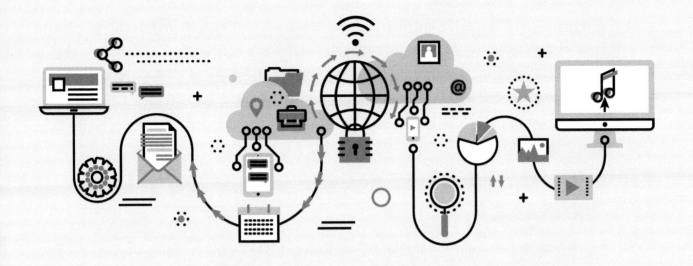

CHAPTER 1

4차 산업혁명

1.1 4차 산업혁명

2015년 즈음 기존의 정보통신기술(Information & Communication Technology)은 경제, 농업 등과 같은 사회의 다양한 산업분야와 융합이 이루어지기 시작하였다. 이는 18세기에 시작된 제1차 산업혁명이후 네 번째로 변화된 산업시대로서 4차 산업혁명이라 부르고 있으며 제4차 산업혁명은 제3차 산업혁명 발전을 이끈 산업의 기계화와 컴퓨터, 인터넷을 기반으로 한 정보통신 기술의 비약적인 발전을 토대로 탄생되었다. 산업혁명의 역사와 제4차 산업혁명으로 이끈 컴퓨터의 원리 및 발전의 특징에 대해 알아보자.

1.1.1 컴퓨터와의 소통

인간 사회에서는 서로 대화를 하기 위해서는 같은 언어를 사용해야 한다. 서로 언어가 다르다면 대화할 수 있는 공통된 언어를 사용하거나 중간에 통역할 사람이 있어야 한다. 그림 1-1과 같이 서로 다른 언어를 사용하는 사람들 간에는 서로 이해할 수 있는 공통적인 요소가 필요하다.

그림 1-1 대화의 전제 조건

4차 산업혁명시대에 인공지능 기술이 발전하기 까지는 꽤 긴 시간과 어려움을 극복해야 했다. 이러한 기술의 바탕에는 당연히 3차 산업혁명시대에 컴퓨터를 개발하고 발전시킨 역사를 포함하고 있다.

인간이 컴퓨터를 사용한다는 것은 컴퓨터가 이해하는 명령어를 입력하는 것이다. 그렇다면 컴퓨터는 어떤 언어를 사용할까? 결론적으로 이야기하면 0과 1을 사용한다. 디지털의 개념인 0과 1 역시 인간의 언어로서 컴퓨터에게 상징적인 의미이지 컴퓨터가 0과 1을 이해한다는 의미는 아니다.

컴퓨터를 인간이 사용할 있도록 생명력을 제공한 것은 제2차 산업혁명 시대를 이끈 전기가 원동력이다. 컴퓨터가 작동하기 위해선 전력이 공급되어야 하며 이 전기의 전압을 이용하여 전기적 신호를 컴퓨터는 사용한다. 우리나라에서 가정으로 들어오는 전력은 그림 1-2와 같이 220V의 아날로그 파형의 교류 전압이다. 이 교류 전압을 컴퓨터에서 사용하기 위해서는 약 12V의 낮은 전압으로 변화시켜야 하며 +와 - 전압만을 갖는 디지털 전기(직류)로 변환된다. +와 -의 전압은 0과 1로서 표현될 수 있다.

0과 1의 의미는 두 가지 상태를 나타내는 것으로 전기의 On 혹은 Off(반도체의 특성)의 특성으로 아래 그림 1-2처럼 특정 전압 이상을 1로 인식하거나 그 반대를 0으로 해석하게 함으로서 컴퓨터와 인간이 소통할 수 있는 계기가 만들어지게 되었다. 당연한 얘기이지만 2차 산업혁명의 전기는 3차 산업혁명의 컴퓨터를 만들어 냈으며 이는 4차 산업혁명의 근간이 되었다.

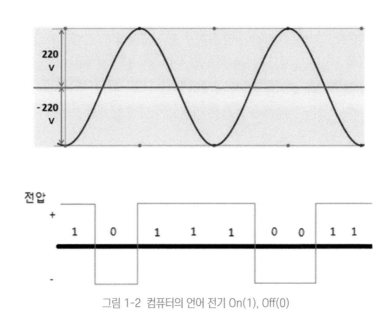

그림 1-2 컴퓨터의 언어 전기 On(1), Off(0)

0과 1처럼 두가지 상태를 나타낼 수 있는 것은 표 1-1과 같다. 전기의 경우 전류가 흐르는 상태를 On으로서 1을 나타내고 전류가 차단된 상태를 Off로서 0을 의미한다. 이와 유사하게 일정전압 +5V 이상의 전압은 1의 상태이고 -5V는 0의 상태이다. 만약 전압이 순간적으로 0V가 된다면 0의 상태일까? 1의 상태일까? 자석의 N극과 S극도 2가지 상태를 나타내기 때문에 0과 1의 값으로 표현 가능하다. 이처럼 0과 1의 두 가지 상태는 논리적 요소로서 컴퓨터 발전의 기반이 되었다.

표 1-1 0과 1의 상태

상태	0	1
전기	off	on
전압	-5V	+5V
자석	N	S
불(Boolean) 값	거짓(FALSE)	참(TRUE)

1.1.2 산업혁명의 역사

산업혁명의 역사는 그림 1-3과 같이 인류의 문명과 생활에 큰 전환점과 영향을 주는 사건을 기반으로 18C 중반 제1차 산업혁명에서 시작하여 19C 중반 2차 산업혁명을 이끌었으며 20C 중반 컴퓨터와 인터넷을 기반으로 한 3차 산업혁명 그리고 2015년부터 현재까지를 제4차 산업혁명이라고 정의하고 있다. 4차 산업혁명의 기반 기술과 요소들을 이해하기 위해 과거의 산업혁명에 대해 간단히 알아보자.

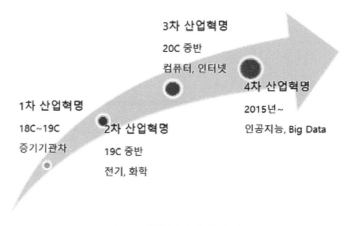

그림 1-3 산업혁명의 역사와 특징

■ 제1차 산업혁명

우리가 1차 산업혁명이라 부르는 최초의 산업 혁명은 영국에서 18세기에 시작하여 유럽과 미국으로 약 100여 년간에 걸쳐 확산되었다. 1차 산업혁명은 오랜 기간 소비재와 경공업을 중심으로 이루어졌던 인류의 생활 방식을 농경 중심 사회에서 산업화 사회로 바꾸는 시기였으며 근대화의 시기라고도 할 수 있다.

1차 산업혁명의 특징으로 철과 석탄을 이용하였고, 석탄을 이용한 증기기관 그리고 증기 기관차와 같은 새로운 운송 및 통신 수단이라 할 수 있다. 특히 면직물 공업의 기계화는 영국의 산업을 대량 생산과 대량 소비를 통해 크게 발전시켰으며 다양한 국가에 진출하는 시기이기도 하다. 그러나 산업화 시대의 부산물인 노동자 계급의 출현은 현재도 많은 사회적 문제를 제기하고 있으며 노동자의 복지는 해결해야 할 가장 큰 문제이다.

그림 1-4는 1813~1814경 제조된 것으로 현재 존재하는 가장 오래된 증기기관차 "퍼핑 빌리(Puffing Billy)"로서 1차 산업 혁명의 상징적인 기관차라 할 수 있다.

그림 1-4 "퍼핑 빌리(Puffing Billy)"
증기기관차
출처: William M. Conoley

■ 제2차 산업혁명

19C 중반부터 시작된 2차 산업혁명의 핵심은 전기와 석유였다. 1차 산업 혁명에서 사용되었던 증기기관은 자동차의 원동력인 내연기관으로 발전하였으며 석탄 대신 석유를 이용하여 더욱더 효율적인 동력을 얻을 수 있었다. 특히 전기의 발견과 이를 이용한 에디슨의 상업적 전구의 발명으로 첨단 과학의 발판을 마련하였다.

2차 산업혁명의 특징은 전기와 관련된 산업화로서 공간과 시간의 제한을 극복한 것이라 할 수 있다. 전기를 이용한 모터는 에너지의 원동력을 매우 효율적으로 얻게 하였으며, 전화기의 발명은 공간의 제약을 극복하고 정보를 신속히 전달

그림 1-5 토마스에디슨

할 수 있었다. 라디오를 이용한 정보의 전파, 텔레비전의 발명, 자동차와 비행기를 이용한 효율적인 운송 수단으로 인류는 매우 편리하고 유익한 생활을 할 수 있는 시기였다.

■ 제3차 산업혁명

3차 산업혁명은 컴퓨터와 인터넷의 발명으로 20세기 중반에 일어난 정보의 혁명이라 할 수 있다. 2차 산업혁명이 전기를 이용한 아날로그 정보의 생산에 중점을 둔 고도화된 사회라고 한다면 3차 산업혁명은 컴퓨터를 이용한 정보의 저장 및 가공이 가능한 시대로서 아날로그와 대비되는 디지털 정보가 인류의 생활을 지배하는 사회가 된 것이다.

기존 아날로그 산업에서는 불필요하고 비효율적인 측면들이 많았다. 그러나 컴퓨터를 사용하면서 방대한 아날로그 정보는 간단한 디지털 정보로 바뀌었으며 디지털 정보를 이용하여 불필요하고 비효율적인 정보들을 제거함으로서 생산성, 신속성 그리고 효율성 등을 높일 수 있었다. 특히 디지털 정

그림 1-6 최초전자식 계산기(ENIAC)

보는 다른 산업 분야의 기술들과 융합 가능성을 제시하며 4차 산업혁명의 기틀을 마련하였다. 그림 1-6은 최초의 전자식 계산기 ENIAC((Electronic Numerical Integrator And Computer)의 모습이다.

■ 제4차 산업혁명

제4차 산업혁명은 2016년 1월 스위스 다보스포럼에서 "4차 산업혁명" 시대의 도래를 천명하면서 시작되었다. 전 세계의 정보통신 강국들은 국가의 핵심전략으로 4차 산업혁명 기술들을 적극적으로 지원 개발하고 있다.

4차 산업혁명하면 연상되는 대표적인 기술은 인공지능(Artificial Intelligence) 또는 로봇 등일 것이다. 좀 더 쉬운 비유는 "인간을 닮은 무언가를 창조하는 것"일 것이다. 그렇다면 "인간을 닮는다는 의미는 무엇일까?". 인간의 특징을 한마디로 정의할 수는 없겠지만 아마도 "생각하고 느끼고 자율적인 행동을 갖는 것"이라 해도 크게 틀리진 않을 것이다. 4차 산업혁명은 이 처럼 스스로 생각하는 인공지능, 인간의 오감을 구현하는 센서 그리고 사물인터넷과 빅데이터를 통한 자율적인 행동, 즉 인간을 모방하거나 어떠한 측면에서는 인간을 뛰어 넘는 기술들을 구현하는 것이다.

3차 산업혁명을 이끌었던 각기 별개로 보이던 정보통신기술(ICT), 인공지능, 사물인터넷, 클라우드

컴퓨팅, 빅데이터, 모바일 등이 기술적 발전을 이루었으나 근래에는 이러한 기술들이 서로 융합되고 심지어 생명공학, 나노(Nano) 등의 여러 분야가 신기술들과 융합되어 사회 곳곳에서 인류 삶의 방식을 바꾸고 있다. 그림 1-7은 우리 생활 곳곳에 존재하는 모든 사물들은 센서와 통신기능을 통하여 인터넷에 연결하는 사물인터넷과 클라우드(Cloud) 컴퓨팅 개념을 간략히 보여주고 있다.

그림 1-7 사물인터넷과 클라우드 컴퓨팅(출처:산업통계 분석시스템)

1.1.3 지능 정보기술 시대

산업의 자동화 기계 등은 단순한 조립 단계를 넘어 지능화되었으며 정보기술을 활용한 ICT 기반 플랫폼 기술들은 4차 산업혁명의 핵심인 지능정보기술의 융합으로 나타났다. 지능 정보기술은 인공지능 기술, 빅데이터 기술, 사물인터넷 기술 등을 융합하여 단순한 깡통의 기계가 아니라 인간의 오감 기능을 처리할 수 있는 기술을 의미한다. 그림 1-8과 같이 컴퓨터와 인터넷을 통한 정보혁명이 3차 산업혁명을 일으켰다면 인공지능 AI 소프트웨어 기술의 발전(SW), 빅데이터(Big Data), 사물인터넷 그리고 가상현실 등과 융합하여 활용된 지능정보기술은 사회전반에 제4차 산업혁명의 융합을 더욱더 가속화 시키고 있다.

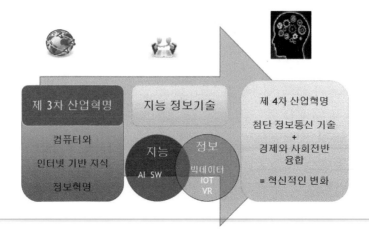

그림 1-8 지능정보기술

인공지능 기술은 아직까지는 인간의 오감 중 일부만을 묘사하고 처리할 수 있는 기술이지만 인간의 인지능력, 학습능력, 추론 능력 등을 중심으로 SW와 HW가 지속적인 발전을 하고 있다. 빅데이터 활용 기술은 다양한 분야의 데이터를 수집하고 전달하며 이와 함께 저장 분석하는 기술이다. 대량의 데이터를 수집함과 동시에 전달하기 위해서는 5G를 근간으로 하는 사물인터넷(IOT)과 클라우딩(Clouding) 기술이 필요하다.

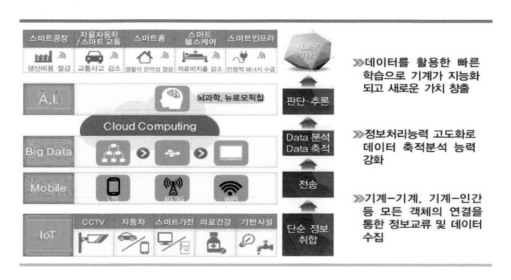

그림 1-9 지능정보기술 개념

출처: 미래창조과학부-4차 산업혁명에 대응한 지능정보사회 중장기 종합대책

그림 1-9는 지능정보기술의 개념을 설명한 것으로 사물인터넷을 기반으로 CCTV, 자동차, 스마트폰과 가전 그리고 기반시설로부터 단순 정보를 취합하고 모바일 기기를 이용하여 5G로 전송된 빅데이터를 분석, 저장하게 되고 인공지능(A.I)를 통해 판단하게 된다. 이에 대한 결과물은 각 산업분야에서 데이터를 활용하여 기계가 지능화되고 새로운 가치를 창출하게 된다. 스마트화 된 공장은 생산비용 절감이 이루어지고 자동차의 경우 자율주행이나 교통사고의 감소와 같은 효과를 얻을 수 있다. 이외에도 다양한 산업분야에 매우 고효율적인 결과를 얻을 수 있다.

지능정보기술이 산업화에 적용될 경우 다음과 같은 특징을 갖는다.(출처:미래창조과학부)

• 무인 의사결정 : 인간의 고차원적 판단기능을 수행함으로써 기계가 독립된 주체로 활동하여 자동화 및 무인화가 확산된다.

• 실시간 반응 : 정보수집, 데이터분석, 판단 추론 등 일련의 과정들이 ICT 기술(IoT, Cloud, Big Data, Mobile)을 통해 즉각 처리되어 실시간 응답 반응한다.

• 자율 진화 : 딥러닝 등 기계 학습을 통해 스스로 진화하여 기계의 성능이 기하급수적으로 향상 된다.

• 만물의 데이터화 : 과거에는 보관 활용이 곤란했던 데이터(생체 행태정보, 비정형 정보 등)도 기계 학습 과정을 거쳐 의미있는 추출 가능하다.

이처럼 지능정보기술은 과거 기계가 실행할 수 없었던 다양한 산업분야에 적용할 수 있게 됨에 따라 해당 산업의 생산성을 높이고 효율적으로 변화함에 따라 사회 전반에 큰 변화를 초래하게 된다. 그림 1-10은 지능정보기술과 타 산업 분야의 기술들이 서로 융합되는 예시를 나타낸 것으로 인공지능(AI), 사물인터넷(IoT), 클라우딩 서비스(Clouding), 모바일(Mobile) 서비스 그리고 빅데이터(Big Data) 등의 지능정보기술은 별개의 기술이 아닌 서로 유기적인 관계를 갖는 것을 나타낸다. 이러한 융합된 기술들은 가정, 의료, 스마트 공장, 스마트 도시, 웨어러블, 3D 프린팅 등 기술 발전의 핵심 역할을 하게 되며 인류의 삶 방식에 많은 영향을 주게 된다.

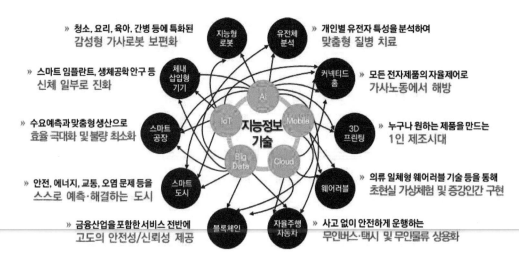

» 청소, 요리, 육아, 간병 등에 특화된
감성형 가사로봇 보편화

» 개인별 유전자 특성을 분석하여
맞춤형 질병 치료

» 스마트 임플란트, 생체공학 안구 등
신체 일부로 진화

» 모든 전자제품의 자율제어로
가사노동에서 해방

» 수요예측과 맞춤형생산으로
효율 극대화 및 불량 최소화

» 누구나 원하는 제품을 만드는
1인 제조시대

» 안전, 에너지, 교통, 오염 문제 등을
스스로 예측·해결하는 도시

» 의류 일체형 웨어러블 기술 등을 통해
초현실 가상체험 및 증강인간 구현

» 금융산업을 포함한 서비스 전반에
고도의 안전성/신뢰성 제공

» 사고 없이 안전하게 운행하는
무인버스·택시 및 무인물류 상용화

그림 1-10 지능정보기술과 타 산업간의 융합
출처: 미래창조과학부

1.1.4 지능정보기술의 미래

(1) 산업구조의 변화

제3차 산업혁명 이전까지만 하더라도 토지, 노동, 자본은 생산을 위한 3대 요소로서 경제의 근간이었다. 그러나 정보기술의 발전으로 정보는 또 하나의 생산 요소로서 자리매김하였을 뿐만 아니라 제4차 산업혁명시대에는 새로운 경쟁요소로 부각되고 있다.

지능정보기술은 빅데이터와 사물인터넷 그리고 인공지능 등을 이용하여 습득한 정보에 대해 스스로 학습하고 이를 통해 더욱 진보하게 되므로 정보자체가 산업구조에 있어서 매우 중요한 요소임을 알 수 있다. 따라서 전 세계의 ICT 상위 기업(페이스북, 애플, 구글, MS 등)은 지능정보기술에 적극 투자하고 있으며 반면에 노동의 중요성은 상대적으로 감소하고 소비자 맞춤형, 서비스 제공에 중점을 두고 있다.

그림 1-11에서는 스마트 혁명으로 제조업에서 변화된 내용과 관계를 나타내었다. 제조업에서의 3D 프린팅 기술과 네트워크로 글로벌화 되고 있다. 제조 부분을 제외한 설계, 유통, 판매, 관리 등의 부분이 네트워크를 통해서 해결가능하며 글로벌로 연결된 네트워크와 어디서나 가능해진 컴퓨팅 파워가 3D 프린터 세계 각지의 공장과 연결됨으로서 제조 공간을 형성하고 있다.

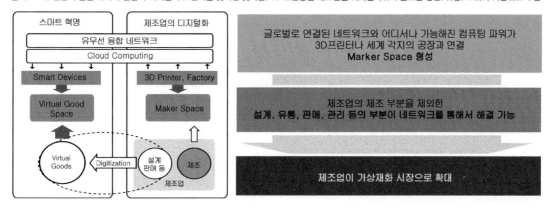

음악, 도서, 신문과 같은 미디어 산업이 디지털화로 변혁을 맞이한 것처럼, 3D 프린팅은 제조업을 디지털화하여 글로벌 생산, 유통, 소비가 가능하도록 함

그림 1-11 스마트혁명과 제조업의 디지털화(출처:디지에코(2013. 6. 27))

표 1-2는 스마트 공장이 ICT 미적용부터 기초단계를 거쳐 고도화 되는 단계까지의 수준별 정의에 대해 공장자동화, 공장운영 형태, 기업자원관리 그리고 제품개발의 방법 등의 요소로 구분한 것이다. ICT가 미적용일 경우는 공장의 관리는 수작업으로 진행되며 협업은 전화와 이메일 등을 통함으로써

표 1-2 스마트공장의 수준별 정의

구분	현장자동화	공장운영	기업자원관리	제품개발	공급사슬관리
고도화	IoT/IoS 기반의 CPS화				인터넷 비즈니스 네트워크 협업
	IoT/IoS화	IoT/IoS(모듈)화 빅데이터 기반의 진단 및 운영		빅데이터/설계 개발, 가상시뮬레이션/3D프린팅	
중간 수준2	설비제어 자동화	실시간 공장제어	공장운영통합	기준정보/기술정보생성 및 연결자동화	다품종 개발협업
중간 수준1	설비제어 자동화			기준정보/기술정보 개발운영	다품종 생산협업
기초 수준	설비데이터	공정물류관리 (POP)	관리기능 중심 기능 개별운용	CAD사용, 프로젝트 관리	단일 모기업 의존
ICT 미적용	수작업	수작업	수작업	수작업	전화와 이메일 협업

출처: 테크엠(2016.5), p.21

협업이 매우 비효율적으로 수행되지만 고도화 되었을 경우에는 인터넷과 네트워크를 통해 모든 사물들이 서로 통신 가능한 단계가 된다. 즉 공장 운영이나 기업 자원관리에서 제품 개발 등은 모두 사물인터넷(IOT) 기반의 자동화가 이루어지게 된다.

지능정보기술을 활용하고 4차 산업 혁명을 이끄는 핵심 기술에 대해 클라우스 슈밥(Klaus Martin Schwab)은 물리적, 디지털, 생물적으로 분류하였으며 각 트랜드에 핵심기술의 특징을 표 1-3과 같이 설명하였다.

표 1-3 4차 산업혁명을 이끄는 기술

메가트랜드	핵심기술	특징
물리적 (Physical) 기술	무인 운송수단	• 센서와 인공지능의 발달로 자율 체계화된 모든 기계의 능력이 빠른 속도로 발전함에 따라 드론, 트럭, 항공기, 보트 등 다양한 무인운송수단 등장 • 현재 드론은 주변 환경의 변화를 감지하고 이에 반응하는 기술을 지니고 충돌을 피하기 위한 항로변경 등이 가능
	3D프린팅	• 3D프린팅은 입체적으로 형성된 3D 디지털설계도나 모델에 원료를 층층이 겹쳐 쌓아 유형의 물체를 만드는 기술 • 기존의 절삭(subtractive)가공 방식이 필요 없는 재료의 층을 자르거나 깎는 방식인데 반해, 3D 프린팅은 디지털설계도를 기반으로 유연한 소재로 3차원 물체를 적층(additive)해 나가는 방식 • 현재 자동차, 항공우주, 의료산업에서 주로 활용되며, 의료 임플란트에서 대형 풍력발전기까지 광범위에게 활용 가능
	로봇공학	• 로봇은 과거 프로그래밍 되어 통제된 업무수행에 국한되었으나 점차 인간과 기계의 협업을 중점으로 개발되고 있음 • 센서의 발달로 로봇은 주변 환경에 대한 이해도가 높아지고 그에 맞춰 대응도 하며, 다양한 업무 수행이 가능해짐 • 클라우드 서버를 통해 원격정보에 접근이 가능하고 다른 로봇들과 네트워크로 연결
	그래핀 (신소재)	• 기존에 없던 스마트 소재를 활용한 신소재(재생가능, 세척가능, 형상기억합금, 압전세라믹 등)가 시장에 등장 • 그래핀(graphne)과 같은 최첨단 나노소재는 강철보다 200배 이상 강하고, 두께는 머리카락의 100만분의 1만큼 얇고, 뛰어난 열과 전기의전도성을 가진 혁신적인 신소재

메가트랜드	핵심기술	특징
디지털 (Digital) 기술	사물 인터넷	• 사물인터넷은 만물인터넷이라고도 불리 우며 상호 연결된 기술과 다양한 플랫폼을 기반으로 사물(제품, 서비스, 장소)과 인간의 관계를 의미 • 더 작고 저렴하고 스마트해진 센서들은 제조공정, 물류, 집, 의류, 액세서리, 도시, 운송망, 에너지 분야까지 내장되어 활용
	블록체인 시스템	• 블록체인(Block Chain)은 서로 모르는 사용자들이 공동으로 만들어가는 시스템인데, 프로그래밍이 가능하고 암호화(보완)되어 모두에게 공유되기 때문에 특정 사용자가 시스템을 통제할 수 없음 • 현재 비트코인(bitcoin)이 블록체인 기술을 이용하여 금융거래를 하고 있으며, 향후 각종 국가발급 증명서, 보험금 청구, 의료기록, 투표 등 코드화가 가능한 모든 거래가 블록체인 시스템을 통해 가능할 전망
생물학 (Biological) 기술	유전학	• 과학기술의 발달로 유전자 염기서열분석의 비용은 줄고 절차는 간단해졌으며, 유전자 활성화 및 편집도 가능 • 인간게놈프로젝트 완성에 10년이 넘는 시간과 27억 달러가 소요되었으나, 현재는 몇 시간과 1,000달러 가량의 비용이 소요
	합성생물학 (synthetic biology)	• 합성생물학 기술은 DNA데이터를 기록하여 유기체를 제작할 수 있어 심장병, 암 등 난치병 치료를 위한 의학 분야에 직접적인 영향을 줄 수 있음 • 데이터 축적을 통해 개인별 맞춤의료 서비스 및 표적치료법도 가능
	유전자 편집	• 유전자 편집 기술을 통해 인간의 성체세포를 변형할 수 있고 유전자 변형 동식물도 만들어 낼 수 있음

출처: 클라우스 슈밥(2016) pp.36~50

(2) 고용구조의 변화

2016년 세계경제연맹에 따르면 4차 산업혁명의 영향으로 향후 다가올 미래 사회의 고용구조의 변화를 보면 표 1-4와 같다. 2015년 까지 이미 나타나고 있는 고용 구조는 4차 산업혁명의 영향이 미치는 지정학적 위치에 따라 변동성이 확대되고 있으며 모바일 인터넷과 네트워크 클라우드 기술의 발달, 컴퓨터의 처리 능력 확대로 빅데이터 산업은 매우 확대되고 있다. 4차 산업혁명에 민감한 청소년들은 신기술을 받아들이는 속도가 매우 빠르며 특히 신흥시장에서의 영향은 중산층의 증가와 더불어 더욱 두드러지고 있다.

불과 몇 년 전인 2015~2017년에 신 재생에너지의 공급과 기술은 사물인터넷(IoT), 첨단 제조업과

3D 프린팅 등의 기술과 융합되어 생활을 더욱 편리하게 이끌고 있으며 이로 인한 평균 수명 증가와 고령화 사회를 더욱 확대시키고 있으며 관련된 산업 사회의 전반에 영향을 주었다.

2018년 이후의 사회는 더욱 고도화되어 첨단 로봇공학과 자율주행차량은 점차 확대되고 있으며, 인공지능(AI)과 기계학습(machine learning)은 사회 곳곳에 활용되고 있다. 그리고 첨단소재, 생명공학 기술과 유전체 기술들에 대한 고용은 고령화 시대와 더불어 점차 늘어가고 있다.

표 1-4 4차 산업혁명의 시기별 영향

이미 나타난 영향	2015~2017	2018~2020
• 지정학적 변동성의 확대 • 모바일 인터넷과 클라우드 기술 • 컴퓨터의 처리 능력과 빅데이터의 확대 • 클라우드 소싱, 공유경제와 개인간 (p2p) 플랫폼 • 신흥시장 중산층의 성장 • 신흥시장의 청년층 인구 증가 • 급격한 도시화 • 작업환경의 변화와 노동 유연화 • 기후변화, 자연자원의 제약과 녹색 경제로의 이행	• 신에너지 공급과 기술 • 사물인터넷(IoT) • 첨단 제조업과 3D 프린팅 • 평균수명 증가와 고령화 사회 • 윤리와 프라이버시 문제에 대한 소비자의 우려 증가 • 여성의 사회적 열망과 경제력 상승	• 첨단 로봇공학과 자율주행 차량 • 인공지능(AI)과 기계학습 (machine learning) • 첨단소재, 생명공학기술과 유전체 학(genomics)

출처: 세계경제연맹(2016)

(3) 4차 산업혁명의 특징

① 정보의 가상성(Cyber)과 물리성(Physical)의 결합

ICT는 정보를 다루는 기술로서 컴퓨터, 네트워크, 모바일, 소프트웨어 그리고 하드웨어 등은 모두 형태가 다르지만 정보를 저장, 처리 그리고 분석하는 기술 분야이다. 이러한 정보는 인간의 눈에 보이지 않게 처리되므로 가상성(Cyber)을 갖는다고 할 수 있다. 이처럼 정보가 존재하는 가상세계와 대비되는 것이 우리가 살아가는 현실세계 즉 물리적 세계이다.

물리적 세계의 가장 큰 특징은 가상성과 비교하여 부피, 질량 등의 물리적 특성을 갖고 있다. 독립적이었던 이 두 세계는 정보의 가상성에 의해 주기적으로 계속하여 물리적 세계에 영향을 주고 있으며 물리적 세계는 가상의 세계에 상호 영향을 주고 있다. 가장 쉬운 예로서 어떤 물리적 제품이 필요하여 인터넷을 통하여 해당 제품을 주문하였다면 가상세계에서 정보가 처리되고 주문한 물건이 현실세계로 배달되어 온다. 즉 물리적 세계에서 필요했던 제품은 가상세계에서 정보가 처리되어 물리적 현실세계에 영향을 주는 것이다.

② 초지능화(Hyper-Intelligent)

초지능화란 우리 사회 전반에 퍼져있는 모든 기기들이 빅데이터와 인공지능(AI) 기술의 영향으로 "인간처럼 생각하고 결정하는 똑똑한 기기(Smart Device)"를 의미한다. 과거 컴퓨터가 진입하지 못할 것으로 예상되었던 바둑 분야에서 세계1위 이세돌을 불계승으로 꺾었던 인공지능 알파고(AlphaGo)는 이미 초지능화된 세계로 돌입했음을 암시하고 있다. 이처럼 4차 산업혁명은 사물인터넷을 통한 방대한 양의 빅데이터를 인공지능의 논리력, 의사결정 능력과 연관되고 융합하는 새로운 초지능화 시대가 도래되었다.

초지능화는 비단 알파고와 같은 단순 연구목적 보다는 산업의 생산성을 향상시키기 위한 "스마트 공장(Smart Factory)"이라 부르는 자동화된 공장이다. 스마트공장은 상품을 제조하기 위한 공장과 정보통신기술(ICT)의 융합에 의해 생산 효율성을 극대화 시킨 것이다. 즉, 공장의 시스템이 단순 자동화된 것이 아니라 기존 공장의 모든 요소들이 정보시스템, 사물인터넷, 센서 네트워크, 로봇, 자동화, 빅데이터 그리고 인공지능 등의 정보통신기술의 결합을 통해 실현되는 것이다.

③ 초연결성(Hyper-Connected)

4차 산업에서는 초지능화된 기기(device)들 간에 연결의 극대화를 통한 초연결성으로 모든 사물이 상호 통신하게 된다. 인공지능의 기기들이 의미 있는 정보를 창출하기 위해서는 무수한 데이터를 수집하고 분석하여 학습의 형태의 사이클(cycle)을 가져야 한다.

인간이 수동으로 입력한 데이터를 처리하는 것이 아니라 사물인터넷을 통하여 클라우드 정보 등 빅데이터를 스스로 수집하고 의미 있는 정보로 가공해야 한다. 인공지능이 인간과 유사한 결정을 위해서는 무수한 데이터가 필요하며 이를 위해서는 모든 사물이 초연결성(hyper-connected)으로 데이터의 전송이 이루어져야 한다.

(4) 4차 산업혁명의 활용

① 스마트 워터 그리드(Smart Water Grid)

기존 수자원 관리 시스템의 한계 극복을 위한 지능형 물 관리 체계로서 물 관리기술과 첨단 정보통신 기술(ICT)을 융합해 기존 시설의 취약점을 보완하고 고효율의 인프라 시스템을 구축하는 차세대 물 관리 기술이다. 물 부족지역에 있는 한정된 수자원을 이용해 가장 경제적으로 수자원을 확보하고, ICT기술을 활용해 실시간으로 물 관리를 효율적으로 하는 포괄적인 물 관리 시스템이다.

대표적인 스마트 워터 그리드를 활용한 국가로는 스페인이다. 스페인은 기후변화로 인한 물 부족 현상이 심한 대표적인 지역으로 스마트 워터 그리드를 공원에 적용하여 활용하고 있다. 관리되는 공원은 용수 현황을 측정하는 스마트 미터, 온도 센서, 습도 센서가 물 관리에 필요한 정보를 수집하고 클라우드로 전송하면 이를 빅데이터가 분석하여 관리자에게 전송되며 자동으로 물 사용량을 관리하고 있다.

이 기술을 처음 선보인 곳은 IBM으로서 2009년 '스마트 워터 그리드'를 선보였으며 국내에서는 2000년대 초반부터 삼성 SDS와 LG CNS가 각각 도시통합운영센터 솔루션과 수질 자동감시 시스템 구축 사업을 추진해 오고 있었으며 2016년 물 부족지역인 인천 대청도에서 스마트워터기술을 적용 데모플랜트 시범 사업을 시작했다. 그림 1-12는 대청도의 다중수언 지능형 수처리 공정운

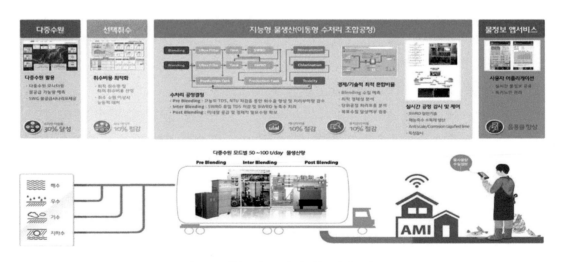

그림 1-12 대청도 다중수원 지능형 수처리 공정운영

출처: 국토 교통부

영에 관한 개념도로서 다중수원 정보로부터 지능형 물 생산을 통한 다양한 정보들이 물 정보 앱 서비스를 통해 효율적인 물 관리 체계도를 나타낸 것이다.(출처:에코타임스)

② 스마트 시티

스마트 시티의 핵심 요소 중 하나는 에너지 관리이다. 스코틀랜드의 글래스고 시는 도시 내 건물에 전력 사용을 측정하는 센서를 설치해서 전력 사용량을 측정해서 클라우드에 정보를 수집한다. 수집된 전력 사용량 정보를 빅데이터로 분석하여 사용자들에게 모바일로 정보를 실시간 제공한다. 사용자들은 전력량 분석정보를 바탕으로 전력 절감의 효과를 얻고 있다.

국내에서는 인천시가 온실가스 배출은 줄이고 신재생에너지 확대 보급을 위해 14개 섬을 대상으로 실시하는 에너지 자립 섬 조성사업을 추진 중이다. 또한 송도국제도시를 에너지 저소비형 U시티로 구축하기 위한 스마트그리드 확산 사업도 추진하고 있다. 세종시는 세계 최고의 친환경 스마트 시티가 되기 위해 신재생에너지와 에너지 저장장치, 에너지 통합 관리 시스템 등 2020년까지 스마트 그리드 기반을 구축할 계획이며, 에너지 IoT 기반을 제대로 갖추게 될 경우 3년간 연평균 500명 이상 고용 창출 및 2천억원 이상의 부가가치 창출 효과를 기대할 수 있다.(출처: 시스코 코리아 블로그)

그림 1-13은 스마트 시티 개념도로서 스마트 모빌리티, 스마트 물 관리 등 국민의 편익 도모를 위한 기반 시설들이 서로 융합되어 관리되는 도시이다.

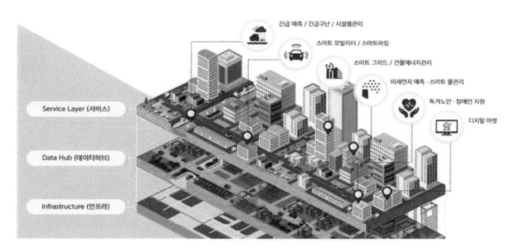

그림 1-13 스마트 시티 개념도
출처: 국토 교통부

③ 드론을 이용한 스마트 농업

4차 산업혁명의 대표적인 기술은 드론이다. 드론에는 적외선, 온도감지, 카메라 등의 다양한 센서들이 설치되어 있어 광범위한 농장을 효율적으로 관리할 수 있다. 드론의 센서들을 이용한 스마트 농장의 경우 온도뿐만 아니라 나무의 광합성 정도, 열매의 양, 병충해 분포 등을 정확하게 습득할 수 있다.

습득된 정보들은 클라우드 기반의 중앙센터로 전송되고 전송된 정보는 빅데이터 기술로 드론에서 수집한 정보들을 분석하여 농장에 적합한 최적의 환경요건을 알아낼 수 있다. 중앙 서버는 분석만 하는 것이 아니라 분석된 정보를 다시 드론에게 피드백(feedback)하여 자동으로 농작물을 감시하고 효율적으로 최적의 관리할 수 있는 상태로 만들게 된다.

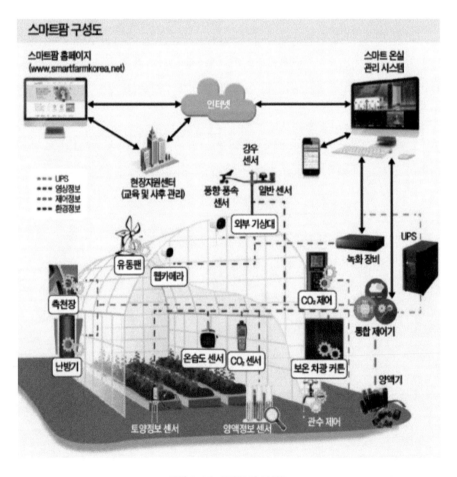

그림 1-14 스마트 팜 구성도

1.2 실습 - 한글 문서 작성

한글 문서를 사용하여 다음의 지시사항 대로 자기소개서를 작성하는 방법에 대해 알아보자. 일반적으로 자기소개서 작성방법 지시사항은 다음과 같다.

- ■ 자기소개서 작성방법
- 분량은 A4용지 1~2매이내로 하고, 워드프로세서를 사용하여 작성

- 신명조(또는 휴먼명조), 글씨크기 12pt, 줄간격 160mm, 제목크기 16pt, 강조체,

- 용지여백은 좌우 - 각각 19mm, 상하 - 각각 10mm, 머리말, 꼬리말은 각각 15mm 작성

- 소개서 매장마다 쪽 번호를 부여함

자 기 소 개 서

전 공	
성 명	
연락처	
E-Mail	

성장과정	
성격소개	
지원동기	
희망업무및포부	
특기사항	

(1) 새 문서 만들기(Alt+N)

메뉴에서 파일-새 문서를 실행하거나 Alt+N을 누르면 그림 1-15와 같이 빈 문서 창이 나타난다. 한글에서는 최대 30개까지 새로운 문서 창을 열 수 있지만 필요 이상으로 여러 개의 문서를 열어 놓고 작업하는 것은 문서 작업의 효율이 떨어지므로 필요한 창만 열고 작업하는 것이 좋다.

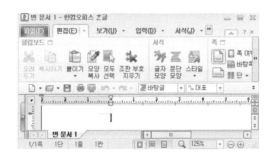

그림 1-15 새문서 열기

(2) 편집 용지 설정하기(F7)

편집 용지 설정은 문서를 어떤 크기의 종이에, 가로 방향과 세로 방향 중 어느 방향으로 그리고 상하좌우의 용지 여백을 어느 정도로 편집할 것인지를 설정하는 단계이다.

파일-편집용지(F7)을 실행하여 그림 1-16과 같이 편집 용지 대화 상자가 나타나면 편집하고자 하는 값을 입력하여 조절할 수 있으며 편집용지 대화 상자에서는 용지의 종류, 방향, 여백 등을 지정하여 편집 용지를 설정할 수 있다.

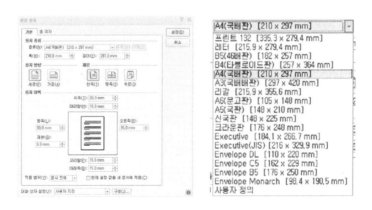

그림 1-16 편집 용지 설정

자기소개서에서 제시한 용지는 A4이며 용지의 여백은 다음과 같으며 편집 용지 대화상자에서 해당 값으로 설정한다.

- 좌우 - 각각 19mm, 상하 - 각각 10mm, 머리말, 꼬리말은 각각 15mm 작성

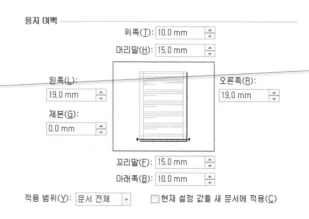

그림 1-17 용지 여백 설정

(3) 글자 모양 꾸미기(Alt+L)와 문단 모양(Alt+T)

편집할 문서의 글자 모양을 설정하려면 메뉴 서식-글자모양(Alt+L)을 선택하거나 편집 창에서 마우스 오른 쪽 버튼을 누르면 그림 1-18과 같이 글자 모양 메뉴가 나타난다.

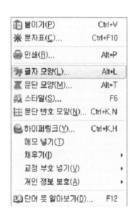

그림 1-18 글자 모양

- 신명조(또는 휴먼명조), 제목 크기 글씨크기 12pt, 줄 간격 160%

글자 모양에서 글씨체는 글꼴에서 설정할 수 있다. 글꼴 메뉴에서 "신명조"를 입력한다. 글씨체는 휴먼명조를 사용해도 무방하므로 휴먼명조를 입력해도 된다. 글씨 크기 12는 기준 크기에서 12를 입력한다. 글씨 크기의 단위는 기본 적으로 point의 약어인 pt를 사용한다.

그림 1-19 글자 모양

글자의 속성으로는 그림 1-20과 같이 글자색, 음영색이 있으며 글자 굵기, 흘림체, 밑줄, 취소선, 윗첨자 그리고 아래첨자 등이 있다.

그림 1-20 글자 속성

줄 간격은 문단모양(Alt+T)을 실행해서 설정한다. 문단 모양은 그림 1-21과 같이 문단의 여백과 첫 문단의 들여쓰기, 내어 쓰기를 설정할 수 있으며 줄 간의 간격, 줄 나눔의 기준을 설정한다.

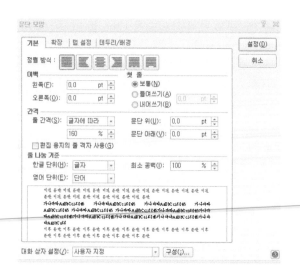

그림 1-21 문단모양

줄 간격 메뉴에서 글자에 따라 혹은 고정 값을 선택하고 줄 간격은 160%로 한다.

문단모양의 하위메뉴에는 문단 정렬 방법에 따라, 혼합정렬, 왼쪽 정렬, 가운데 정렬, 오른쪽 정렬, 배분 정렬 그리고 나눔 정렬이 있다. 일반적인 문단 정렬은 양쪽으로의 혼합정렬을 사용하며 제목과 같은 경우는 가운데 정렬을 적용한다.

■ 자기소개서 제목 만들기

자 기 소 개 서

자기소개서 제목은 다음 그림 1-22와 같이 기준크기 16pt, 글꼴 휴먼명조, 장평 100%, 자간 0%, 글자 속성으로 굵게, 밑줄을 선택하고 가운데 문단 정렬을 통해 만든다.

그림 1-22 자기소개서 제목 만들기

■ 표 만들기(Ctrl+N,T)

전 공	
성 명	
연락처	
E-Mail	

위 내용의 표를 만들기 위하여 입력-표-표 만들기를 선택하거나 Ctrl+N,T를 눌러 표 만들기 대화상자에서 원하는 형태의 표를 만들 수 있다.

① 2칸 4줄(2×4)의 표를 만들기 위해 그림 1-23과 같이 표 만들기 대화 상자에서 4줄 2칸을 입력한다. 만들어진 표를 오른쪽으로 정렬하기 위하여 기타 항목에서 글자처럼 취급을 선택한다. 표 마당을 클릭하면 다양한 형태의 표 모양을 볼 수 있으며 원하는 형태를 선택할 수 있다.

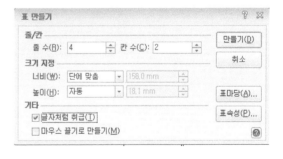

그림 1-23 표 만들기

② 첫 칸에 전공, 성명, 연락처, E-Mail을 입력하고 마우스로 그림 1-24와 같이 첫 칸의 셀을 모두 선택하고 Ctrl+←로 크기를 조절한다.

전　공	
성　명	
연락처	
E-Mail	

그림 1-24 표 부분 선택

③ 첫 칸의 셀들의 테두리를 이중 실선으로 하기 위하여 그림 1-25와 같이 해당 셀들을 선택하고 오른쪽 마우스 버튼을 눌러 셀 테두리/배경-각 셀마다 적용을 선택한다.

그림 1-25 셀 테두리/배경 메뉴

그림 1-26 셀 테두리/배경 이중실선

표에서 첫 칸 셀의 오른쪽 테두리만 이중 실선이므로 메뉴에서 그림 1-26과 같이 오른쪽 테두리만 선택하고 선의 모양을 이중 실선을 선택하여 적용하면 다음과 같이 만들 수 있다.

전 공	
성 명	
연락처	
E-Mail	

■ 자기소개서 내용 표 만들기

① 자기소개서 내용은 5줄 2칸으로 이루어져 있기 때문에 표 만들기 대화상자에서 다음과 같이 5×2의 표를 만든다.

② 첫 칸의 셀은 세로로 문자를 입력해야 한다. 한 문자씩 입력하고 엔터키 ↵ 를 눌러 줄 바꿈을 한다. 위, 아래에 여백을 주고자 한다면 문단 모양에서 문단 위, 아래에 2pt의 여백을 입력한다.

③ 표의 상하좌우 테두리는 선의 굵기를 굵게 표시해야한다. 그림 1-27과같이 셀 테두리/배경 대화상자에서 바깥쪽 테두리만 선택하고 굵기를 0.5mm로 변경 후에 설정을 누른다.

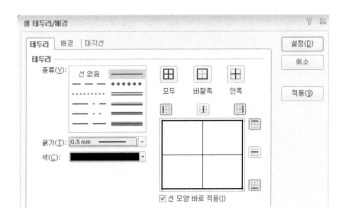

그림 1-27 셀 테두리 배경

성장과정	

■ 셀 크기 바꾸기

표 안의 셀 크기는 마우스로 표의 테두리를 움직여서 크기를 간편하게 조절할 수 있다.

■ 표 위치 바꾸기

마우스로 표를 선택하고 마우스로 끌어 위치를 간평하게 조절할 수 있다. 글자판(키보드)의 화살표 키를 사용하면 미세하고 더욱 정교하게 위치를 변경할 수 있다.

■ 표 스타일 적용하기

표에 다양한 채우기 속성과 셀 속성 및 반사, 그림자, 네온 효과 등 다양한 속성이 적용된 표 스타일을 적용할 수 있다.

■ 셀 너비/높이를 같게

여러 셀을 블록으로 설정하여 셀의 너비와 높이를 일정하게 정렬할 수 있다.

(4) 머리말/꼬리말(Ctrl+N,H)와 쪽 번호 매기기(Ctrl+N,P)

각 페이지 혹은 쪽의 맨 위와 맨 아래에 고정적으로 반복되는 내용을 머리말, 꼬리말이라고 한다. 머리말이나 꼬리말은 한 줄 이상 입력하지 않는 것이 좋다. 머리말과 꼬리말이 여러 줄 사용되면 본문과 겹쳐지게 되므로 겹치지 않게 하려면 편집 용지를 실행하여 용지 여백의 머리말과 꼬리말 여백 값을 더 크게 지정해야 한다.

그림 1-28 머리말/꼬리말

■ 쪽 번호 넣기

① 쪽-머리말/꼬리말을 실행하거나 Ctrl+N,H를 눌러 실행한다.

② 머리말/꼬리말 대화상자가 그림과 같이 나타나면 종류 항목에서 꼬리말을 선택하고 위치 항목에서 양쪽, 가운데 쪽 번호를 선택한 다음 만들기 단추를 누른다.

③ 쪽 번호가 각 쪽의 꼬리말에 삽입된다.

그림 1-29 쪽 번호 넣기

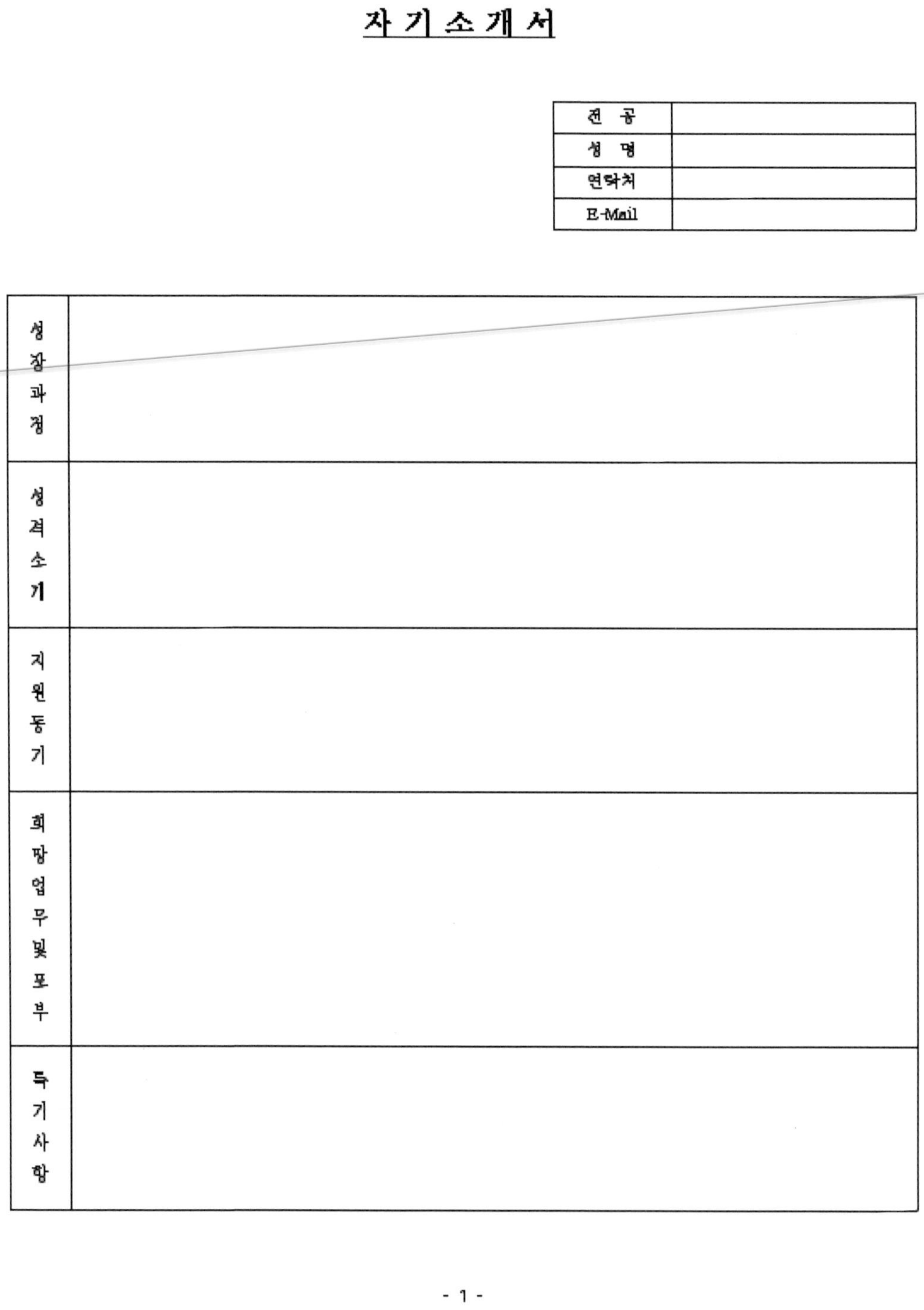

자 기 소 개 서

전 공	
성 명	
연락처	
E-Mail	

성 장 과 정	
성 격 소 기	
지 원 동 기	
희 망 업 무 및 포 부	
특 기 사 항	

- 1 -

그림 1-30 완성된 자기소개서

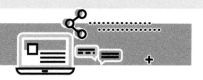
1. 인간이 컴퓨터와 소통하는 방법에 대해 설명하시오.

2. 산업혁명의 역사 과정에 대해 간단히 설명하시오.

3. 지능 정보기술에 대해 정의하시오.

4. 지능 정보기술 시대의 산업구조 변화에 대해 설명하시오.

5. 4차 산업 혁명의 특징 3가지는 무엇인가?

6. 4차 산업혁명의 활용 분야에는 무엇이 있는가 ?

7. 다음 표를 한글 문서를 통해 작성하시오.

표 1-5 그룹별 3일간 점수표

	1일	2일	3일	합계
청군	20	30	20	70
백군	30	35	30	95
홍군	25	30	30	85
합계	75	95	80	250

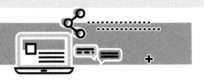
8. 한글 편집기를 이용하여 다음 표를 만들고 각 셀에 색상을 적용하시오.

표 1-6 점수 분표

	국어	영어	수학	IT
도순				
수경				
남수				
상종				

CHAPTER 2

컴퓨터 개념

2.1 컴퓨터의 역사

오늘날의 4차 산업혁명 시대를 이끈 가장 큰 역할은 컴퓨터의 개발에 따른 급속한 과학의 발전이며 컴퓨터나 스마트폰 없이는 단 하루도 보내기 어려운 시대에 살고 있다. 그렇다면 컴퓨터는 어떻게 개발되었고 앞으로 어떤 방향으로 발전할지 컴퓨터의 역사에서 부터 컴퓨터를 구성하고 있는 필수 요소들에 대해 알아보자.

컴퓨터(Computer)를 번역하면 계산기란 의미이다. 과거 주판과 같이 수동으로 계산을 하기도 했지만 역설적으로 전쟁이 과학을 발전 시켰듯이 현대적인 의미의 전자 컴퓨터는 제2차 세계 대전 이후 급격히 발전하였다. 최초의 컴퓨터가 어떤 것인가는 중요하지 않지만 컴퓨터의 발전 역사를 세대별로 간략히 알아보자.

[1] 1세대 컴퓨터(1938~1957)

1세대 컴퓨터의 큰 특징은 진공관으로 구성된 시스템으로 규모가 방대하였고 진공관을 사용하여 연산을 하므로 관리와 운용이 쉽지 않았다.

① Z 시리즈 컴퓨터

1938년 독일의 공학자 콘트라추제에 의해 개발된 기계식 컴퓨터로 제한적인 프로그래밍 기능과 메모리를 갖추었다. 0과 1의 이진수로 동작하였으며 Z3에서는 현대의 컴퓨터와 매우 유사하게 프로그래밍이 가능하였다. Z3의 가장 큰 특징은 부동 소수점 연산의 발전에 큰 기여를 하였다.

② 콜로서스(Colossus)

2차 세계 대전 기간 동안 독일의 암호 시스템을 해독하기 위해 고안된 컴퓨터로 수많은 진공관을 사용하여 프로그래밍이 가능하도록 만들어 졌다. 1970년대까지 군사기밀로 붙여져 알려지지 않았으나 현재는 그림 2-1에서 보이는 콜로서스 1대가 블레칠리 파크에 전시되어 있다.

그림 2-1 콜로서스

③ 에니악(ENIAC: Electric Numerical Integrator And Computer)

에니악은 1945년에 18,000여개의 진공관으로 만들어진 최초의 프로그래밍이 가능한 전자 범용 디지털 컴퓨터이며 미국 육군 탄도 연구소에서 대포의 발사 각도를 계산하는데 주로 사용되었다.

그림 2-2 에니악(펜실베니아 대학)

펜실베니아 대학에 전시된 에니악의 그림 2-2를 보면 왼편에는 데이터 표에서 읽을 수 있는 함수 표가 있으며, 중앙에 4개의 패널이 있다. 맨 왼쪽에 있는 패널은 함수 테이블에 대한 인터페이스를 제어하며 세 번째 패널은 10자리 숫자를 저장할 수 있는 메모리인 축전지이다.

④ 애드삭(EDSAC : Electronic Delay Storage Automatic Calculator)

1949년 영국에서 개발된 컴퓨터로서 프로그램 내장 방식은 아니었으나 실용적 프로그램 내장 전자식 컴퓨터로서 제곱표와 소수 목록 등을 계산하였다.

⑤ 유니박 I(UNiVersal Automatic Computer)

에니악(ENIAC)을 만든 모클리(Mouchly)와 에커트(Eckert)에 의해 1951년 미국에서 처음으로 만들어진 최초의 상업용 컴퓨터이다.

⑥ 애드박 (EDVAC:Electronic Discrete Variable Automatic Computer)

1952년 존 폰 노이만(Von Neumann)이 개발한 것으로 기억장치에 컴퓨터의 명령어와 데이터를 모두 기억시키는 프로그램 내장 방식으로 최초의 2진수를 사용한 컴퓨터이다.

(2) 2세대 컴퓨터(1958~1963)

1947년 미국의 벨 연구소에서 트랜지스터를 개발하였고 약 10년 뒤인 1958년 트랜지스터가 진공관을 대신하여 컴퓨터에 사용되면서 컴퓨터는 소형화되었다. 트랜지스터는 세 개의 전극으로 전자 신호 및 전력을 증폭하거나 스위칭 하는데 사용하는 반도체 소자이다.

트랜지스터의 사용으로 소형화된 컴퓨터는 주 기억 장치를 큰 자기드럼을 사용하고 자기디스크를 보조 기억 장치로 사용하면서 연산속도가 마이크로 초(microsecond:ms) 단위로 빨라졌다.

자기드럼 주기억 장치는 원형 표면에 자성 물질을 발라 자화할 수 있도록 하여 원형이 한 바퀴 도는 동안 원형 둘레의 트랙(track)을 따라 미리 저장한 데이터를 헤더를 통해 읽고 쓸 수 있도록 만든 것이다. 이러한 원리로 운영체제 개념이 도입되어 프로그램 언어가 개발되고 발전하였다. 사용된 언어로서 FORTRAN, COBOL ALGOL 그리고 어셈블러(Assembler) 등이 있다. 우리나라에서도 2000년 초까지도 위와 같은 언어가 사무용이나 학교 특히 군사적인 목적 및 과학 연구에 필수적으로 사용되었다.

우리나라에서 공식적으로 최초 도입한 컴퓨터인 IBM 1401은 1959년 트랜지스터와 진공관이 혼재되어 만들어진 컴퓨터이다. 이와 유사한 컴퓨터로는 유니박 Ⅲ, CDC 3000 계열이 있다.

그림 2-3 다양한 종류의 트랜지스터

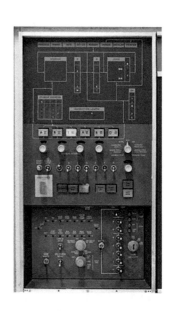

그림 2-4 IBM 1401

(3) 3세대 컴퓨터(1964~1970)

2세대의 트랜지스터는 기술의 발전으로 회로의 기술이 더 얇아지고 집적화 되어 박막 트랜지스터 또는 집적회로(IC: Intergrated Circuit)로 구성되어 소자로 개발되었다.

초기의 IC는 트랜지스터 수십 개만 들어가 있었으므로 SSI(Small-Scale Intergration)이라 불렀으며 트랜지스터의 개수가 점점 고도화 되면서 MSI(Middle Scale Intergraion)가 개발 되었다. 추후 4세대에서는 많은 트랜지스터가 들어가 있다 해서 LSI(Large Scale Intergration)이라 불리었으며 점차

VLSI(Very LSI) 등으로 발전하였다.

집적회로의 발전과 함께 저장 용량의 증가로 연산속도는 나노초(Nanosecond) 단위로 더욱 빨라졌으며 2세대에서 개발되었던 소프트웨어 역시 발전하여 BASIC, PASCAL 프로그램 언어 등이 사용되었다. 이시기의 중요한 변화로 광학장치 등의 입력 장치와 함께 CRT(Cathode Ray Tube) 모니터 출력 장치가 등장하였다.

그림 2-5 모니터에 사용된 CRT

(4) 4세대 컴퓨터(1971~1983)

IC 칩이 더욱 고도화되어 LSI, VLSI 칩들이 개발되면서 컴퓨터의 크기는 일반 개인들이 사용할 수 있을 정도의 탁상용으로 소형화 된다. CPU(Central Process Unit), 메모리, 입출력 장치들은 모두 하나의 메인보드(Main Board)에 집적화하여 구현되었으며 컴퓨터 주변 장치들을 효과적으로 제어하는 C언어의 개발로 하드웨어와 소프트웨어의 급속한 발전을 이루는 시기가 되었다.

그림 2-6 메인보드

주로 군사기관, 정부, 연구기관 그리고 대학 등에서 사용되었던 대형 컴퓨터들은 점차 컴퓨터 장치들이 소형화되었으며 1980년 마이크로소프트사에서 MS-DOS(Diskette Operating System)란 운영체제의 개발로 일반 개인들이 사용할 수 있는 저렴한 개인용(Personnel) 컴퓨터가 되었다. 마이크로소프트 회사에서는 그림 2-7과 같은 보조기억장치인 플로피(Floppy)에 운영체제를 담아 컴퓨터의 사용을 매우 효율적으로 운영하였다. 이와 같은 개인 컴퓨터이 보급과 함께 게임 개발에 대한 열풍으로 전자 분야와 컴퓨터 분야가 동시에 일반 대중에게 인기와 관심을 가지기 시작한 시기이다.

그림 2-7 플로피 디스크

이와 함께 미국 국방성에서 ARPANET(Advanced Research Projects Agency Network)이란 네트워크를 개발하였다. 컴퓨터가 개발된 이후 컴퓨터간의 통신 즉 현재의 인터넷과 같은 모습은 1969년에 미국

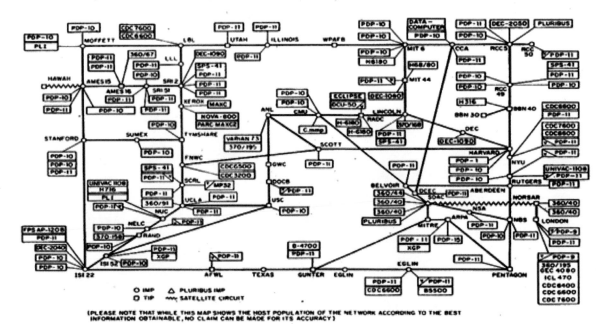

그림 2-8 알파넷의 논리지도

국방부의 주도로 만들어진 최초의 패킷 스위칭(Packet Switch) 네트워크이다. 그 이전에 사용하였던 방식은 전화기에서 사용하던 회로 스위칭 방식이었지만 알파넷에서 개발한 패킷 스위칭 방식을 이용하여 컴퓨터 간에 데이터와 음성을 주고받음으로서 인터넷과 사물인터넷의 효시가 되었다는 평가가 있다.

(5) 5세대 컴퓨터(1984~ 현재)

4세대까지 컴퓨터의 발전은 대략 10년 주기로 구분할 수 있었으나 인터넷의 발달로 정보의 한계가 사라진 1990년 이후에는 컴퓨터와 과학 기술이 급속도로 발전하여 더 이상의 세대 구분은 무의미해졌다. 3세대까지의 독립적이었던 컴퓨터 기능은 인터넷 개발로 공간적인 제한을 극복한 4세대 컴퓨터라 할 수 있다면 5세대 컴퓨터는 시간과 공간의 한계를 극복한 시기라 할 수 있다.

개인용 컴퓨터는 휴대용 컴퓨터인 노트북, 패드로 발전하였고 2007년 스티브 잡스가 개발한 IPhone으로 인해 전화기와 컴퓨터의 경계도 무너졌다. 단순한 입력 장치였던 마우스, 키보드에서 필기, 음성인식 그리고 모션 인식 등의 입력이 가능하며 CRT 모니터 출력 장치는 3D 모니터, 3D 프린터 그리고 가상현실을 위한 그림 2-9와 같은 HMD(Head Moundted Display) 장치로 고도화되며 4차 산업을 이끌고 있다.

강력했던 구조적 프로그래밍 언어인 C 언어도 JAVA와 같은 객체 지향 프로그래밍 언어와 다른 사물과 융합하기 위한 네트워크 프로그래밍 기술로 발전하였으며 앞으로는 인간이 프로그램을 구현하는 시대가 아닌 인공지능(AI: Artificial Intelligence)을 가진 기계 자체가 프로그램을 구현하는 시대가 되었다.

우리는 이미 산업의 모든 분야가 서로 융합하고 초연결되는 4차 산업혁명의 시대에 살고 있다. 컴퓨터의 궁극적인 목적이 인간의 오감을 구현하는 것이라면 시각, 청각, 후각, 미각 그리고 촉각에 대한 구현이 인간에 얼마나 근접하게 구현하는 가에 달려 있다.

4차 산업혁명 시대에 가장 각광 받는 컴퓨터 분야로는 가상현실과 연결된 오감 센서 및 관련된 디스플레이 장치, 3D 물체를 쉽게 생성하는 프린팅 기술, 군사용, 소방용 또는 택배 등의 목적에 특화된 무인 드론 기술, 5G 네트워크 기술을 적용한 무인 자동차 그리고 인간의 한계를 뛰어 넘기 위한 그림 2-9와 같은 인공지능 AI 기술 등을 들 수 있다.

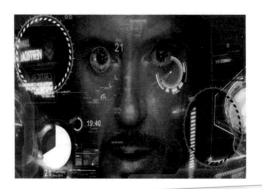

그림 2-9 가상현실을 위한 HMD와 인공지능 AI

2.2 컴퓨터 언어

컴퓨터의 언어는 전기와 전압을 이용한 0과 1의 디지털 데이터임을 앞서 확인하였으며 0과 1을 통하여 컴퓨터와 인간은 서로 대화할 수 있게 되었다. 영어의 알파벳과 한글의 자음과 모음을 통하여 의사를 전달하듯이 0과 1은 1비트(bit)로서 컴퓨터 언어의 물리적 전송의 최소 단위가 된다.

(1) 컴퓨터 언어 구성

1 비트(bit)의 의미는 하나의 빈 공간에 0이나 1, 참(true)이나 거짓(false), on과 off 그리고 N극과 S극의 자기장 방향 등을 표시할 수 있으며 2가지 상태를 나타낼 수 있다. 컴퓨터 내의 모든 장치는 비트를 기반으로 연산을 하고 정보를 전달하며 자기장의 방향을 이용하여 하드디스크 등에 정보를 저장한다.

그러나 2가지 상태로는 인간의 복잡한 언어를 표현하기에는 턱없이 부족하다. 컴퓨터와 인간이 소통하기 위한 가장 기본적인 입력장치는 키보드이다. 키보드에는 일반적으로 영문자와 한글 그리고 특수 문자를 포함하여 101 키(key) 이상을 포함하고 있다.

미국 표준 협회(ANSI)에서는 컴퓨터와 소통하기 위한 128가지의 문자를 정의하였으며 이를 아스키코드(ASCII: American Standard Code for Interchange Information)라 부른다. 아스키코드에서 128가지 문자 상태를 나타내기 위해선 7 비트가 필요하지만 통신상의 오류를 검출하기 위하여 오류검출(Parity) 비트 1비트를 추가하여 8비트가 기본 단위가 된다.

8비트는 영문자(소, 대문자, 특수문자)를 표현하기 위한 기본단위로서 1바이트(Byte)라 부른다. 표 2-1은 2진수의 비트에 따른 상태의 수로서 1바이트로 표현 가능한 수는 256가지가 된다.

참고로 4개의 비트를 1 니블(Nibble)이라 한다. 1 바이트는 한 개의 영문자를 표현할 수 있지만 한국 어나 다른 언어를 표현하기 위해선 2바이트 이상이 요구된다. 한글을 표현하기 위해서는 2바이트가 요구되며 이를 하프워드(half Word)라 한다. 전 세계의 문자를 표현하기 위해서는 4바이트가 필요하 며 풀워드(Full word)라 부른다. 워드는 국제적 표준코드로서 유니코드(Unicode)라 부른다.

표 2-1 비트수에 따른 상태의 수

2진수	2^0	2^1	2^2	2^3	2^4	2^5	2^6	2^7	2^8
상태수	1	2	4	8	16	32	64	128	256

(2) 컴퓨터 저장 용량 단위

영어의 한 문자를 표현하고 저장하기 위해서는 1바이트가 필요함을 위에서 언급하였다. 따라서 영문 자만을 저장하기 위한 저장 용량과 문자의 수는 파일의 헤더 정보를 포함한 특수 정보를 제외하면 거 의 유사하다. 그러나 문자이외의 이미지, 음성 그리고 동영상 등의 요소들은 문자와 달리 엄청난 저 장 용량을 필요로 한다.

이미지를 저장하기 위한 저장용량은 이미지를 표현하는 비트수와 이미지의 크기에 따라 달라진다. 이미지를 구성하는 최소 단위를 픽셀(Pixel : Picture Element)이라 부르며 각 픽셀은 흑백과 컬러이 미지를 표현하기 위한 방법에 따라 이미지의 해상도가 달라진다. 흑백 이미지는 0과 1로만 표현하면 되기 때문에 1 비트로 픽셀이 구성된다. 일반적인 그레이스케일(회색:grayscale) 이미지는 검정색에 서 흰색까지의 색상을 표현하기 위하여 256가지의 색상으로 표현하며 각 픽셀은 8비트 이상의 비트 수로 구성된다.

예를 들어 8비트 정보로 구성된 그레이스케일 이미지는 2차원의 크기(가로×세로)를 가지고 있기 때 문에 이미지의 크기에 8비트를 곱해야 한다. 만약 컬러 이미지라면 한 픽셀은 빨강(red), 초록(green), 파랑(blue) 색으로 구성되며 각 R,G,B 색상은 8비트로 구성되어 있으므로 각 픽셀은 24비트로 구성 되며 트루컬러(true color) 이미지라 한다. 여기에 투명색을 표현하기 위하여 8비트를 추가하면 총 32 비트로 픽셀이 구성된다. 따라서 이미지의 크기는 다음과 같이 계산된다.

> 이미지 크기 = 가로× 세로× 픽셀 해상도(흑백 1비트, 그레이스케일 이미지 8비트, 컬러이미지 24비트)

구성요소가 음성이나 동영상이라면 필요한 용량은 시간에 따라 기하급수적으로 커지게 된다. 애니메이션이나 동영상 파일들은 정지화면들을 연속적으로 보여줌으로서 구성되며 정지화면 하나를 프레임(frame)이라 부른다. 현실적인 자연스러운 움직임을 위해 요구되는 프레임의 수를 fps(frame per second)라 하며 평균적으로 24fps가 요구된다. 1분간 재생되는 동영상 파일의 경우 필요한 저장용량은 24fps×60sec×정지화면(이미지 크기) 용량이 된다. 이처럼 문자이외의 데이터들은 문자의 경우와는 비교할 수 없을 정도의 많은 저장 공간을 필요로 하며 크기는 다음과 같이 계산될 수 있다.

> 1분 동영상 크기 = 24(fps)×60(sec)×이미지 크기

인간은 10진수를 사용하므로 1000배 단위로 단위 값을 달리 사용한다. 거리의 경우 1000m는 1km 이고 무게의 경우 1g의 1000배는 10^3으로 킬로그램(Kilogram)을 사용한다. 컴퓨터 역시 2진수의 10승 단위로 용량을 사용한다. 표 2-2는 2진수의 저장용량 단위를 나타낸 것으로 10진수의 경우와 다른 값을 갖는다.

표 2-2 저장 용량 단위 (Byte)

단위	Kilo	Mega	Giga	Tera	Peta	Exa
용량	2^{10}	2^{20}	2^{30}	2^{40}	2^{50}	2^{60}

(3) 컴퓨터의 처리속도

컴퓨터의 자료는 인간 기준으로는 매우 많은 양의 데이터이다. 이처럼 방대하고 구성요소가 다양한 데이터를 실시간으로 처리하기 위해서는 중앙처리 장치(CPU: Central Process Unit)의 빠른 연산 속도와 제어 작용이 요구된다. 일반적으로 CPU의 성능은 MIPS(Million Instruction Per Second)와 헤르쯔(Herz : Hz) 단위를 사용한다. MIPS는 초당 처리할 수 있는 백만 단위의 명령어를 나타내며 헤르쯔는 CPU에서 초당 데이터를 전송하기 위한 클럭(clock) 주파수를 나타낸다.

최근 펜티엄(Pentium) 프로세서의 경우 3.7Ghz 이상의 성능을 나타낸다. 이처럼 빠른 성능을 가진 CPU들도 가상현실 또는 빅데이터 등에서 요구되는 방대하고 다양한 데이터를 처리하기에는 무리가 있다. CPU의 처리 속도 단위는 표 2-3에서와 같이 10^{-3} 단위로 속도가 증가한다.

표 2-3 처리속도 단위 (second)

단위	milli ms	micro us	nano ns	pico ps	femto fs	atto as
속도	10^{-3}	10^{-6}	10^{-9}	10^{-12}	10^{-15}	10^{-18}

CPU가 데이터를 처리하기 위해서는 하드디스크에 있는 데이터가 전송되어야 하지만 직접 전달되지는 못한다. CPU의 처리속도는 전기적 작용으로 기계적 작동의 하드디스크 처리속도보다 월등히 빠르기 때문에 하드디스크의 데이터는 주기억 장치인 RAM(Random Access Memory)으로 먼저 전송되고 RAM에서 CPU로 데이터가 전송된다. 하드디스크의 원리는 그림 2-10과 같이 자화된 원판 위를 기계적인 장치인 헤더가 움직이면서 0과 1의 데이터를 읽거나 쓰게 된다. 따라서 헤더의 기계적인 움직임에 의해 하드디스크의 처리속도는 마이크로초(us) 단위를 갖는다. 최근엔 전기적 작용의 SSD(Solid State Drive) 하드디스크가 주로 사용되고 있어 컴퓨터의 부팅 시간이나 프로그램의 실행 시간을 조금이라도 단축시키고 있다.

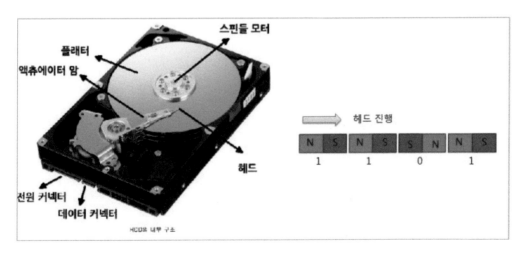

그림 2-10 하드디스크 구조와 원리
출처: IT 동아

■ 캐시 메모리(cash memory)

CPU의 레지스터와 RAM은 전기적 장치로 처리속도가 나노초(nanoseconds) 이상의 성능을 갖는다. 그러나 레지스터는 32비트 혹은 64비트의 크기를 갖지만 RAM은 기가바이트 (GByte) 이상의 용량을 갖는다. 용량이 큰 RAM의 경우 데이터를 읽고 쓰기 위해서는 위치를 찾기 위한 지연시간이 발생한다. RAM의 지연 시간 때문에 CPU는 유휴시간(idle time)이 발생할 수 있다. 이런 문제점을 해결하기 위하여 CPU와 RAM의 중간에 캐시메모리를 두어 자주 사용되는 명령어나 데이터를 미리 갖다 두어 CPU의 연산 성능을 높이고 있다. 만약 캐시 메모리에서 필요한 데이터가 없을 경우에만 RAM에서 요구된 데이터를 전송받게 된다.

전기적 장치와 기계적 장치의 차이로 인한 처리속도의 차이는 메모리 용량을 크게 함으로써 다소 완화 시킬 수 있다. 캐시메모리나 RAM의 용량이 커질수록 보조기억장치나 RAM으로 부터 가져올 수 있는 데이터의 양이 많아진다. 따라서 CPU는 제어장치를 통해 데이터 전송과 같은 부가적인 명령을 줄일 수 있어 처리속도는 향상된다. 이러한 이유로 장치들의 성능과 용량은 점점 증가 추세에 있다.

(4) 멀티태스킹(Multi Tasking)

멀티태스킹은 컴퓨터 운영체제에 있어서 중요한 개념으로서 시스템을 운영하는 운영체제(Operating System)가 하나의 CPU로 두 가지 이상의 작업이나 프로그램을 동시에 실행하는 것을 말한다. 간단한 예를 들면 사용자가 워드 작업을 하면서 동시에 데이터 검색 그리고 화면 표시 등 여러 가지 일을 처리할 수 있도록 한다. Unix와 같은 고가의 운영체제는 여러 사용자를 의미하는 멀티유저(Multi Users)들에 대해 멀티태스킹을 지원한다. 일반적인 사용자들이 사용하는 PC 운영체제는 MicroSoft 사의 Window 운영체제부터 멀티태스킹을 지원하기 시작하였다. 그 이전의 운영체제는 DOS(Diskette Operating System)으로서 두 가지 이상의 작업을 동시에 할 수 없는 단일 태스크 운영체제를 사용하였다.

아무리 고가의 고성능 컴퓨터라 하더라도 특정한 시점에 하나의 명령어 밖에 처리하지 못한다. 그러나 CPU의 매우 빠른 속도에 대해 시분할(Time Sharing)이란 개념과 스케줄링 (Scheduling)이란 개념을 적용하여 컴퓨터가 동시에 다수의 일을 하는 것처럼 할 수 있다. 시분할이란 다수의 작업에 대해 운영체제가 CPU 사용시간을 일정한 기준에 따라 나누어 각 작업을 분배하는 것을 의미하며 스케줄링은 시분할에 의해 한 작업이 분배 받은 시간을 다 사용하고 그 작업이 끝나게 되면 다른 작업에서 CPU를 사용할 수 있도록 재배정하는 것을 의미한다.

그림 2-11은 스케줄링과 시분할의 개념을 나타낸 것으로 사용자 입장에선 세 개의 프로그램 A, B 그리고 C가 동시에 처리되는 것처럼 느낀다. 시분할 개념을 적용하지 않을 때에는 A, B 그리고 C의 작업들은 일정 작업 뒤에 항상 CPU가 대기(Wait)하는 시간이 존재하며 하나의 작업이 끝나기 전에는 다른 작업을 할 수 없다. 각 작업들은 나노초 단위로 이루어지기 때문에 사용자는 각 작업들이 동시에 처리되는 것처럼 보이며 멀티태스킹 작업을 하는 것처럼 느끼게 된다.

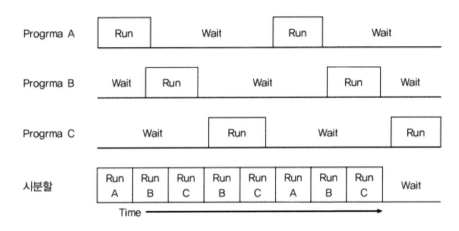

그림 2-11 시분할(Time Sharing) 개념

(5) 아날로그와 디지털

컴퓨터의 발전과 함께 디지털이란 신개념의 용어가 등장하였다. 현대인들에게는 디지털이란 단어가 생소하지는 않을 것이다. 현대 IT 사회를 살아가는 대다수의 사람들은 디지털이란 단어의 홍수 속에 디지털로 구현된 많은 전자제품들을 사용하며 살고 있다. 과거 TV나 라디오는 아날로그 신호를 송수신하여 시청자들이 시청하였지만 2012년 12월에 국내의 모든 TV의 수신은 아날로그 송출이 중지되어 디지털 방송으로만 시청이 가능하게 되었다.

디지털은 무엇을 의미할까? 현대의 모든 전자제품들은 왜 디지털로 구현되는 것일까? 우리는 실제적으로는 아날로그 세상 속에 살고 있다. 여러분이 보는 아름다운 산천초목, 사랑하는 사람의 감미로운 목소리, 사랑스러운 가족의 느낌 그리고 향기로운 콜롬비아산 커피의 향, 우리를 둘러싸고 있는 모든 것에는 아날로그의 의미를 내포하고 있다. 디지털의 의미를 이해하기 위해서는 먼저 아날로그의 의미와 특성을 이해하는 것이 순서일 것이다.

아날로그의 사전적인 의미는 "어떤 물리적인 양 또는 수치가 시간 축에서 끊임없이 연속된 값으로 표현되는 것"으로 그림 2-12에 아날로그의 개념을 나타내었다. 우주는 시간이라는 엄청난 물리적 지배하에 움직이고 있으며 시간은 한시도 끊임없이 흘러가고 있다. 이 시간을 바탕으로 인간은 사물을 바라보고, 듣고, 느끼고, 냄새를 맡고, 맛을 본다. 인간의 오감을 물리적인 양으로 정량화, 즉 수치적으로 표현할 수 있다면 이 모든 양은 아날로그의 값으로 연속적인 값으로 표현된다. 즉 아날로그는 시간 속에서 끊임없는 어떤 물리량으로 표현되는 것을 의미한다.

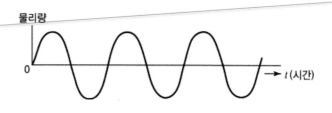

그림 2-12 아날로그 개념

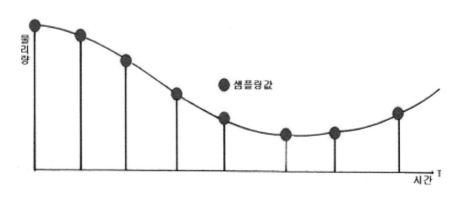

그림 2-13 디지털 개념

아날로그의 상반되는 의미로 디지털은 "어떤 물리적인 양 또는 수치가 시간 축 상에서 불연속적인 값을 갖는 것"으로 표현할 수 있다. 디지털(digital)이라는 용어는 손가락을 뜻하는 라틴어 낱말 "digit"에서 나온 것으로, 숫자를 세는데 쓰인다. 그림 2-13에서 보는 것처럼 디지털 데이터들은 시간 축에서 연속적인 아날로그 값들에 대해 주기적인 샘플링 값을 취한 것으로 불연속인 값이다.

컴퓨터의 기본 데이터는 0과 1의 전기적 신호로 처리된다. 따라서 0과 1 이외의 신호나 숫자가 없기 때문에 불연속적인 값을 갖는 디지털 데이터가 된다. 1945년 단순히 숫자를 처리하기 위해 만들었던 컴퓨터가 어떻게 현재의 멀티미디어 데이터를 처리하는 복잡한 시스템으로 발전하게 되었을까? 이에 대한 해답은 복잡한 아날로그 데이터에서 단순한 디지털 데이터의 변환이라 할 수 있다.

실제 매우 복잡하고 고성능의 컴퓨터라 하더라도 한 시점에 하나의 연산 혹은 명령어 밖에 처리하지 못한다. 단지 연산의 처리 속도가 인간이 감지할 수 없을 정도의 us(micro second) 이하의 시간에 처리되기 때문에 복잡한 프로그램이 순식간에 처리되는 것처럼 느껴질 뿐이다.

디지털은 아무리 복잡해 보이는 문제도 쉽게 해결할 수 있는 장점을 제공한다. 아날로그의 세상은 한눈에 보아도 복잡해 보이고 선뜻 이를 구현하기가 쉽지 않아 보인다. 그러나 아무리 복잡해 보이는 현상과 사물도 전체를 해부해서 간단한 조각으로 분리하여 분석한다면 쉽게 구현하고 처리할 수 있다. 예를 들어 여러분이 캐릭터(character)를 그리는 것처럼 사람이나 요정의 얼굴을 그린다고 가정해 보자. 처음부터 얼굴 전체 모습을 그리려 한다면 그 복잡성 때문에 쉽게 그려지지 않고 심지어 결국에는 포기하게 된다. 그러나 머리, 눈, 코, 입 그리고 귀 등을 하나하나 분해해서 관찰한 후 그리고 적절한 배치를 한다면 처음 방법과 달리 쉽게 그릴 수 있음을 인지하게 된다. 디지털의 관점은 복잡한 연속적인 아날로그의 데이터를 단순화하여 불연속적인 디지털 데이터로 만드는 것이다.

디지털 정보를 사용할 경우 아날로그 정보에 비해 다음과 같은 유리한 특징을 나타낸다.(출처: 가상현실과 증강현실)

■ 가공과 편집의 용이성

아날로그 데이터로 표현되거나 저장된 이미지는 가공, 편집 그리고 저장 등이 어렵지만 디지털 데이터는 이진수로 처리되므로 이진수로 저장된 그래픽 이미지나 데이터 등은 합성 편집 등을 매우 용이하게 할 수 있다. 전화기의 경우에도 아날로그 신호로 송수신하는 경우는 주변의 잡음으로 인해 통화 품질이 저하되어도 품질을 개선시키기 어렵지만 디지털로 변환되어 송수신하는 데이터는 잡음이 섞인다 하더라도 잡음 등을 쉽게 가공과 편집을 할 수 있어 통화 품질이 매우 우수하게 된다.

■ 데이터의 영구성

아날로그 데이터는 송수신과정에서 시스템의 특성이나 주변의 환경에 따라 잡음이 추가되어 원본 데이터가 손실되거나 변화될 수 있다. 그러나 디지털 데이터는 여러 번 저장 또는 복원하여도 원 데이터는 손실되거나 변화가 없다.

■ 오류 검출의 용이성

아날로그 데이터의 송수신 과정에서 오류는 데이터를 왜곡시켜 잡음의 형태로 나타나지만 디지털 데이터의 경우 오류가 발생하더라도 원본 데이터와 잡음을 쉽게 구분할 수 있으며 이를 검출하고 오류를 제거하기가 용이하다

■ 검색의 용이성

아날로그 데이터의 경우 순차적인 방법으로 검색하지만 디지털 데이터의 경우 무작위 방식으로 원하는 데이터를 바로 검색할 수 있다. 컴퓨터의 메모리나 USB에 저장된 데이터 혹은 음악을 들을 경우에도 여러분은 원하는 데이터만 클릭하면 바로 재생시킬 수 있다는 점에서 검색이 쉬운 특징을 갖는다.

2.3 컴퓨터 논리 연산

컴퓨터의 가장 기본 단위인 비트는 0과 1로서 참과 거짓의 논리 연산을 수행한다. 이것을 불 대수(Boolean Algebra)라 부르며 논리연산의 기본이 된다. 불 대수에는 3가지 연산자 AND, OR, NOT 연산자가 있으며 이러한 연산자를 이용하여 구현한 것을 논리회로라 한다.

논리 회로는 2개의 입력 값과 1개의 출력 값을 갖는 그림 2-14와 같은 트랜지스터 구조인 논리 게이트로 구성되어진다. 논리 회로의 구성에 따라 덧셈, 뺄셈 등의 기본 사칙 연산을 수행할 수 있으며 IC, VLSI 등의 칩 회로를 만드는 기본이 된다.

그림 2-14 트랜지스터

(1) AND 연산과 게이트

AND 게이트는 그림 2-15와 같이 A, B 두 개의 입력 값과 출력 값 C로 표현한다. AND 연산은 두 개의 입력 값 중 하나라도 0의 값이 입력되면 출력 값이 0이 되며 두 입력 값이 모두 1일 경우에만 결과 값이 1이 된다. 표 2-4에 AND 게이트의 진리표에서 A, B 값이 1일 경우에만 출력 값 C가 1이 된다. 논리식은 A ● B 로 표현되며 두 개의 스위치가 직렬로 연결된 회로에서 두 스위치가 모두 On이 되어야 불이 들어오는 것과 같다.

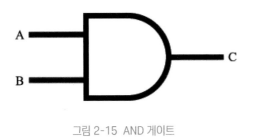

그림 2-15 AND 게이트

표 2-4 AND 게이트 진리표

A	B	C
0	0	0
1	0	0
0	1	0
1	1	1

(2) OR 연산과 게이트

OR 게이트는 그림 2-16과 같이 두 개의 입력 값 A, B와 출력 값 C로 표현한다. OR 연산은 두 개의 입력 값 중 하나라도 1의 값이 입력되면 출력 값이 1이 된다. 두 입력 값이 모두 0일 경우에만 결과 값이 0이 된다. 표 2-5에 OR 게이트의 진리표에서 A, B 값이 0일 경우에만 출력 값 C가 0이 된다. 논리식은 A+B 로 표현되며 두 개의 스위치가 병렬로 연결된 회로에서 하나의 스위치라도 On이 되면 불이 들어오는 것과 같다.

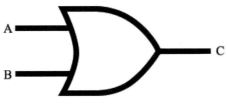

그림 2-16 OR 게이트

표 2-5 OR 게이트 진리표

A	B	C
0	0	0
1	0	1
0	1	1
1	1	1

(3) NOT 연산과 게이트

NOT 게이트는 그림 2-17과 같이 한 개의 입력 값 A와 출력 값 C로 표현한다. NOT 연산은 A의 입력 값에 대해 반대의 값이 출력된다. 입력 값이 0일 경우 출력 값은 1이 되며 입력 값이 1인 경우 출력 값은 0이 된다. 표 2-6 NOT 게이트의 진리표에서 입력 A 값과 출력 값 C가 반대로 된다. 논리식은 A'

로 표현된다.

NOT 게이트는 AND, OR 게이트와 연결하여 사용할 수 있다. NOT 게이트는 출력 값을 반전시키기 때문에 AND와 OR 진리표 값이 모두 반전되는 특징이 있다. NOT 게이트와 같이 사용하면 NAND, NOR, NXOR 게이트가 되고 출력 단에 조그만 동그라미가 붙게 된다.

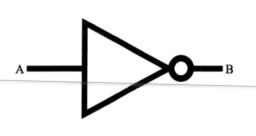

그림 2-17 NOT 게이트

표 2-6 OR 게이트 진리표

A	C
0	1
1	0

(4) XOR(Exclusive OR) 연산과 게이트

XOR 게이트는 그림 2-18과 같이 두 개의 입력 값 중 하나만 1이여야 출력 값 C가 1이 되는 게이트이다. XOR 연산은 A와 B의 입력 값 중 하나만 1일 경우 출력 값이 1이 되며 두 개의 입력 값이 0이거나 1인 경우 출력 값은 0이 된다. 표 2-7은 XOR 게이트의 진리표에서 입력 A, B 값에 대한 출력 값 C를 나타낸 것이다. 논리식은 A⊕B로 표현된다.

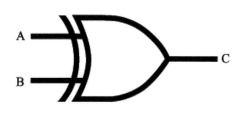

그림 2-18 XOR 게이트

표 2-7 XOR 게이트 진리표

A	B	C
0	0	0
1	0	1
0	1	1
1	1	0

(5) 가산기와 감산기 논리 회로

AND, OR 그리고 XOR 게이트를 사용하여 가산기와 감산기 회로를 만들 수 있다. 가산기는 두 입력의 합을 구하고 감산기는 두 입력의 차를 구하는 회로이다.

■ 반가산기(half adder)

두 입력에 대한 합을 구하는 가산기는 반가산기와 전가산기로 구분된다. 반가산기에서 두 입력의 합을 구하다 보면 올림수가 생기게 된다. 예를 들어 1 + 1 = 10이 되어 자리수가 증가하게 되는데 이 올림수를 새로운 입력으로 하여 세 개의 입력에 대한 합을 구하는 것이 전가산기이다.

두 입력 A, B의 합을 구하는 반가산기의 진리표는 표 2-8과 같다. C는 두 입력 A, B의 합에 대한 올림수(Carry)를 나타내며 S는 합(SUM)을 나타낸다. 진리표에서 보듯이 입력 A, B가 모두 1이 되면 두수의 합은 C가 1이 되고 S가 0이 된다.

반가산기의 진리표에서 C의 출력 값은 AND 연산과 같다. 따라서 C는 AND 게이트로 구현하면 된다. S의 출력 값은 XOR 게이트의 결과 값과 동일하다. 따라서 반가산기의 경우 AND 게이트 하나와 XOR 게이트 하나를 그림 2-19와 같이 연결하면 구현할 수 있다.

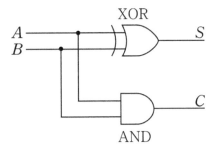

그림 2-19 반가산기(출처:전기용어사전)

표 2-8 반가산기 진리표

A	B	C	S
0	0	0	0
1	0	0	1
0	1	0	1
1	1	1	0

■ 전가산기(full adder)

반가산기는 두 입력에 대한 덧셈을 수행하는 회로이고 전가산기는 반가산기의 출력 값이 C와 S를 다시 입력 값으로 하고 세 번째 입력 Z를 추가하여 덧셈의 합과 올림수 두 가지 출력으로서 출력한다.

전가산기는 반가산기(half-adder)에서는 고려되지 않았던 하위의 가산 결과로부터 올림수를 처리할 수 있도록 한 회로이며, 일반적으로는 가산기 두 가지와 올림수용의 회로로 구성된다.

표 2-9 전가산기 진리표

A	B	Z	C	S
0	0	0	0	0
0	0	1	0	1
0	1	0	0	1
0	1	1	1	0
1	0	0	0	1
1	0	1	1	0
1	1	0	1	0
1	1	1	1	1

표 2-9의 전가산기 진리표에는 세 입력에 대한 합을 C와 S로 나타내었다. 전가산기는 두 개의 반가산기와 1개의 OR 게이트로 만들 수 있다. 먼저 A, B의 합(S) 값은 Z 입력과 XOR 연산을 하여 세 수의 합(S)를 구할 수 있다. 세수의 캐리의 값은 A, B의 합(S) 값과 Z가 AND 연산을 수행한 결과를 A, B의 캐리(C) 값과 OR 연산을 하면 세수의 캐리(C) 값을 구할 수 있게 된다.

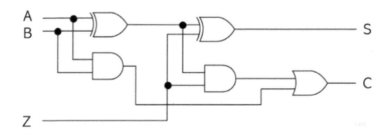

그림 2-20 전가산기(출처: 컴퓨터 IT 용어대사전)

■ 반감산기(half subtracter)

반감산기는 2개의 입력에 대한 차를 구하는 회로이다. 반가산기와 달리 반감산기에서는 입력된 두 수의 크기에 따라 양수와 음수로 결과가 나타난다. 작은 수에서 큰 수를 빼게 되면 음수가 되는데 이 때 빌림수(Borrow)가 필요하다. 따라서 반감산기에서는 빌림수와 차이 값 (Difference)을 표현해야 한다. A - B에서 0 - 1 인 경우는 빌림수(B)가 1이 되고 차이 값(D)이 1이 된다.

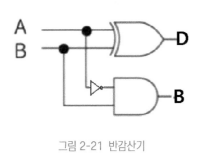

그림 2-21 반감산기

표 2-10 반감산기 진리표

A	B	B	D
0	0	0	0
0	1	1	1
1	0	0	1
1	1	0	0

■ 전감산기(full subtracter)

전감산기는 입력이 3가지 일 경우 뺄셈을 구현한 것이다. 기존 A, B의 뺄셈에 대해 세 번째 입력을 빌림수 입력(Borrow In)을 하나 추가하여 계산한다. 입력에 대해 차가 발생하면 D는 1이 되며 차 연산의 결과가 0이면 출력도 0이다. 즉 입력의 뺄셈의 경우에서 빌림수가 발생하면 결과 값의 음수 표현을 대신하게 된다. 감산기는 가산기와 다르게 작은 수에서 큰 수를 뺄 경우 빌림수가 발생하고 논리 회로에서는 음수를 표현하기 위한 Borrow가 필요하다.

2.4 반도체

컴퓨터의 CPU 및 주기억 장치인 RAM은 모두 반도체 소자로 이루어져 있으며 각각의 논리회로를 해당 IC 칩에 맞게 구현한 것이다. 컴퓨터에서 사용될 수 있는 반도체가 탄생하기 위해서는 반도체 8대 공정을 거쳐야 한다. 반도체의 주원료는 실리콘(Si)과 규소이다. 실리콘이 반도체 칩이 되기까지 웨이퍼 제조공정 → 산화공정 → 포토공정 → 식각공정 → 증착&이온주입 공정 → 금속배선공정 → EDS 공정 → 패키징 공정을 거치게 된다.

(1) 웨이퍼(Wafer) 제조 공정

반도체를 만들기 위해서는 실리콘으로 이루어진 얇은 원판 형을 생성해야 하는데 이것을 웨이퍼라 한다. 이러한 웨이퍼를 만들기 위해서는 다수의 모래를 고열로 녹여 순도 높은 실리콘을 추출하고 실리콘 용액을 원기둥 형태로 굳혀 실리콘 기둥을 만든다. 이러한 실리콘 기둥을 잉곳(ingot)이라 하며 완성된 실리콘 기둥을 얇게 잘라내면 여러 장의 얇은 원형판인 웨이퍼가 만들어진다. 웨이퍼의 크기는 50mm~300mm 이며 각각의 웨이퍼는 표면을 매우 매끄러운 상태로 연마해야 한다. 그림 2-22는 실리콘 잉곳으로서 왼쪽과 중앙은 잉곳을 연마전이며 오른쪽은 연마가 된 후의 모습이다.

그림 2-22 실리콘 잉곳

(2) 산화(Oxidation) 공정

실리콘 웨이퍼는 전기가 통하지 않기 때문에 반도체 성질을 가질 수 있도록 산화공정을 거쳐야 한다. 웨이퍼 표면에 산소나 수증기를 뿌려 균일한 산화막이 생성되도록 해야 한다. 이 산화막은 반도체 제조공정에서 웨이퍼의 표면을 보호하면서도 회로와 회로사이에 누실 전류가 흐르지 못하도록 한다. 그림 2-23은 실리콘 웨이퍼위에 산화막을 입히는 과정을 나타낸 것이다.

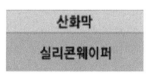

그림 2-23 산화막 형성 웨이퍼

(3) 포토(Photolithography) 공정

포토 공정은 반도체 공정의 핵심으로서 산화된 웨이퍼 위에 원하는 회로나 소자의 모양을 빛을 이용해 찍어낸다. 포토 공정은 반도체를 얼마나 미세화 시킬 수 있는 가를 결정짓는 과정으로 3나노 공정, 5나노 공정 등으로 얘기되며 삼성반도체는 2022년 전반기에 세계 최초로 상용화에 성공하였다.

그림 2-24에서 보듯이 포토 공정에서 중요한 역할은 마스크, 렌즈, 감광제 그리고 빛이다. 먼저 산화막이 형성된 웨이퍼에 감광액을 도포한 다음 빛을 마스크 위에서 쏘여주면 렌즈의 굴절에 의해 웨이퍼에 빛이 닿는 부분과 닿지 않는 부분에 대한 감광제 반응으로 마스크 위에 회로 모양이 새겨지게 된다.

포토공정은 노광공정이라고도 불리며 메모리 반도체 제조의 첫 공정으로서 다음과 같은 공정과정을 거친다. 그림의 오른쪽 하단에는 산화막 위에 도포된 감광액을 볼 수 있다.

① 웨이퍼 위에 얇게 감광액(포토 레지스트)을 바른다.

② 미세한 회로가 그려진 선을 그린 마스크를 그 위에 씌운다.

③ 빛을 쏘면 마스크를 통과하면서 감광액을 태운다.

④ 웨이퍼 위에 남아있는 감광액 모양대로 회로 패턴이 그려진다.

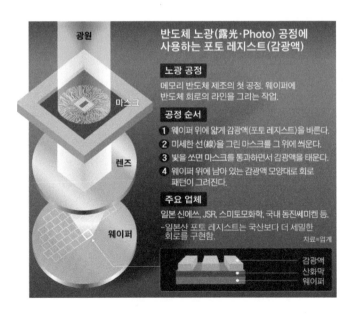

그림 2-24 포토 공정(출처:조선비즈)

(4) 식각(Etching) 공정

포토 공정을 통하여 원하는 회로를 웨이퍼에 새겼다면 회로를 제외한 나머지 부분을 제거해야 한다. 이를 에칭 또는 식각이라 하며 그림 2-25와 같이 감광제(PR)가 아닌 회로 물질들을 식각공정을 통해 제거하면 중앙의 그림과 같이 감광제가 덮여진 부분만 남게 되고 나중에는 남아 있는 감광제를 박리를 통해 제거한다.

그림 2-25 식각공정

(5) 증착 및 이온주입 공정(Deposition & Implantation)

증착 공정은 원하는 재료를 기판위에 덮어 박막을 만들어 주는 과정이다. 박막을 덮어주는 이유는 다양한 재료가 몇 겹으로 쌓여 올라가는 반도체 회로에서 각각의 층을 구분하거나 구별하여 나누기 위해서다. 또한 그림 2-26과 같이 반도체가 되도록 전기가 통하는 도체 부분과 전기가 통하지 않는 부도체 부분을 명확히 구분하기 위해 불순물인 이온(Ion)을 주입하며 이를 임플란트(Implant)라고 한다.

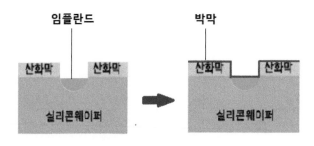

그림 2-26 증착 및 이온주입

(6) 금속배선 공정

반도체 회로를 동작시키기 위한 전기 신호가 통하도록 금속선을 이어주는 공정이다. 사용되는 금속으로는 알루미늄(Al), 티타늄(Ti) 그리고 텅스텐(W)이 대표적으로 사용된다. 그림 2-27은 실리콘 웨이퍼에 임플란트와 산화막 위로 알루미늄으로 금속 배선 공정을 나타낸 것이다.

그림 2-27 금속 배선 공정

(7) EDS(Electrical Die Sorting) 공정

금속배선 공정까지 이루어지면 원하는 회로의 모습이 완성된 것이다. EDS 공정은 6단계까지 진행된 공정에서 만들어진 반도체 회로에 대한 테스트를 진행한다. 설계된 칩의 수에 대해 실제 생산된 칩의 수에 대한 퍼센트를 수율(Yield)이라 한다. 회색의 점으로 표시된 부분은 반도체 칩으로 쓰지 못하는 다잉(Dying)한 부분으로서 EDS 테스트를 통하여 Die를 검출하게 된다. 그림 2-28은 실리콘 반도체 칩의 80%와 60% 수율 정도의 결과 예를 나타내었다.

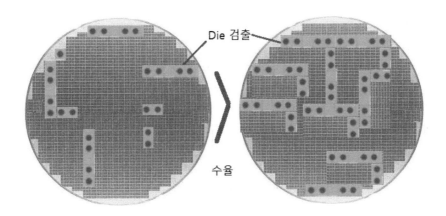

그림 2-28 EDS 테스트에 따른 수율

(8) 패키징(Packaging) 공정

패키징 공정은 일반적으로 볼 수 있는 그림 2-29와 같은 IC 칩의 모습으로 만드는 과정이다. 7단계 공정까지의 웨이퍼 상의 반도체 회로는 베어칩(bare chip)이라고 하며 외부로부터 전기신호를 송수신하지 못하는 상태이다. 패키징 공정을 통해 외부에서 전기를 주고받을 수 있도록 전선을 와이퍼와 연결하고 외부환경으로 부터 안정된 형태의 칩으로 만들게 된다.

그림 2-29 패키징 공정

2.5 실습 - 한글 입사지원서 양식 만들기

<아래의 문서를 아래 지시사항에 따라 작성하시오>

- 편집용지
  - 용지 종류는 A4 용지(210mm×297mm) 1매에 세로서식 문서로 작성하시오.
  - 용지여백은 위쪽·아래쪽·왼쪽·오른쪽을 각각 20mm로, 머리말·꼬리말 여백은 15mm로, 기타 여백은 0mm로 지정하시오.
- 파일은 국문이력서.hwp로 저장하시오.
- 글자모양
  - 입사지원서 - HY견고딕 18pt , 셀 바다색(RGB:49,55,151) 배경색으로 적용
  - 본문 - 굴림 10pt
- 문단모양
  - 문장의 들여 쓰기, 내어 쓰기, 여백 등은 문단모양 기능을 이용하여 작성하시오.
  - 문서에서 줄 간격은 160%, 정렬방식은 양쪽정렬, 사이 줄띄우기는 각 1줄만 띄우시오.
- 표 만들기
  - 아래의 입사지원서는 표 1개를 이용하여 작성하시오.
  - 표의 학력사항, 경력사항 등은 세로쓰기, 회색 배경색을 적용 하시오.
- 머리말은 양쪽으로 하고 왼쪽은 파일명 오른쪽은 입사지원서로 하시오.
- 각 항목의 정렬, 문단간격 등은 별도의 지시가 없는 한 주어진 문서에 기준하여 작성하시오.

입 사 지 원 서

사 진 (3 cm X 4 cm)	성 명	(한글)			지원구분	
		(한자)			신입 / 경력	
		(영문)			지원부문	
	연락처	E-Mail				
		Phone			희망연봉	
		H.P				만원
현재 거주 주소	(우편번호 : -)					

학력사항	재학기간	학교명	전공	학점	소재지
	. ~ .	고등학교			
	. ~ .	(전문) 대학		/	
	. ~ .	대학교		/	
	. ~ .	대학원		/	
	논문제목 :				

경력사항	기간	직장명	담당업무 / 직위	연봉	퇴직사유
	. ~ .			만원	
	. ~ .			만원	
	. ~ .			만원	

병역	군별	병과	계급	복무기간	병역면제사유
				년 월 ~ 년 월 (개월)	

외국어	외국어명	시험명	응시일자	점수	PC활용	상	중	하
			. .		영어회화	상	중	하
			. .		일어회화	상	중	하
			. .		중국어회화	상	중	하

자격증	자격 및 면허	취득일	발급기관
		. .	
		. .	
		. .	
		. .	

해외	나라 / 지역	기간	목적
		~	
		~	

위 사항이 사실임을 확인합니다.   년   월   일   (서 명)

(1) 편집 용지 설정(F7)

파일 - 편집용지(F7)을 선택하여 편집 용지 대화상자를 연다.

용지 종류는 A4 용지(210mm×297mm)를 선택하고 용지여백은 위쪽, 아래쪽, 왼쪽, 오른쪽을 각각 20mm로, 머리말과 꼬리말 여백은 15mm로, 기타 여백은 0mm로 지정한다.

(2) 파일 다른 이름으로 저장(Alt+V)

머리말의 왼쪽 정렬에 들어가는 내용은 파일 이름이다. 파일-다른 이름으로 저장(Alt+V)를 선택하고 그림 2-30과 같이 국문이력서.hwp로 저장한다.

그림 2-30 파일 저장하기

(3) 표 만들기 (Ctrl+N,T)

표 1개를 이용하여 입사지원서를 만들어야 하기 때문에 양식의 줄의 수와 칸의 수를 결정하여 표를 만든다. 양식에서 총 줄의 수는 40개이고 가장 많은 칸의 수는 외국어로서 7개이다. 그림 2-31과 같이 표 만들기를 설정하여 그림 2-32와 같은 40×7의 표를 만든다.

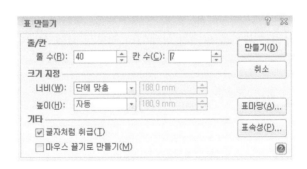

그림 2-31 40×7 표 설정

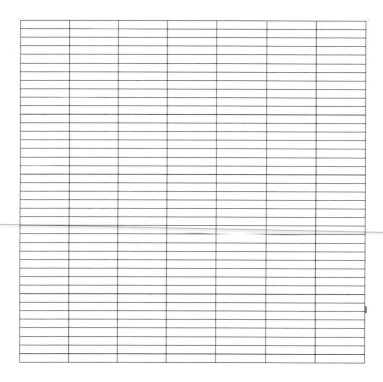

그림 2-32 40×7 표 생성

[4] 셀 합병과 정렬

생성된 표를 입사지원서 양식에 맞추기 위해서는 각 셀들을 합병하고 정렬해야 한다. 표 안의 셀을 선택하려면 마우스로 합병하고자 하는 셀을 마우스로 끌어 선택하면 된다. 하나의 셀을 선택하려면 해당 셀에 마우스를 클릭하고 F5 키를 누르면 하나의 셀만 선택할 수 있으며 마우스를 드래그하면 가로 방향이든 세로 방향의 셀을 선택할 수 있다.

선택한 셀을 합병하려면 셀들을 선택한 상태에서 키보드 M을 선택하거나 오른쪽 마우스 버튼 클릭 - 셀 합치기(M)을 선택하면 된다.

첫째 줄과 둘째 줄을 각각 선택하고 셀 합치기를 선택한다.

사진이 들어갈 셀은 그림 2-33와 같이 6개의 줄과 2개의 칸을 선택하고 셀 합치기(M)을 실행한다.

그림 2-33 각 셀의 합치기

이와 같은 방식으로 성명, 연락처는 세 줄을 병합하고 현재 주소란은 6칸을 병합한다. 학력 사항 6줄, 경력사항 4줄, 병역 2줄, 외국어 4줄, 자격증 5줄 그리고 해외 2줄 항목은 각각 줄을 병합하여 그림 2-34와 같이 만든다. 각 항목에는 한 줄씩 비워 있으므로 해당 줄은 모두 합치기를 실행하여 한 칸으로 만들어야 한다. 각 항목을 분리하는 줄의 왼쪽과 오른쪽 테두리는 선 없음으로 하여 선이 나타나지 않도록 한다.

- 해당 줄을 선택 - 셀 테두리/배경 - 각 셀마다 적용 - 선 없음 - 왼쪽 오른쪽 선택

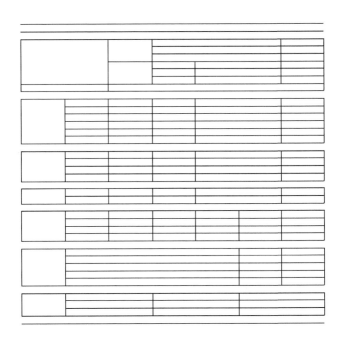

그림 2-34 양식에 따른 셀 합치기 결과

(5) 입사 지원서 배경색 지정하기

첫 줄의 입사 지원서의 입력 양식은 다음과 같다.

- 입사지원서 - HY견고딕 18pt , 셀 바다색(RGB:49,55.151) 배경색으로 적용

- 첫 줄을 선택 - 셀 테두리/배경 - 각 셀마다 적용 - 배경 탭 - 색 - 면색 - 바다색 선택 – 적용

그림 2-35와같이 셀의 배경색이 바다색으로 설정되었다면 글자 모양은 HY 견고딕 18pt로 하고 글자 색은 흰색, 그리고 글자 정렬은 가운데 정렬로 설정한다.

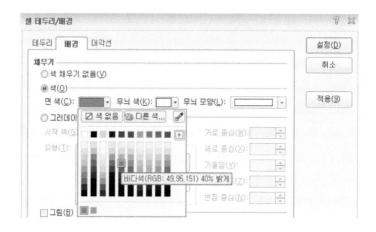

그림 2-35 셀 배경색 설정하기

(6) 특정 셀 선택과 셀 간격 조절하기

학력사항, 경력사항 등의 특정 셀만 선택하려면 Ctrl 키와 함께 해당 셀을 마우스로 선택하면 원하는 셀만 선택할 수 있다. 각 셀들을 선택한 후 셀의 배경을 회색 계통으로 변경한다.

- 특정 셀 선택 - 셀 테두리/배경 - 각 셀마다 적용 - 배경 탭 - 색 - 면색 - 회색 선택 - 적용

각 셀의 크기를 조절하려면 해당 셀의 경계에 마우스를 올리면 마우스의 모양은 셀 조절 모양으로 바뀌며 마우스를 움직이면 셀이 커지거나 작아지게 된다. 위와 같은 방법으로 특정 셀들을 선택한 후 입력지원서 양식에 맞게 크기를 조절한다.

(7) 세로쓰기

학력사항, 경력사항 등은 표에서 세로쓰기를 해야 한다. 각 셀들을 선택하면 그림 2-36과 같이 메뉴에서 셀 편집 - 세로쓰기를 선택하고 영문 세움을 선택하여 학력사항, 경력사항, 병역, 외국어, 자격증 그리고 해외 항목을 10pt 크기의 굵은 문자로 입력한다.

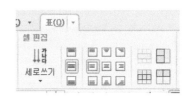

그림 2-36 셀 편집 - 세로쓰기

주요한 항목들의 입력이 끝났으면 나머지 성명, 연락처 등은 본문 형태의 글자모양과 문단모양으로 입력한다.

(8) 머리말(양쪽) 입력하기

국문이력서.hwp로 저장된 문서에 그림 2-37과 같이 머리말을 입력한다.

• 쪽 - 머리말/꼬리말(.Ctrl+N,H) - 머리말 - 양쪽 - 파일이름 쪽 번호

쪽 번호를 수정하려면 본문에서 머리말의 쪽 번호를 마우스로 더블 클릭하면 수정 모드가 된다.

쪽 번호를 입사지원서로 수정한다.

그림 2-37 머리말 입력하기

연습 문제

1. 컴퓨터 언어는 어떠한 방식으로 구성되었는가?

2. 컴퓨터 정보의 저장단위와 처리 속도에 대해 설명하시오.

3. 멀티태스킹에 대해 설명하시오.

4. 디지털 정보의 장점은 무엇인가?

5. 각 논리게이트의 기능에 대해 설명하시오.

6. 반도체 8대 공정에 대해 설명하시오.

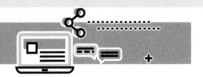

7. 다음을 이용하여 본인의 입사지원서를 작성하시오.

<아래의 문서를 아래 지시사항에 따라 작성하시오>

- 편집용지
  - 용지 종류는 A4 용지(210mm×297mm) 1매에 세로서식 문서로 작성하시오.
  - 용지여백은 위쪽·아래쪽·왼쪽·오른쪽을 각각 20mm로, 머리말· 꼬리말 여백은 15mm로, 기타 여백은 0mm로 지정하시오.
- 파일은 입사지원서.hwp로 저장하시오.
- 글자모양
  - 입사지원서 – 견고딕 18pt , 셀 파랑색(RGB:22,33.181) 배경색으로 적용
  - 본문 – 굴림 10pt
- 문단모양
  - 문서에서 줄 간격은 160%, 정렬방식은 양쪽정렬, 사이 줄띄우기는 각 1줄만 띄우시오.
- 표 만들기
  - 아래의 입사지원서는 표 1개를 이용하여 작성하시오.
  - 표의 학력사항, 경력사항 등은 세로쓰기, 회색 배경색을 적용 하시오.

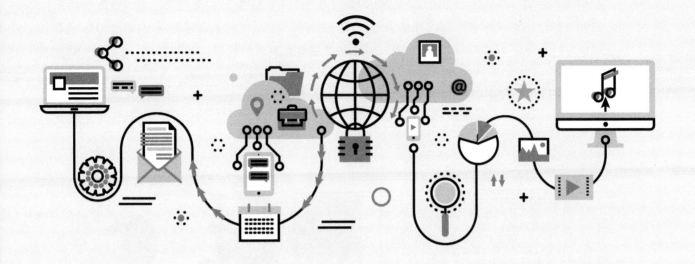

CHAPTER 3

시스템의 구조

불과 몇 년 전까지만 하더라도 컴퓨터의 입력장치는 키보드, 마우스였으며 출력장치는 모니터와 프린터에 불과했다. 그러나 4차 산업혁명시대에 들어서며 컴퓨터의 주변 장치들은 가상현실 시스템, 3D 프린터, 음성 관련 장치 등의 새로운 입출력 장치들이 생겨나면서 복잡해 졌다. 특히 스마트 폰과 인터넷의 영향으로 컴퓨터의 사용 환경은 매우 효율적이고 관련 산업 등은 급성장하는 추세에 있다.

그림 3-1과 같이 컴퓨터의 사용 환경에서 입력장치 등에는 단순한 장치의 수준을 넘어 인간의 오감을 입력할 수 있는 각종 센서가 추가되었으며 출력장치에서도 단순한 모니터의 수준을 넘어 다양한 장치들로 구성되고 있다.

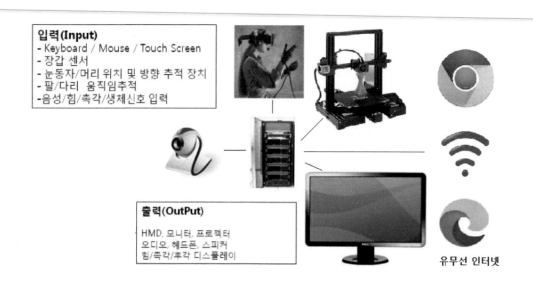

그림 3-1 컴퓨터 사용 환경

3.1 하드웨어(HW: Hardware)구성과 원리

컴퓨터는 인간의 육체에 해당하는 하드웨어와 인간의 정신에 해당하는 소프트웨어(Software)로 구성되어 있다. 하드웨어는 기계장치에 해당하는 물리적 요소이고 소프트웨어는 기계 안에서 작동하는 프로그램이다. 대부분의 하드웨어는 앞에서 배웠던 IC 칩으로 구성되어 있으며 전기적 신호를 0과 1로 해석하여 작동한다.

컴퓨터에서 220V의 전압은 사용하기에 매우 높다. 220V의 전압을 컴퓨터 내에서 안정적으로 사용할 수 있도록 전압을 12V로 낮춰주는 역할은 그림 3-2와 같은 전원공급기(Power Supplier)가 담당한다. 전원 공급기를 통해 낮춰진 전압은 마더보드(Mother Board) 또는 메인보드라 불리는 기판으로 전압을 5V로 더욱 낮추어 메인보드 안의 다른 장치들에게 공급한다. 마더보드는 다양한 입출력 장치들을 위한 인터페이스를 갖고 있다. 이러한 인터페이스는 PCI(Peripheral Computer Interface) 슬롯을 통해 새로운 컴퓨터 주변 장치를 확장할 수 있도록 하고 있다. 이뿐만 아니라 프로그램과 데이터 처리에 필수적인 메인 메모리와 하드디스크나 SSD와 같은 보조기억 장치들을 포함하고 있다.

그림 3-2 컴퓨터 내부 구조

그림 3-3은 컴퓨터의 부팅과정을 나타낸 것으로 전원 공급기를 거친 전기가 메인 보드로 공급되면 인간의 뇌에 해당하는 중앙처리장치(CPU: Central Process Unit)는 자신의 주변장치들이 제대로 부착되어 있는지 작동하는지 먼저 점검한다. 주변장치의 상태를 기억하는 ROM BIOS(Read Only Memory Basic Input Out System) 칩은 주기억장치(RAM) 크기와 상태 그리고 키보드와 모니터의 연결 여부 등을 점검하여 이상이 없다면 보조기억장치에 저장되어 있는 운영체제(Window, Linux 등)에 권한을 넘겨 사용자가 사용할 수 있는 상태로 만든다. 만약 메모리나 기본 입출력 장치가 없다면 에러 신호를 보내며 더 이상 부팅과정을 진행하지 않는다.

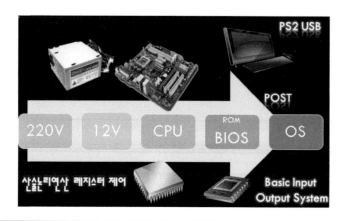

그림 3-3 컴퓨터 부팅 과정

3.2 CPU와 저장장치

3.2.1 CPU(Central Process Unit)

CPU는 중앙처리장치로서 인간의 두뇌에 해당한다. 인간의 두뇌가 신체에 명령을 전달하고 제어하듯이 CPU 역시 컴퓨터 내의 모든 장치를 제어하고 처리한다. CPU는 메인 메모리 RAM과 데이터를 주고받으면서 프로그램 연산을 수행하며 모든 입출력 장치를 제어한다. 그림 3-4는 인텔사에 제공하고 있는 CPU를 나타낸 것으로 뒷면에는 수많은 핀이 있어 메인보드와 연결된다.

그림 3-4 인텔 CPU

CPU는 모든 장치 중 가장 빠른 속도로 데이터를 처리하며 송수신하는데 그 기능은 다음과 같이 4가지로 구성되어있다.

■ 레지스터(Register)

가장 빠른 고속의 기억장치로서 CPU 내부에서 연산을 처리하기 위해 데이터를 저장하고 연산이 끝나면 다른 용도로 사용하기 전에 임시적으로 저장하기 위한 저장장소이다. 레지스터는 사용목적에 따라 데이터를 저장하기 위한 범용(Accumulator) 레지스터 그리고 특수목적의 레지스터로서 프로그램 카운터, 메모리 주소 레지스터, 메모리 버퍼 레지스터, 명령어 레지스터로 구성된다.

■ 산술논리장치(ALU: Arithmetic Logic Unit)

레지스터에 등록된 데이터에 대하여 더하기 빼기 등
의 산술 연산을 수행하거나 AND나 OR 같은 논리
연산을 수행하는 장치이다. 그림 3-5와 같이 산술 논
리 장치는 앞 장에서 보았던 가산기, 감산기와 같이
논리게이트를 이용하여 만든다.

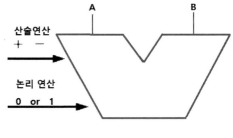

그림 3-5 산술논리 장치

■ 제어장치(Control Unit)

CPU 내부의 모든 제어 신호를 관리하며 실행해야할 명령어를 해독하고, 명령어를 실행하기 위한 제
어 신호를 발생시키며 명령어의 순서를 결정한다.

■ 통신 버스(Bus Interface)

CPU내의 데이터를 전송하기 위한 주소버스, 데이터버스, 제어 신호 선들을 버스라 한다. 주소버스는
CPU가 주기억장치 RAM으로부터 주소나 데이터를 읽기 위해 사용하는 단방향 구조이다. 데이터 버
스는 CPU가 주어진 장치로부터 읽거나 쓸 데이터를 전달한다. 제어버스는 읽거나 쓸 데이터가 주소
인지 데이터인지를 제어하는 역할을 한다. 데이터 버스와 제어버스는 신호를 주고받는 양방향 기능
을 갖는다.

3.2.2 CPU와 주기억장치(RAM: Random Access Memory)

CPU는 연산속도가 매우 빠르며 오직 RAM을 통해서만 데이터를 주고받는다. 따라서 그림 3-6과 같
이 하드디스크의 데이터를 CPU가 처리하기 위해서는 반드시 RAM을 거쳐야하며 CPU의 처리된 데
이터를 하드디스크에 저장하기 위해서도 RAM을 거쳐야 한다. 컴퓨터의 성능을 얘기할 때는 CPU의
처리속도를 말하지만 CPU에 비해 RAM을 포함한 주변장치들의 속도가 느리면 컴퓨터의 속도가 저
하될 수밖에 없다. CPU에 비하면 RAM의 속도도 느리기 때문에 이를 해결하기 위한 방법으로 CPU
내에 자주 사용되는 명령어나 데이터를 용량이 작지만 캐시 메모리(Cash Memory)에 두어 컴퓨터의
연산 속도를 높이고 있다.

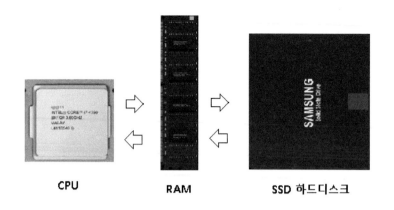

CPU   RAM   SSD 하드디스크

그림 3-6 CPU의 데이터 처리과정

CPU와 RAM의 데이터 처리과정을 이해하기 위해서는 RAM의 구조에 대해 이해하여야 한다. RAM은 표 3-1과 같이 메모리 주소와 해당 주소의 내용으로 구분되어 있다. 주소는 아파트의 동 호수이며 내용은 그곳에 주거하고 있는 사람들이라 생각하면 쉽다.

표 3-1 RAM의 구조

주소	7	8	9	10	11	...	34	...	100	101	102	103	104
내용 (8비트)	15	2	3	2	8	...	2	...	LOAD	8	ADD	9	STORE

RAM 주소의 경우 앞의 6비트는 오퍼레이션(Operation)이며 나머지는 10비트는 오퍼랜드(Operand)라 한다. 오퍼레이션은 +, -, AND, OR와 같은 명령어이며 오퍼랜드는 데이터의 주소를 나타낸다. RAM의 크기는 8비트이며 데이터는 8비씩 저장하기 때문에 16비트의 데이터는 2개의 주소에 걸쳐서 저장된다.

(1) CPU 데이터 처리과정

X = 2 + 3의 연산을 CPU가 처리하는 과정을 그림 3-7을 통해 알아보자.

X = 2 + 3의 연산은 다음과 같이 어셈블리어와 같은 프로그램 명령어로 실행된다.

> X = 2 + 3 -> LOAD [8], ADD [9], STORE [10]

LOAD [8], ADD [9], STORE [10]는 프로그램 코드로서 실제로 실행되기 위해서는 100110 0000001000과 같이 이진수로 처리된다. 앞의 6비트 100110은 [8]번지 주소(10비트:0000001000)에 있는 데이터(오퍼랜드)를 메모리로 LOAD하란 명령어(오퍼레이션)이다.

CPU에서는 다음 4개의 레지스터가 메모리 제어장치, 누산기 그리고 산술논리장치와 데이터를 주고 받으며 연산결과를 메모리에 저장한다.

- 프로그램 카운터(Program Counter) : 실행해야할 명령어 주소를 카운터 한다. 16비트일 경우 +2씩 증가하며 32비트이면 +4 그리고 64비트이면 +8씩 증가한다.

- 메모리 주소레지스터(MAR: Memory Address Register) : 메모리 기억장치의 해당하는 주소 명령 어를 가져온다.

- 메모리 버퍼 레지스터(MBR: Memory Buffer Resister) : 메모리 버퍼 레지스터의 값이 명령어이면 명령어레지스터로 이동하고 데이터이면 누산기로 이동한다.

- 명령 레지스터(IR: Instruction Register) : 메모리 버퍼레지스터로부터 명령어를 받아 제어장치나 누산기로 전달한다.

(2) CPU 명령어 처리과정 4단계

■ 1단계 : 명령어 인출과정

① 프로그램 카운터에 있는 100번지 메모리 주소를 메모리 주소 레지스터에 전달한다.

② 메모리 주소레지스터는 RAM의 100, 101번지 주소에 있는 데이터(LOAD 8)를 읽는다.

③ LOAD 8을 메모리 버퍼 레지스터에 저장한다.

■ 2단계 : 명령어 해석과정

④ LOAD 8 번지에 있는 데이터를 가져오라는 명령이므로 명령어 레지스터로 전송한다.

⑤ 프로그램 카운터가 +2 증가하여 102가 된다.

⑥ 명령어 레지스터의 LOAD 8을 제어장치로 전송하여 명령어를 해석한다.

■ 3단계 : 명령어 실행과정

⑧ 제어장치는 8번지의 데이터를 LOAD하란 명령으로 해석하고 주소 레지스터에 8번지를 전송한다.

⑨ 메모리주소 레지스터는 RAM의 8번지 주소에서 값 2를 읽고 메모리 버퍼레지스터에 저장한다.

⑩ 메모리 버퍼레지스터에 저장된 2는 명령어가 아니기 때문에 누산기로 전송된다.

지금까지 처리한 내용은 LOAD 8 이므로 다음 단계는 ADD 9를 실행한다.

⑪ 프로그램 카운터의 102는 메모리 주소레지스터로 전송된다.

⑫ RAM의 102, 103번지에 있는 ADD 9를 읽는다.

⑬ 메모리 버퍼레지스터에 ADD 9를 전송한다.

⑭ 명령어가 포함되어 있으므로 명령어레지스터로 이동한다.

⑮ 프로그램 카운터는 +2 증가하여 104가 된다.

⑯ 명령어는 제어장치로 이동되어 해석된다.

⑰ 덧셈 명령이므로 2의 값은 누산기로 전송된다.

⑱ 누산기 2의 값은 ALU로 전송된다.

⑲ 제어장치는 9번지의 값을 더해야 하기 때문에 메모리 주소레지스터로 9번지를 전송한다.

⑳ 메모리 주소 레지스터는 9번지의 값을 읽는다.

㉑ 9번지의 값 3을 메모리 버퍼레지스터로 전송한다.

㉒ 명령어가 아니므로 누산기로 3을 전송한다.

㉓ 제어장치는 3을 ALU로 전송하란 명령을 누산기에 한다.

㉔ 누산기의 3을 ALU에 전송한다.

㉕ 2+3의 결과를 누산기로 전송한다.

명령어 실행과정을 통해 2 + 3 = 5 연산을 실행했으므로 실행결과를 저장해야 한다.

■ 4단계 : 명령어 저장과정

㉖ 프로그램 카운터 104를 메모리 주소 버퍼레지스터로 전송한다.

㉗ RAM의 104, 105번지 주소를 읽는다.

㉘ 104, 105번지의 데이터 STORE 10을 메모리 버퍼 레지스터로 전송한다.

㉙ 명령어 레지스터에 STORE 10을 전송한다.

㉚ 프로그램 카운터는 +2 증가하여 106이 된다.

㉛ 제어장치는 STORE 10을 해석한다.

㉜ 명령어이므로 제어장치는 메모리 주소레지스터에 10을 전송한다.

㉝ 누산기의 더한 결과 5의 값은 메모리 버퍼레지스터를 통해 RAM의 10번지에 저장하면 CPU의 처리과정은 종료된다.

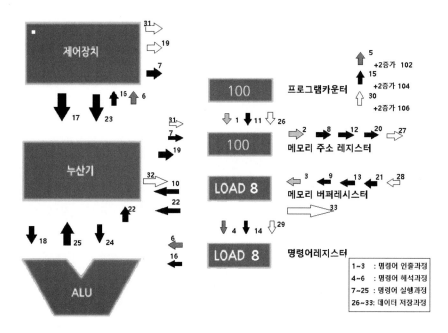

그림 3-7 CPU 데이터 처리과정

3.2.3 주 기억 저장장치

주기억 장치는 CPU가 처리할 데이터나 처리한 데이터를 저장하는 기억장치이다. 최근 주기억 장치의 메모리 용량은 GB 급으로 사용하고 있으며 주기억 장치의 용량이 클수록 컴퓨터의 처리 속도는 빨라진다.

주기억 장치는 읽기만 하는 ROM과 읽고 쓸 수 있는 RAM으로 분류된다.

■ ROM(Read Only Memory)

ROM은 컴퓨터의 주변 환경을 저장하고 있는 메모리로서 전원이 끊어져도 저장된 데이터들은 소멸하지 않는 비휘발성(Non-Volatile Memory)이다. 따라서 한번 기억된 데이터를 읽기만 가능한 메모리이다. ROM은 데이터를 저장한 후에는 반영구적으로 사용할 수 있기 때문에 컴퓨터의 입출력 장치와 같은 환경 등 시스템에 기억시키고 변화시키면 안 되는 BIOS(Basic Input Output System)와 같은 데이터를 저장하고 있다.

한번 기록되면 쓸 수 없는 단점을 극복하는 방안으로 다음과 같은 ROM들이 개발되었다.

- 마스크롬(Mask ROM) : 책을 인쇄하듯이 반도체 생산 공정인 마스크 단계에서 고정된 데이터 회로 패턴으로 생산하는 방식으로 수정이 불가능하다.

- 피롬(Programable ROM) : 생산 후에 사용자가 내용을 한번만 수정할 수 있는 ROM이다. 다른 이름으로는 OTP(One Time Programmable)이라고도 불린다. PROM을 기록하는 장치를 롬라이터(ROM Writer)라 부르며 각 비트를 기록하는 각 셀마다 퓨즈를 연결하거나 끊는 것으로 0과 1을 기록한다.

- 이피롬(Erasable PROM) : 자외선을 이용하여 내용을 지우고 다시 기록할 수 있는 롬이다. 읽기 쓰기 동작은 PROM과 동일하나 지우기 동작은 자외선을 쬐어 초기화할 수 있다. 그림 3-8과 같이 자외선을 쬘 수 있도록 EPROM은 칩 위에 유리창과 같이 투명창이 동그랗게 존재한다.

그림 3-8 ROM과 EPROM

■ RAM(Random Access Memory)

RAM은 ROM과 달리 읽고 쓰기가 가능하며 CPU가 데이터를 처리하기 위해서는 반드시 거쳐야 하는 메모리로서 전원이 꺼지면 RAM의 데이터가 모두 사라지는 휘발성(Volatile) 메모리이다. 일반적인 PC용 RAM의 모양은 그림 3-9와 같다.

그림 3-9 RAM

앞서 확인하였던 것처럼 프로그램이 실행되면 보조 저장장치의 데이터는 CPU로 바로 전송되지 않고 RAM으로 호출되고 RAM에 저장된 데이터는 CPU가 필요한 데이터를 호출하여 실행한다. 컴퓨터의 성능은 1차로 CPU의 속도에 달려 있지만 CPU에서 처리하는 데이터는 RAM을 거쳐야하기 때문에 RAM의 용량 역시 컴퓨터의 성능을 좌우 한다. 최근 4차 산업혁명에 따른 각 장치의 사양은 매우 높아졌기 때문에 컴퓨터에서 요구하는 메모리의 용량은 최소 8GB 이상 되어야 원활한 성능을 발휘할 수 있다.

RAM은 SRAM(Static RAM)과 DRAM(Dynamic RAM)으로 분류할 수 있다.
SRAM은 정적램 이라고도 부르며 내용을 기록하면 전원이 공급되는 동안은 데이터를 계속 유지한다. SRAM은 상대적으로 DRAM보다 속도가 빠르지만 복잡한 구조로 인하여 집적도가 낮아 가격이 비싸고 대용량으로 제작하기 어렵다는 단점이 있다. 빠른 속도로 인하여 SRAM은 캐쉬메모리(Cache Memory)로 주로 사용된다.

DRAM은 동적램으로 불리며 간단한 구조로 인하여 집적도를 높일 수 있어 대용량으로 만들 수 있고 가격이 싸다는 장점이 있지만 SRAM보다는 속도가 느린 단점이 있다.

3.2.4 보조 기억 장치

보조 기억장치는 보조 저장장치로서 주기억장치보다 속도는 느리지만 수백 GB 바이트에서 최근에는 테라바이트(Tera Byte:10^{12})가 사용되고 있다. 주기억 장치와 다르게 전원이 꺼져도 물리적인 데이터들은 항상 유지되기 때문에 운영체제뿐만 아니라 다양한 응용 프로그램들을 설치하고 저장한다. 대표적인 보조기억장치에는 하드디스크가 있으며 최근 빠른 속도의 장점을 갖는 SSD가 보조기억 장치로 사용되고 있다.

■ 하드 디스크 드라이브 (Hard Disk Drive)

하드 디스크 드라이브는 줄여서 HDD라고 불리며 자성(Magnetic) 물질을 띤 디스크가 고속으로 회전하면서 데이터를 기록하거나 읽는 장치이다. 기계적으로 움직이는 장치이므로 충격이나 자석과 같은 물질을 가까이 대면 데이터가 손실되기 싶다.

그림 3-10과 같이 하드 디스크 드라이브의 구성요소는 다음과 같다.

① 전원 커넥터 : HDD를 구동하기 위해 전원을 공급 받기 위한 연결단자.

② 데이터 커넥터 : 주기억 장치와 데이터를 교환하기 위한 연결 단자.

③ 플래터(Platter) : 데이터가 실제로 기록되는 원형 모양의 판으로 자화되어 있으며 위와 아래에 데이터를 저장하고 읽을 수 있다. 플래터는 1개 이상으로 구성되며 플래터의 수가 많을수록 한 번에 읽고 쓸 수 있는 데이터의 양이 증가한다. 플래터에 실질적인 데이터가 저장될 때에는 논리적인 단위인 트랙과 섹터 그리고 실린더를 사용한다.

- 트랙(Track)은 플래터의 회전축을 중심으로 동일한 축으로 데이터가 기록되는 것으로 여러 개의 트랙으로 구성된다.

- 섹터(Sector)는 트랙을 일정한 크기로 구분하여 정보를 기록하는 단위로 사용한다. 섹터의 크기는 가변적으로 바깥쪽의 트랙일수록 많은 수의 섹터로 구성된다. 섹터는 최소 기록단위로서 1개의 섹터에는 파일을 1개만 저장 가능하다.

- 실린더(Cylinder)는 플래터가 여러 장일 경우 서로 다른 플래터에 있는 동일 트랙들의 모임을 말한다. 일반적인 HDD의 여러 개의 헤드는 하나의 액츄에이터와 같이 동시에 움직임으로 원통형과 같은 의미로 실린더를 사용한다.

④ 스핀들(Spindle) 모터 : 여러 장의 플래터를 회전 시키는 회전 모터로서 성능은 분당 회전수인 RPM(Round Per Minute)을 사용한다. RPM이 높을수록 회전시간이 빠르고 HDD를 탐색하는 시간이 작기 때문에 용량과 함께 HDD의 성능을 나타내기도 한다. 일반적으로 7200 ~ 15000 rpm

성능을 나타낸다.

⑤ 액추에이터 암(Actuator Arm) : 플래터에 담겨진 데이터를 읽거나 쓰기 위한 장치로서 암과 헤드로 나뉜다. 플래터의 특정 트랙, 섹터에 접근할 수 있도록 뻗쳐 있다.

⑥ 액추에이터 헤드(Head) : 실질적으로 데이터를 읽거나 쓰는 장치이다. 헤드는 플래터에 밀착되어 있는 것은 아니고 수 나노미터(nm)정도 떠서 데이터를 읽거나 쓴다. 따라서 어느 정도 이상의 충격이 발생하면 고장 날 우려가 있기 때문에 하드디스크의 사용에 주의해야 한다. 특히 하드디스크가 사용 중일 때는 충격에 더욱 약하기 때문에 각별한 주의가 필요하다.

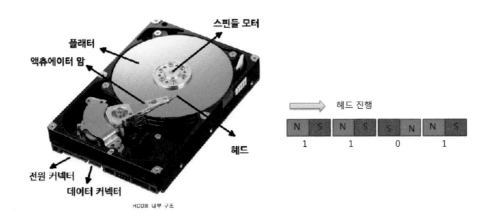

그림 3-10 하드디스크의 구조와 원리

▪ SSD(Solid State Disk)

HDD의 기계적 장치로 인한 물리적 시간을 줄이기 위해 반도체의 전기적 성질을 이용하여 만들어진 보조 저장장치이다. SSD는 물리적으로 데이터를 저장하지 않고 전기적으로 데이터를 저장하기 때문에 HDD에 비해 여러 장점을 가지고 있다.

그림 3-11 삼성 SDD 보조저장장치

그림 3-11의 삼성 SDD는 하드디스크에 비해 가볍고 간단하다. 가장 큰 장점은 데이터의 입출력 속도가 HDD에 비해 월등히 빠르다. HDD의 7200rpm 기준 데이터의 입출력 속도는 200MB/s 아래이지만 SDD는 가장 낮은 성능이 350MB/s 이상

으로 최소 약 2배 이상 정도의 빠른 속도로 처리된다. 기업용 제품인 경우에는 입출력 속도가 GB/s까지 성능을 나타내고 있다. 이러한 SDD의 빠른 속도의 가장 큰 요소는 HDD가 랜덤한 데이터를 읽고 쓰기 위해 기계적인 액츄에이터 암의 움직이는 시간이 SDD에서는 없기 때문에 랜덤한 데이터를 매우 빠른 속도로 읽고 쓰기가 가능하다,

두 번째 장점으로 소비전력이 상대적으로 낮고 작고 가볍다는 것이다. HDD는 물리적인 여러 장의 플래터와 액츄에이터로 구성되어 있기 때문에서 크기를 줄이는데 한계점이 존재하나 SDD는 작은 기판으로만 구성이 가능하기 때문에 전력 소비가 낮고 소형화할 수 있다.

3.3 입력 장치

(1) 키보드

컴퓨터의 키보드는 누구나 알듯이 가장 기본적인 입력 장치이다. 만약 키보드가 컴퓨터에 연결되지 않고 부팅시키면 경고 알람 소리가 울리며 부팅되지 않는다. 키보드는 과거 타자기의 기능을 본 딴 것으로 키보드의 자판의 수는 ASCII 코드 값에 따른 101 키가 표준이며 한글 키보드의 경우는 한/영과 한자 키보드가 추가되어 103키 그리고 윈도우(window) 기능을 가진 키가 3개가 더 추가되어 106 키보드가 사용되기도 한다.

(2) 마우스

마우스는 평면 위에서 x, y의 2차원 움직임을 모니터에 표시하고 아이콘을 클릭하면 프로그램이 실행되는 기본 컴퓨터 입력장치로 키보드와 마찬가지로 컴퓨터와 연결이 해제된 경우 경고 알림 소리가 울리기도 한다. 마우스 움직임 감지는 볼이나 적외선을 이용한 센서로 감지한다. 볼을 이용한 마우스는 기계식 마우스, 적외선을 이용한 마우스는 광학식 마우스로 분류한다.

(3) 스캐너(Scanner)

스캐너는 화상 입력장치로서 그림이나 사진 등을 광원을 이용하여 읽어 들이고 디지털로 변환하여 컴퓨터에 저장하는 저장장치이다. 스캐너는 디지털 카메라에서 사용되는 CCD(Charge Coupled Decice)를 사용하여 빛을 전기적 신호로 바꿔주는 광센서 반도체이다. CCD는 빛의 반사에 의해 흑

백만 읽어 들이며 컬러를 인식시켜주기 위해서는 Red, Green, Blue의 3색 필터가 요구된다. CCD에 기록된 영상은 아날로그 데이터로서 다시 디지털 변화하는 과정이 필요하다.

(4) 마이크(음성인식)

컴퓨터에서 사용하는 동영상이나 음악 등은 모두 디지털 데이터이다. 대부분의 소리는 사운드 카드를 통하여 스피커로 출력되지만 컴퓨터에 사운드를 입력하기 위해서도 사운드 카드와 함께 마이크가 필요하다. 따라서 소리의 입출력을 위해서는 사운드 카드가 반드시 마더보드에 설치되어 있어야 한다.

마이크를 통한 사운드의 입출력 처리과정은 그림 3-12에서 보는 것처럼 아날로그 신호를 입력 받고 이를 디지털 신호로 변환해야 한다. 사운드 카드에는 아날로그 신호를 디지털 신호로 변환하기 위한 ADC(Analog to Digital Convert) 기능이 있다. 신호를 변환하는 과정에서 메모리는 반드시 필요하며 이러한 역할은 DSP(Digital Signal Processor)에서 수행한다. 반대로 컴퓨터에 내장된 디지털 데이터를 처리하기 위해서는 DAC(Digital to Analog Convert)가 필요하며 이 역시 사운드 카드에서 제공한다.

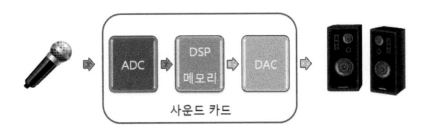

그림 3-12 소리의 재생 원리

■ 음성 인식의 원리

소리는 어떤 물리적 매체가 충격이나 힘에 의해 공기를 진동시키면 발생하게 되며 공기의 진동은 파형 형태로 주변으로 퍼져나가며 이 파형이 동물이나 인간의 고막을 진동시키게 되면 소리를 인지하게 된다. 진동에 의한 공기의 파형은 눈에 보이지 않지만 잔잔한 호숫가에 돌멩이를 던졌을 때 원형의 파형으로 퍼져나가는 모습처럼 퍼져 나가게 될 것이다. 소리는 공기나 물처럼 소리를 전달할 매질이 있다면 물속이든 우주에서든 전파가 가능하다.

그림 3-13에서와 같이 종을 흔들면 쇠의 진동으로 공기를 진동시키고 파형의 형태로 전달되며 공기

의 진동 파형은 아날로그의 특성을 갖는다. 그림 3-14에서와 같이 아날로그의 특성을 갖는 진동은 초당 반복되는 주기를 의미하는 주파수(frequency)와 진폭(Amplitude)으로 나타낼 수 있다. 음성이나 악기의 소리 경우는 음색으로서 소리의 특성이 나타난다. 피아노나 바이올린 등은 같은 음계를 갖지만 음색으로서 소리를 구분할 수 있다.

그림 3-13 소리의 전송 원리

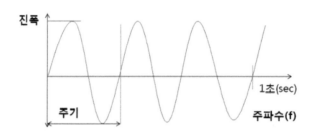

그림 3-14 주파수 정의

위와 같이 아날로그의 특성을 갖는 소리를 컴퓨터에서 처리하기 위해서는 디지털 데이터로 변환되어야 한다. 사운드 카드의 ADC 장치가 그 역할을 수행하고 반대로 DAC 장치가 컴퓨터내의 사운드 관련 디지털 데이터를 재생하게 된다.

아날로그 신호를 디지털 신호로 변경하는 과정은 다음과 같다.

① 1단계 : 표본화(Sampling)

그림 3-15와 같이 아날로그 신호에서 진폭의 크기를 일정한 간격으로 샘플링(Sampling)하는 과정을 표본화라고 한다. 이 값들은 PCM(Pulse Code Modulation)이라고 하며 표본화 간격은 아날로그 주파수 빠르기의 2배 이상으로 해야만 복호화 과정에서 본래의 아날로그 주파수를 복원할 수 있다.(나이퀴스트(Nyquist) 샘플링 이론)

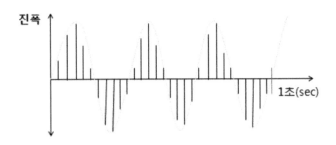

그림 3-15 아날로그 신호의 표본화 과정

② 2단계 : 양자화(Quantization)

표본화를 거치면 불연속적인 디지털 값으로 변환할 수 있지만 모든 값들의 진폭 값이 정확히 정수로 표현되지 않는다. 컴퓨터에서 실수의 값을 표현하는 것은 정수 값을 표현하는 것보다 더욱 많은 메모리 용량을 필요로 한다. 그림 3-16과 같이 표본화된 진폭 값들을 정확한 값으로 표현되지 않고 오차가 발생하게 되는데 이를 양자화 에러 라고 부른다.

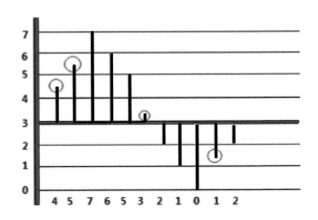

그림 3-16 양자화 에러

③ 3단계 : 부호화(Encode)

양자화를 거친 데이터들을 컴퓨터의 이진(binary) 데이터로 변환하는 과정을 부호화 과정이라 한다.

그림 3-17에서와 같이 양자화 과정에서 결정된 값들을 할당된 4비트수로 변환하게 된다.

4비트

4 5 7 6 5 3 2 1 0 1 2

0100 0101 0111 0110 0101 0010 0001 0000 0001 0010

그림 3-17 4비트 부호화 과정

④ 4단계 : 복호화(Decode)

부호화 과정을 거쳐 저장된 데이터를 컴퓨터에서 재생하는 과정을 복호화 과정이라 한다. 복호화 과정은 앞서 수행했던 과정의 역순으로 부호화된 2진수의 값을 진폭으로 변환하고 크기에 맞는 아날로그 파형으로 재생된다.

(5) 촉각장치(터치스크린)

물체나 인체의 압력, 촉각, 미세 전류 그리고 진동을 이용한 촉각 장치는 이를 감지하기 위한 센서가 필수적이며 미세한 촉감을 입력으로 사용하는 장치이다. 초기 물체의 압력을 감지하기 위한 센서는 최근 다양한 물체에 대한 촉감 및 진동 등을 느끼는 센서들이 개발되고 있다.

대표적인 촉각장치로는 터치스크린을 예로들 수 있으며 이를 이용한 스마트폰의 경우 그림 3-18과 같은 햅틱 장치(Haptic Device)를 이용하여 인체에서 나오는 미세한 전류를 이용하여 촉각이나 압력을 감지하여 키보드의 자판이나 펜과 같이 입력으로 사용한다. 햅틱이란 촉각을 나타내는 의미로 투명 패널에 정보를 입력할 수 있는 기술이다.

그림 3-18 촉감을 이용한 햅틱 입력장치
출처: http://nvanstolkdesign.com

가상현실에서 현실성을 높여주기 위해서 촉감을 구현하는 것은 중요한 요소이며 대표적으로 데이터 글러브(Dataglove)가 있다. 데이터글로브는 일반적인 장갑 형태의 모양에 압력 및 촉각을 감지하는 센서를 부착하여 손가락의 움직임에 따라 관련 데이터를 컴퓨터에 전송하는 장치이다.

그림 3-19는 비밥 포르테 데이터 글러브(BeBop Forte Data Glove)로서 기업 및 산업 교육용 소프트웨어용으로 설계 된 저가형 VR/AR 햅틱 글러브이다. 무선으로 작동되며 오큘러스의 퀘스트 링크(Oculus Quest Link)를 지원하는 햅틱 글러브이다.

그림 3-19 데이터 글로브(Data Glove)
출처: https://bebopsensors.com/developers/forte/

[6] 공간 추적 장치

3차원 공간에서 사용자의 움직임이나 드론과 같은 비행 물체의 움직임을 감지하기 위해서는 다양한 센서들이 사용된다. 공간 추적 장치들은 매 순간 물체의 움직임에 대한 데이터를 컴퓨터의 데이터베이스와 상호작용하고 결과를 피드백(feedback)해야 하기 때문에 방대한 양의 데이터가 요구되기도 한다. 공간 추적 장치를 감지하기 위한 센서에는 초음파, 적외선, 고도 센서 그리고 GPS 수신 장치 등이 사용된다. 물체의 움직임을 정확히 감지하기 위해서는 한 종류의 센서 보다는 복합적으로 사용하여 사용자의 이동은 기본적으로 감지하고 물체의 회전 및 고도의 변화 등을 인식한다.

적외선을 이용한 추적 장치로는 대표적으로 모션 캡쳐(motion capture) 장치가 있다. 머리를 포함한 몸체에 센서를 부착시키고 적외선을 이용하여 머리의 회전 및 몸체의 움직임을 감지하고 이를 컴퓨터에서 기록하여 움직임 등을 그래픽으로 합성한다. 대표적인 예는 그림 3-20에서와 같이 "갓 오브 워4" 게임 그래픽을 현실감 있게 만들기 위해서 오른쪽 그림과 같이 등장인물은 몸에 적외선을 감지하기 위한 마커를 부착하고 움직임을 측정하여 기록한 후 왼쪽 그림과 같이 그래픽으로 합성하게 된다. 모션 캡쳐 장비는 게임뿐만 아니라 영화 등 상업성이 높은 컴퓨터 그래픽 분야에서 많이 사용한다.

그림 3-20 영화 아바타에서 사용된 모션캡쳐 장비
출처: https://gamek.vn

방향의 측정 및 움직임을 유지하기 위해 사용하는 기법은 자이로스코프(gyroscope)를 이용한다. 자이로스코프는 몸체가 회전하거나 기울어져도 몸체 중심의 팽이는 항상 수평을 유지하는 장치이다. 그림 3-21과 같이 몸체안의 팽이가 빠른 속도로 회전하면 팽이의 회전축은 지구의 자전하는 힘에 의하여 항상 남과 북을 가리키게 함으로써 외부의 영향력 없이 바른 방위를 알 수 있도록 하여 진동과 기울기 등을 감지할 수 있다.

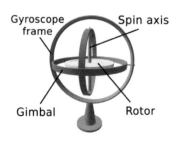

그림 3-21 자이로스코프
출처: 위키백과

자이로스코프를 이용한 일반적인 장치로는 스마트폰과 드론이 있다. 자이로스코프 센서가 내장된 스마트폰을 상하좌우로 움직이면 자이로스코프 센서가 이를 감지하고 사용자에게 항상 같은 방향의 화면이 유지되는 경험을 했을 것이다.

드론의 경우 역시 4개 이상의 회전 날개를 사용하므로 몸체의 균형을 잡기 위해서 자이로스코프 센서를 사용하며 위치 추적을 위하여 3개의 GPS 위성 시스템을 사용한다. 어떤 물체의 위치를 측정하기 위해서는 삼각측량을 사용하듯이 드론의 위치를 알기 위해서는 3개의 위성이 사용되며 드론의 고도를 알기 위해서는 고도 측량을 위한 위성 하나가 추가되어 4개의 GPS를 사용한다. 드론이 위치를 측정하는 이유는 한 곳에 정지하듯이 공중에 떠 있을 때 바람이나 장애물로 인해 위치가 변경된 것을 감지하기 위해서이다. 이 밖에도 가속도 센서를 이용하여 드론의 움직임과 위치를 측정한다.

(7) 기타 3D 입력 장치

손동작의 위치를 추적함으로써 3D 공간과 물체를 변화를 주는 입력장치들이 있다. 손동작을 인식하기 위한 카메라 하드웨어와 손 추적을 위한 소프트웨어만으로 터치스크린처럼 스크린을 터치하지 않고 공중에 움직임을 주면 3D 공간의 물체에 입체적이면서 몰입감 있는 환경을 제공한다. 그림 3-22는 울트라 립(UltrakLeap)회사에서 개발한 Ultraleap 3Di 입력장치이다.

그림 3-22 3D 입력장치 울트라 3Di(Ultraleap 3Di)

3.4 출력 장치

(1) 모니터

모니터는 컴퓨터에서 필수적인 1차 출력 장치이다. 모니터는 초기 음극선 방식의 CRT(Cathode-Ray Tube) 모니터로 시작하여 현재는 LCD(Liquid Crystal Display) 모니터를 사용한다. CRT 모니터는 흑백 모니터로 시작하여 Red, Green, Blue를 혼합한 컬러 모니터가 사용되었다.

모니터의 성능은 해상도(resolution)로 나타낸다. 해상도란 PPI(Pixel Per Inch)로서 1인치 당 표현할 수 있는 픽셀의 수를 의미한다. 윈도우의 설정화면에서 디스플레이 해상도를 선택하면 그림 3-23과 같이 현재 모니터에서 사용할 수 있는 해상도가 표시된다. 1920×1080의 의미는 가로 1920개의 픽셀 수와 세로 1080개의 픽셀 수로 화면을 표시한다는 의미이다.

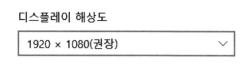

디스플레이 해상도

| 1920 × 1080(권장) | ∨ |

그림 3-23 윈도우에서의 모니터 해상도

(2) 프린터

프린터는 컴퓨터의 데이터를 문서로 출력하기 위한 장치이다. 프린터는 과거 충격방식으로 인쇄하는 도트(dot) 매트리스 방식의 흑백에서 출발하여 현재는 잉크 분사 방식의 잉크젯 프린터와 높은 온도를 이용하여 인쇄하는 레이저 프린터가 주로 사용되고 있다.

레이저 프린터의 인쇄 방식은 인쇄할 형태로 종이에 정전기를 발생시키고 토너의 잉크가 정전기가 발생한 종이에 달라붙게 한 후 회전하는 드럼을 이용하여 잉크를 건조시키는 방식으로 문서를 출력한다. 컬러 프린터는 Red, Green, Blue 토너 이외에도 흑백 문서를 출력하기 위한 Black 토너가 추가적으로 필요하다. 따라서 컬러프린터에는 다음 그림 3-24와 같은 4개의 색상 토너와 이들 각각을 인쇄하기 위한 4개의 드럼이 설치되어 있다.

그림 3-24 컬러프린터의 4가지 색상토너

(3) 3D 프린터

3D 프린터는 3차원 설계와 데이터에 의해 3차원 물체를 생성하기 위한 프린터이다. 3D 프린터는 잉크대신 플라스틱 실과 같은 소재를 활용하여 설계된 3D 도면에 따라 소재들을 쌓아 올리거나 모양을 깎아 입체적인 구조물을 만든다.

3D 프린터의 종류는 적층 방식(additive manufacturing)과 절삭 제조(subtractive manufacturing) 방식이 있다. 적층방식은 플라스틱 실이나 액체형태의 재료를 굳혀가며 한 층씩 쌓는 방식으로 복잡한 3차원 모양을 만들 수 있으며 만든 후 채색을 할 수 있다. 절삭제조 방식은 공구를 이용하여 물체를 깎는 방식으로 세부적인 표현에는 공구의 특성상 한계가 존재한다.

그림 3-25 3D 프린터
참조: MakerBot replicator

적층방식을 이용한 3D 프린팅 방법은 다음과 같이 3단계에 걸쳐 프린팅 된다.

- 1단계 : 모델링(modeling) : 3차원 모델링 소프트웨어나 3D 스캐너를 이용하여 3차원 데이터를 생성한다. 생성된 파일은 .stl 혹은 .ply 형식으로 저장된다.
- 2단계 : 프린팅(printing) : 모델링 단계에서 만들어진 도면인 .stl이나 .ply 파일을 읽어 들이고 3D 데이터를 2차원의 단면으로 해석하고 플라스틱 실과 같은 재료로 쌓아 올린다. 뇌를 X-ray로 찍을 때와 유사한 방식으로 동작한다. 3차원의 물체를 프린팅하는 과정은 프린팅 물체의 복잡도에 따라 상당한 시간이 요구된다.
- 3단계 : 후처리(post-processing) : 인쇄된 결과물에 대해 추가적인 연마나 컬러로 채색이 요구되기도 한다.

일반 프린터의 해상도가 dpi(dot per inch)로 표현되듯이 3D 프린터의 해상도 역시 dpi로 해상도를 나타낸다. 쌓아올려지는 두께, 즉 한 층의 두께와 함께 넓이와 높이에 대한(XY) 해상도로 표현한다.

(4) HMD(Head Mounted Display)

인간의 오감 중 시각이 차지하는 비율은 80% 이상으로 몰입형 가상현실을 위해서는 헤드마운트 디스플레이(HMD) 장비가 필수적이다. 모니터는 대표적인 기본 출력장치이지만 평면으로 구현된 모니터는 시각이 56°밖에 되지 않기 때문에 가상공간에 몰입할 수 있는 HMD와 같은 장비가 필요하다.

HMD는 일반적인 헬멧 모양과 유사하며 영상을 입체적으로 보기 위해 두 개의 렌즈를 이용하여 화면을 입체적으로 볼 수 있다. 또한 HMD에는 공간 추적센서가 부착되어 있어 사용자의 머리 움직임이나 이동 등을 감지하며 가상의 공간에서 사용자의 움직임을 추적하며 가상현실 시스템과 상호 작용한다.

HMD의 초기 형태는 그림 3-26과 같이 붐(BOOM::Binocular Omni Orientation Monitor)으로서 미시건 대학교에서 개발하였다. HMD처럼 헬멧의 모습이 아닌 것만 제외하면 HMD와 유사하다. 붐은 바닥에 고정된 스탠드 형태에 모니터를 고정하고 두 개의 렌즈로 가상의 세상을 들여다보는 시각장치이다.

그림 3-27은 삼성 VR 기어로서 스마트폰을 이용하여 가상현실 콘텐츠를 체험하기 위한 HMD 장비이다. HMD 장비에 스마트폰을 삽입하고 가상현실 콘텐츠를 실행하여 체험한다. HMD 오른쪽 상단에는 터치 메뉴가 있어 손가락으로 메뉴 등을 선택할 수 있다. 가상 콘텐츠는 두 개의 렌즈를 통해 몰입감 있는 가상현실을 체험할 수 있다. 삼성 HMD 장비의 단점으로는 두 개의 렌즈가 눈에 밀착되어 어지러움 증을 유발하기도 한다. 특히, 롤러코스터나 달리기와 같은 움직임이 많은 동작에서는 멀미가 유발되기도 한다. 또한 3D 콘텐츠의 특성상 CPU의 활용도가 매우 높기 때문에 스마트폰에서 높은 발열이 발생하여 체험 도중에 잠시 열을 식혀야하는 한다는 경고메시지가 뜨기도 한다. 이 밖에도 오큘러스의 리프트나 퀘스트 HMD 장비는 손의 움직임을 추적할 수 있는 장비를 이용하여 현실감을 더욱 높여 몰입감을 극대화할 수 있다.

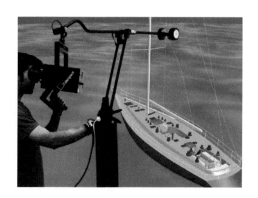

그림 3-26 BOOM
출처 : Michigan Univ.

그림 3-27 삼성 VR 기어 HMD

(5) 입체 음향장치

입체 음향장치는 3차원 공간에서 소리의 전달을 현실과 같이 입체적인 방식으로 제공하는 장치이다. 입체 음향을 제공하기 위해서는 녹음단계에서 입체적으로 녹음해야 하며 이를 위해 음원이 공간상의 위치 변화에 따라 각각 녹음하게 된다. 입체 음향을 생성하는 방법은 다음과 같이 두 가지 방식을 사용한다.

■ 머리전달 함수(HRTF : Head-Related Transfer Funtion)

밀폐된 음향 녹음실에서 그림 3-28과 같이 가짜머리를 이용하여 여러 위치에 배치한 스피커에서 나오는 음들을 녹음하는 방식이다. 여러 각도에 배치한 스피커에서 나오는 소리는 들어오는 각도에 따라 달라지기 때문에 이 음들을 머리전달함수로 측정하여 녹음하고 데이터베이스로 구축하게 된다. 따라서 3차원 공간에서 재생할 경우 사용자의 위치에 따라 입체 음향이 재생된다.

그림 3-28 머리전달함수(HRTF)

■ 공간전달 함수(RTF : Room Transfer Function)

현실세계에서의 소리는 주변 환경에 따라 다르게 인간에게 전달된다. 상대적으로 실외보단 실내에서 작은 소리도 큰소리로 들리고 주변의 소음에 따라 소리의 형태도 달라진다. 공간전달 함수는 가상현실 공간에서 들려오는 소리를 현실세계의 비슷한 환경에서 입체 녹음하는 방법을 말한다. 보다 실감나는 입체음향을 녹음하고 재생하기 위해서는 머리 전달함수와 공간 전달 함수를 병행하여 사용해야 한다. 대표적인 입체음향 시스템으로는 Crystal River Engineering사의 Beachtron System, Convolvotron System, Acoustctron Audio가 있다. 이것은 HRTF 사양을 기본으로 스튜디오 내에서 음원 혹은 청취자의 위치

변화에 따른 음량/볼륨 등을 DB화하여 구성된 AUDIO시스템으로 현재 가장 진보된 3D AUDIO시스템을 구축하고 있다. 그림 3-29는 소니블(Sonible)사의 3D 오디오 스피커를 나타낸 것이다.

그림 3-29 3D 오디오
출처:Sonible

3.5 운영체제(Operating System)와 소프트웨어(Software)

운영체제(Operating System)란 컴퓨터의 다양한 하드웨어를 제어하고 운영하기 위한 윈도우(Window)와 같은 프로그램을 말한다. 운영체제는 컴퓨터의 전원을 공급하는 순간 롬 바이오스(ROM BIOS)에 의해 컴퓨터의 주변 장치가 이상이 없다는 것을 확인하고 사용자가 컴퓨터를 사용할 수 있는 단계까지 자동으로 컴퓨터 환경을 설정한다.

컴퓨터가 아무리 빠르다고 해도 어느 한 순간에는 한 가지 일 밖에 하지 못한다. 매우 빠른 속도(us) 단위로 일을 처리하기 때문에 동시에 여러 가지 일을 하는 것처럼 보이지만 실제적으로는 그렇지 않다. 1950년대 초기의 컴퓨터는 윈도우와 같은 운영체제가 없었기 때문에 사용자가 컴퓨터를 사용하기 위해서는 컴퓨터가 처리해야 할 일을 0과 1로 구성된 천공카드를 미리 만들고 필요한 명령과 데이터가 있는 테이프롤(Tape Roll)를 통하여 컴퓨터를 동작시켰다.

이러한 수동적인 동작 방식은 에러의 발생이나 잘못된 데이터에 의해 다시 프로그램을 실행시키려면 매우 비효율적이었다. 이러한 문제점을 해결하기 위하여 컴퓨터를 사용자가 사용할 수 있는 상태로 자동으로 만들기 위한 방안이 연구되었고 인간이 알아들을 수 있는 어셈블리어(Assembler)와 함께 입출력과 관련된 라이브러리 프로그램 등이 등장하며 운영체제의 시작이 되었다.

3.5.1 운영체제의 종류

(1) 윈도우(Window)

윈도우 운영체제는 빌게이츠의 마이크로소프트사가 만든 운영체제로서 스티브잡스의 매킨토시 운영체제를 모방하여 GUI(Graphic User Interface) 방식으로 만든 운영체제이다. 윈도우 운영체제 이전의 MS의 운영체제는 CUI(Character User Interface) 방식의 도스(DOS: Diskette Operating System)이다. 도스란 이름은 운영체제 프로그램을 플로피 디스켓에 넣어 사용하였기 때문에 붙여진 것이다.

CUI 방식은 마우스를 통한 입력방식이 아니라 키보드를 통하여 명령어를 입력하여 프로그램을 실행하는 방식으로 사용자가 명령어를 알지 못하면 프로그램을 실행시키지 못하였다. 따라서 사용자는 어느 정도의 컴퓨터 지식을 갖고 있어야만 컴퓨터를 사용할 수 있는 단점이 있었다. 이후 마우스가 개발되면서 스티브 잡스는 키보드로 명령어를 입력시키는 것이 아니라 마우스로 아이콘을 클릭만 하면 프로그램이 실행되는 GUI 방식을 선보이면서 사용자가 컴퓨터의 명령어를 알지 못해도 마우스로 아이콘(icon)을 클릭만 하면 프로그램이 실행되는 운영체제를 선보였다.

1995년 마이크로소프트사는 매킨토시 운영체제와 비슷한 개인용 윈도우 운영체제를 출시하였다. 초기 윈도우1.0 운영체제는 매킨토시 운영체제를 흉내 내기 했지만 도스 운영체제 기반 하에 멀티태스킹과 그래픽 실행환경만을 제공하였다. 훗날 스티브 잡스는 마이크로소프트사의 빌게이츠가 매킨토시 운영체제를 도용했다 하여 소송을 제기 하였으나 무혐의로 종결되는 일화가 있다.

1998년 윈도우 운영체제는 다양한 멀티미디어 기능과 다중 작업 기능들을 제공하며 대부분의 개인용 PC는 윈도우98로 변경되며 전 세계적인 변화를 이끌게 되었다. 이후 윈도우 XP, 윈도우 7,8 그리고 최근에는 그림 3-30과 같은 초기화면의 윈도우 10, 11이 제공되고 있다.

그림 3-30 윈도우 운영체제 10

(2) UNIX

윈도우 운영체제가 단일사용자를 위한 운영체제라면 UNIX는 다중 사용자를 위한 시분할처리 운영체제이다. 1960년대 멀틱스(Multics:Multiplexed Information and Computing Service)란 시분할 개념을 적용하여 여러 명의 사용자가 아주 짧은 시간동안에 CPU를 점유하여 사용하면 한 서버에 여러 명의 사용자가 사용가능하도록 하였다. UNIX는 서버와 단말(terminal)로 구성되어 있으며 대표적으로 은행과 같은 시스템에서 다수의 은행원들이 하나의 서버를 사용하는 방식이다.

그림 3-31과 같이 UNIX 운영체제의 구조는 컴퓨터 하드웨어 자원을 운영관리하고 응용 프로그램을 실행할 수 있는 운영체제이다. UNIX 운영체제의 핵심 부분은 하드웨어와 각 사용자의 쉘(Shell) 사이에 있는 커널(kennel)이다. 커널은 하드웨어를 운영 제어하며 각 프로그램의 메모리, 프로세스, 파일 그리고 주변장치 등을 관리하는 운영체제이다.

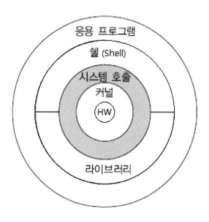

그림 3-31 UNIX 운영체제의 구조

커널은 여러 개의 응용프로그램이 실행될 수 있도록 CPU 스케줄링을 통하여 동시에 프로그램이 수행되는 것처럼 프로세스의 관리를 수행한다. 또한 디스크 상에 파일 시스템을 구성하여 파일관리, 메모리의 효율적 사용을 위한 메모리 관리 그리고 모니터, 키보드 그리고 네트워크를 통한 통신관리 등을 수행한다.

쉘(Shell)이란 각 사용자와 커널 사이의 인터페이스를 제공하는 특수 프로그램으로 새로운 응용프로그램을 실행할 때 사용자의 호출에 따른 명령어를 실행하는 명령어 실행 프로그램이다.

(3) 리눅스(LINUX)

리눅스 운영체제는 1991년 핀란드 헬싱키 대학의 리누스 토발즈(Linus Benedict Torvalds)에 의해 개발된 오픈 소스(open source) 유닉스 체제 계열이다. UNIX와 같은 대부분의 운영체제 소스코드는 공개되지 않았으며 허가 없이는 사용할 수 없는 라이선스(license) 구조였으나 리누스 토발즈는 리눅스 운영체제를 개발하면서 소스코드의 공개와 사용자 누구나 소스 코드를 이용하여 프로그램의 개발과 확장할 수 있도록 하였다. 리눅스처럼 운영체제의 공개 오픈소스는 GNU(General Public License)로서 자유로운 소프트웨어 라이센스를 의미하지만 공식적인 명칭으로 GNU's Not Unix라 한다. 즉 비공개 UNIX의 운영체제를 반대하고 UNIX와 차별화된 프로젝트의 일환으로 개발된 것이다.

그림 3-32와 같이 리눅스의 마스코트는 펭귄 턱스(tux)이며 오픈 소스의 형태로 개발된 리눅스의 배포판에는 리눅스의 커널과 지원 소프트웨어 그리고 라이브러리를 포함한다. 1991년 공개된 리눅스는 수많은 개발자의 참여로 빠른 속도로 사용자들이 증가하였다. 오픈소스로 개발이 되기 때문에 리눅스의 배포판에는 우분투(ubuntu), 데비안(debian) 그리고 페도라(fedora) 등이 있으며 누구나 자유로이 재배포가 가능하다는 특징이 있다.

그림 3-32 리눅스 마스코트 턱스(tux)

(4) 모바일 운영체제(mobile operating system)

모바일 운영체제는 모바일 장치의 운영체제로서 윈도우와 같은 PC 운영체제와 비슷하지만 휴대용이라는 특징으로 조금 더 단순한 특징이 있다. 대표적인 모바일 운영체제는 스마트 폰을 운영하는 방식으로 분류하면 구글의 안드로이드(Android), 애플의 iOS, 노키아의 심비안(Symbian) 그리고 마이크로 소프트의 윈도우 폰 등이 있다. 모바일 운영체제인 안드로이드는 리눅스 기반의 운영체제로 만들어 졌으며 애플의 iOS는 유닉스 기반의 운영체제로 만들어 졌다.

모바일 운영체제의 특징은 휴대전화의 기능과 컴퓨터의 기능이 결합된 형태이므로 다양한 하드웨어가 적용될 수 있도록 호환성이 중요시되며 이와 함께 적용되는 운영체제는 윈도우, 유닉스 등의 운영체제 보다는 가벼워야 한다. 즉, 휴대전화의 기능과 함께, 카메라, 인터넷, 메일 등의 다양한 기능이 적용되어야 하며 다양한 어플리케이션이 확장 가능하도록 지원되어야 한다.

어플리케이션의 지속적인 확장을 위하여 안드로이드 버전의 운영체제는 플레이 마켓(Play Market), iOS는 앱스토어(App Store) 그리고 삼성 애플리케이션 스토아 등을 통하여 앱(App) 프로그램의 설치와 실행이 가능하다.

3.5.2 운영체제의 기능

(1) 컴퓨터의 부팅

컴퓨터를 사용하기 위해서는 그림 3-33과 같이 220V의 전원 공급을 시작으로 CPU가 ROM BIOS의 프로그램을 실행 후 사용자가 사용할 수 있는 환경을 만들어 주기위한 운영체제(OS)의 부팅 과정이 필요하다.

그림 3-33 컴퓨터 부팅 과정

(2) 프로세스의 관리

부팅 과정이 완료되었다는 의미는 사용자가 다양한 응용 프로그램을 자유롭게 실행할 준비 상태가 완료되었다는 의미이고 사용자가 알지 못하는 다양한 프로그램들이 백그라운드(background)에서 실행되고 있는 상태이다. 프로그램이 실행되기 위해서는 주 메모리에 로드되어야 하며 이를 프로세스(process)라 한다. 운영체제는 각 프로그램에서 운용중인 프로세스를 관리하고 제어하는 역할을 한다.

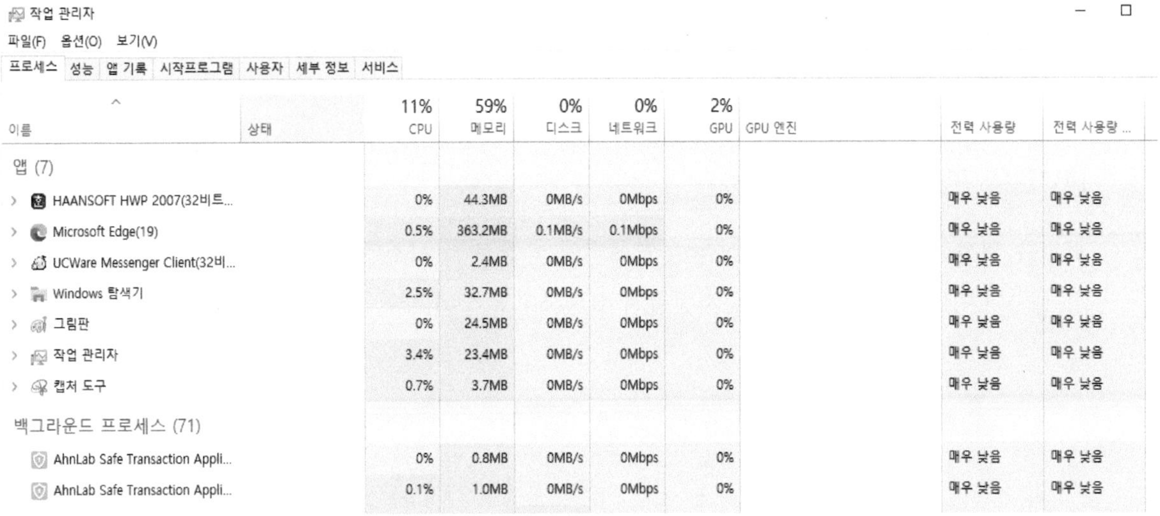

그림 3-34 작업관리자에서의 프로세스

현재 컴퓨터의 프로세스 목록을 확인하고자 한다면 작업관리자(Ctrl+Alt+Del)를 실행하여 내역을 확인할 수 있다. 그림 3-34에서 보는 것처럼 현재 실행되고 있는 앱의 종류와 함께 백그라운드 프로세스 71개가 실행되고 있는 것을 확인할 수 있다. 프로세스의 종류와 함께 각 프로세스가 사용하고 있는 CPU의 점유율, 메모리의 양, 디스크, 네트워크 사용량 그리고 GPU(Graphic Process Unit)의 점유율을 볼 수 있다. 이처럼 운영체제는 각 프로그램의 프로세스에 대한 자원을 관리하고 운영한다.

작업관리자에서 보이는 각 프로세스들은 생성(New), 준비(Ready), 실행(Run), 대기(Waiting) 그리고 완료(Terminated) 상태로 관리된다.

(3) 주기억 장치 관리

CPU가 프로세스를 처리하기 위해서는 한정된 용량의 주기억장치 RAM을 관리해야 한다. 메모리를 관리하는 방식에 따라 고정 분할 방식과 가변분할 방식이 있다.

고정 분할 방식은 의미 그대로 메모리 영역을 일정한 크기로 할당하는 방식으로 특별한 메모리 관리가 요구되지 않는 장점이 있지만 메모리의 용량이 적을 경우 메모리 부족으로 프로그램의 수행에 많은 시간이 소요된다.

가변 분할 방식은 프로그램이 실행되면 그 때 필요한 메모리의 용량을 계산하여 가변적으로 메모리를 분할하여 할당한다. 메모리의 사용면에서는 효율적이나 이로 인한 CPU의 연산으로 지연시간이 발생할 수 있다.

(4) 파일 관리

파일을 생성하고 저장하기 위해서는 운영체제의 파일 관리 시스템이 요구된다. 운영체제는 보조 저장 장치의 어느 트랙, 어느 섹터에 저장할지 결정하고 저장된 파일들의 관리를 담당한다.

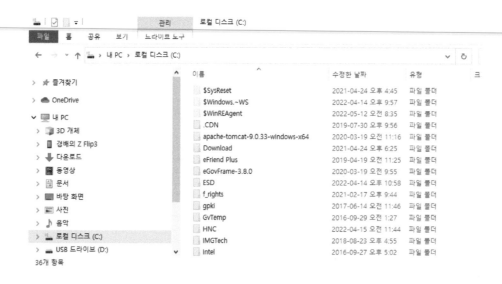

그림 3-35 파일 탐색기

그림 3-35는 파일 탐색기를 실행하여 나타난 보조 저장 장치의 파일 목록이다. 왼쪽 그림에서 내 PC의 목록과 함께 자주 사용하는 파일들을 볼 수 있다. 오른쪽 그림에서는 해당 드라이브나 폴더를 클릭했을 때 그 안에 있는 파일 목록이 나타난다. 운영체제는 파일 관리를 위해 보조 저장 장치의 기록 위치와 함께 파일에 대한 목록을 색인으로 관리한다.

3.5.3 시스템 소프트웨어와 응용소프트웨어

소프트웨어는 하드웨어를 운영하고 사용자의 프로그램을 실행시키기 위한 방법에 따라 시스템 소프트웨어와 응용 소프트웨어로 분류할 수 있다.

시스템 소프트웨어의 대표적인 예는 운영체제이며 이밖에도 부트 로더(boot roader), 장치드라이버, 셸, 라이브러리 등이 있다. 시스템 소프트웨어는 컴퓨터의 하드웨어에 접근하여 동작시키기 위한 프로그램으로 운영체제를 통하여 사용자가 작업할 수 있는 환경을 만들거나 키보드의 문자를 모니터 출력장치로 전송 또는 디스플레이 장치의 내용을 프린터로 전송하여 인쇄 작업 등을 수행한다.

운영체제와 구분하여 장치를 구동하기 위한 장치 드라이버 프로그램은 펌웨어(firmware) 혹은 하드웨어와 소프트웨어의 중간에 있다하여 미들웨어(middleware)라 부른다. 컴퓨터의 기본 입출력 장치는 키보드, 마우스, 모니터이며 기본 장치만 있으면 운영체제를 이용하여 사용자는 컴퓨터를 정상적으로 사용할 수 있다. 그러나 컴퓨터의 확장을 위해 프린터를 설치하거나 카메라 등을 컴퓨터에 연결하고 사용하기 위해선 프린터, 카메라 구동 드라이버 프로그램을 설치해야 한다. 프린터, 카메라 회사는 매우 많으며 또한 버전에 따라 많은 종류의 기기들이 존재한다. 컴퓨터에게 현재 설치된 기기의 종류 및 동작 방식을 알려주기 위한 프로그램이 펌웨어가 된다. 펌웨어는 사용자 중심의 프로그램이 아니라 하드웨어 즉 기계 중심의 프로그램이다.

부트 로더는 운영체제가 올바르게 실행되기 위해 필요한 관련 작업을 수행하는 프로그램이며 라이브러리는 응용 소프트웨어를 개발할 때 미리 작성된 코드, 함수, 클래스 등 다양한 데이터의 모임이다.

응용 소프트웨어는 컴퓨터에서 사용자가 직접적으로 다루는 모든 프로그램을 말하며 애플리케이션 프로그램(application program)이라고도 한다. 대표적인 응용 소프트웨어에는 아래아 한글, 엑셀(excel) 그리고 파워포인트 등이 있다.

응용 소프트웨어를 개발하기 위해서는 다음과 같은 4가지 점을 고려해야 한다.

- 첫째, 프로그램의 업데이트 및 개발을 위한 유지 보수가 용이해야한다.
- 둘째, 사용자가 믿고 사용할 수 있도록 신뢰성이 높아야 한다.
- 셋째, 소프트웨어를 사용한다는 것은 컴퓨터의 하드웨어 자원을 이용하는 것과 같다. 소프트웨어는 하드웨어 자원을 효율적으로 사용하여야 한다.
- 넷째, 사용자가 편리하게 사용할 수 있도록 간단하고 쉬운 인터페이스를 제공하여야 한다.

3.5.4 데이터베이스 관리시스템(DBMS : Data Base Management System)

데이터베이스란 다양한 자료를 사용자들이 이해하기 쉽게 효율적으로 모아놓은 데이터 작성 시스템이라 할 수 있다. 데이터베이스는 작성된 데이터에 쉽게 접근하고 데이터를 다수의 사용자가 공유하여 무제한으로 사용할 수 있다는 특징이 있다.

데이터를 관리하기 위한 엑셀 프로그램은 다양한 데이터를 효율적으로 작성하고 관리하기 위한 프로그램이다. 그림 3-36은 학과, 학번 이름 등에 대한 학생의 정보에 대한 간단한 데이터 작성 프로그램의 예이다. 데이터베이스의 구성요소에는 개체(entry), 속성(attribute), 관계(relation)가 있다. 그림의 예에서는 학과, 학번, 이름, 전화 번호 등이 개체로 나타나 있으며 객체는 표현할 수 있는 모든 유형을 개체로 나타낼 수 있다. 속성이란 개체를 표현할 수 있는 모든 정보를 말한다. 그림에서 학과의 속성에는 경영학과, 국방장비과, 부사관과 등이 학과의 속성 정보를 나타낸다. 관계는 데이터베이스 안에 있는 개체와 속성들의 관계를 정의한 것이다.

	A	B	C	D	E	F
1	학과	학번	이름	전화번호	주소	기타
2	경영학과	2002020	박칠삼	102452452	서울	현역
3	소프트과	2020023	김머시	102452453	부산	현역
4	국방장비고	2000300	이상돌	102452454	대구	현역
5	국방과	2000301	홍미순	102452455	제주	현역
6	부사관과	2000302	이이쁨	102452456	강원	현역

그림 3-36 엑셀 프로그램 데이터 만들기

개체와 속성 그리고 관계를 서로 정의하고 삭제, 추가 등을 변경하고 관리하기 위한 시스템을 DBMS라 한다. 4차 산업 혁명이후에 처리해야할 데이터는 방대한 양으로 상대적으로 빅데이터라 부르며 이를 효율적으로 처리하고 활용하기 위한 방안들이 연구되고 있다.

특히 가상현실의 데이터는 방대하고 인간의 오감에 해당하는 다양한 매체의 멀티미디어 데이터이다. 기존의 단일 미디어에 대한 데이터는 방대한 양임에도 불구하고 정형화된 데이터이기 때문에 실시간 처리가 가능하지만 가상현실에 대한 데이터 처리는 고성능의 하드웨어 시스템으로도 실시간 처리가 힘들다. 따라서 가상현실에 대한 멀티미디어 데이터를 효율적으로 저장, 관리하고 검색하는 기능을 제공해야 한다. 일반적으로 멀티미디어 데이터베이스는 다양한 미디어 간의 동기화, 저장 공간의 동기화 그리고 사용자의 상황에 맞는 데이터를 쉽게 찾아 실행하고 저장하는 방법을 제공해야 한다. 일반적인 멀티미디어 데이터베이스의 유형으로는 RDBMS(Relational DBMS) 기반 방식과 OODBMS(Object Oriented DBMS) 기반 방식을 사용하고 있다. 표 3-1은 일반 데이터베이스와 멀티미디어 데이터베이스의 차이점을 나타낸 것이며 RDBMS와 OODBMS 방식을 혼용한 ORDBMS(Obejct Relational DBMS) 기반 방식이 사용되기도 한다.

표 3-1 데이터베이스의 종류와 특징

종류	일반 DBMS	멀티미디어 DBMS	
	RDBMS	OODBMS	ORDBMS
내용	정형, 텍스트 단순한 정보형태를 관리하기 위한 시스템사용자 정의, 비정형복합 정보형태를 관리하기 위한 시스템	사용자 정의, 비정형복합 정보형태를 관리하기 위한 시스템	사용자 정의, 비정형복합 정보형태를 관리하기 위한 시스템
장점	시스템 안정과 대용량 정보처리	복잡한 구조의 정보 모델링	시스템 안정과 대용량 정보처리
단점	복잡한 정보형태 처리 불가능	안정성과 성능 보통	지속적인 표준화 버젼

3.6 실습 - 한글 문서 작성하기

2 ## 음 성 인 식 의 원 리

3   소리는 어떤 물리적 매체가 충격이나 힘에 의해 공기를 진동시키면 발생하게 되며 공기의 진동은 파형 형태로 주변으로 퍼져나가며 이 파형(波形)이 동물이나 인간의 고막을 진동시키게 되면 소리를 인지하게 된다. 진동에 의한 공기의 파형은 눈에 보이지 않지만 잔잔한 호숫가에 물멩이를 던졌을 때 원형의 파형으로 퍼져나가는 모습처럼 퍼져 나가게 될 것이다. 소리는 공기나 물처럼 소리를 전달할 매질이 있다면 물속이든 우주에서든 전파가 가능하다.

그림 3-13에서와 같이 종을 흔들면 쇠의 진동으로 공기를 진동시키고 파형의 형태로 전달되며 공기의 진동 파형은 아날로그의 특성을 갖는다. 그림 3-14에서와 같이 아날로그의 특성을 갖는 진동은 초당 반복되는 주기를 의미하는 주파수(frequency)[1]와 진폭(Amplitude)[2]으로 나타낼 수 있다. 음성이나 악기의 소리 경우는 음색(音色)으로서 소리의 특성이 나타난다. 피아노나 바이올린 등은 같은 음계를 갖지만 음색으로서 소리를 구분할 수 있다.

4 ### ▶ 아날로그 디지털 전환 ◀

   ✓ 1단계 : 표본화(Sampling)

5 ✓ 2단계 : 양자화(Quantization)

   ✓ 3단계 : 부호화(Encode)

   ✓ 4단계 : 복호화(Decode)

6

8   음 성 인 식 원 리

7
_____
1) 아날로그 신호에서 초당 반복되는 주기의 수
2) 아날로그 신호의 크기

박 경 배   **1**

1. 보기 ①과 같이 꼬리말을 이용하여 좌측에 본인 이름을 삽입하시오.

   1) 글꼴은 굴림체, 글자크기 9pt,

2. 보기 ②와 같이 글상자를 이용하여 제목을 작성하시오.

   1) 제목은 '음성 인식의 원리'

   2) 글꼴은 굴림체, 글자크기는 32pt, 글자색은 기본-연한회색, 장평은 120%, 가로 가운데 정렬

   3) 글상자의 내부색은 진한파랑, 외곽선은 실선으로 지정하고 선 색은 기본-검정, 선 굵기 0.4mm

3. 보기 ③과 같이 다음의 내용을 입력하시오.

   소리는 어떤 물리적 매체가 충격이나 힘에 의해 공기를 진동시키면 발생하게 되며 공기의 진동은 파형 형태로 주변으로 퍼져나가며 이 파형(波形)이 동물이나 인간의 고막을 진동시키게 되면 소리를 인지하게 된다. 진동에 의한 공기의 파형은 눈에 보이지 않지만 잔잔한 호숫가에 돌멩이를 던졌을 때 원형의 파형으로 퍼져나가는 모습처럼 퍼져 나가게 될 것이다. 소리는 공기나 물처럼 소리를 전달할 매질이 있다면 물속이든 우주에서든 전파가 가능하다.

   그림 3-13에서와 같이 종을 흔들면 쇠의 진동으로 공기를 진동시키고 파형의 형태로 전달되며 공기의 진동 파형은 아날로그의 특성을 갖는다. 그림 3-14에서와 같이 아날로그의 특성을 갖는 진동은 초당 반복되는 주기를 의미하는 주파수(frequency)와 진폭(Amplitude)으로 나타낼 수 있다. 음성이나 악기의 소리 경우는 음색(音色)으로서 소리의 특성이 나타난다. 피아노나 바이올린 등은 같은 음계를 갖지만 음색으로서 소리를 구분할 수 있다.

   1) 글꼴은 돋움체, 글자 크기는 12pt

   2) 내용의 첫 줄 30pt 들여쓰기

   3) 줄 간격은 고정 값 18pt

   4) 한자 입력

   파형 → 波形 , 음색 → 音色

4. 보기 ④와 같이 소제목을 입력하시오.

   1) 소제목은 아날로그 디지털 변환

   2) 소제목 앞에는 '▶' 뒤쪽은 '◀'입력

   3) 글꼴은 맑은 고딕, 글자크기는 15pt, 글자색은 하양

   4) 글자의 음영은 검정으로 지정

5. 보기 ⑤와 같이 아래의 내용을 입력하시오.

   1) 글머리표 '√' 지정

   2) 1단계 : 표본화(Sampling)
      2단계 : 양자화(Quantization)
      3단계 : 부호화(Encode)
      4단계 : 복호화(Decode)

   3) 글꼴은 궁서체, 글자 크기는 12pt

   4) 문단 아래 간격은 11pt

6. 보기 ⑦과 같이 이미지를 삽입하시오.

   1) 이미지의 종류는 상관없이 입력하시오.

   2) 이미지의 크기 70×45 mm

   3) 삽입된 이미지 테두리를 검정, 실선, 2mm로 지정

   4) 이미지가 내용의 오른쪽에 위치하도록 지정하고, 바깥 여백은 위/아래/왼쪽/오른쪽을 3mm로 지정

7. 보기 ⑥과 같이 각주를 작성하시오.

   1) 본문에서 '주파수'와 '진폭'에 작성하시오.

   2) 각주의 위치는 페이지 아래쪽

   3) <각주의 입력 내용>
      아날로그 신호에서 초당 반복되는 주기의 수

아날로그 신호의 크기

4) 글꼴은 신명조체, 글자크기는 9pt

5) 각주 번호 모양은 '1)'로 지정

8. 보기 ⑧과 같이 하이퍼링크를 작성하시오.

1) 삽입된 그림 아래 '음성인식원리' 입력

2) 입력한 '음성인식원리'에 'https://www.web3d.org' 연결

3) 장평 120%, 글씨체 맑은 고딕

9. 보기 ⑨와 같이 머리말을 입력하시오.

1) 번호모양 -4-

2) 글꼴은 굴림체, 글자크기 9pt

해설

1. 꼬리말을 이용하여 좌측에 본인 이름을 삽입

① 모양 메뉴를 클릭하거나 Ctrl+N,H를 클릭하여 그림 3-37과 같이 머리말/꼬리말 메뉴를 호출하고 왼쪽 쪽 번호를 선택한 후 만들기 버튼을 클릭한다.

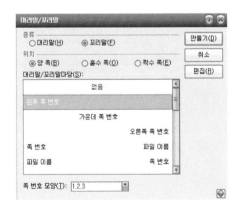

그림 3-37 머리말/꼬리말

② 본 문서 아래의 꼬리말 부분을 더블 클릭하면 그림 3-28과 같이 꼬리말 편집 모드가 된다. 편집 모드에서 본인의 이름으로 수정하고 나가기 버튼을 누른다.

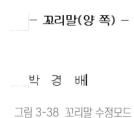

그림 3-38 꼬리말 수정모드

③ Alt+L을 누르고 그림 3-39와 같이 글꼴은 굴림체, 글자크기는 9pt 입력한다.

그림 3-39 글자 모양

2. 글상자 입력하기

① Ctrl+N,B로 글상자 편집 모드에서 마우스로 드래그하여 그림 3-40과 같이 글상자를 만들고 '음성 인식의 원리'를 입력한다.

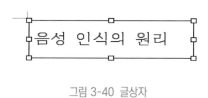

그림 3-40 글상자

② 글꼴은 굴림체, 글자크기는 32pt, 글자색은 기본-연한회색, 장평은 120%, 가로 가운데 정렬

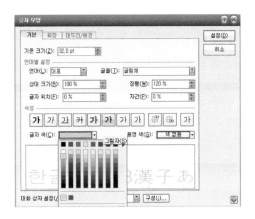

그림 3-41 글상자 글자 모양

③ 글상자를 선택하고 오른쪽 마우스 버튼을 눌러 개체 속성을 선택한다. 개체 속성 중 그림 3-42와 같이 채우기 메뉴를 선택하여 면색을 진한 파랑으로 선택한다. 글상자의 테두리 설정을 위하여 그림 3-43과 같이 글상자의 테두리 외곽선은 실선으로 지정하고 선 색은 기본-검정, 선 굵기 0.4mm로 선택한 후 설정을 누른다.

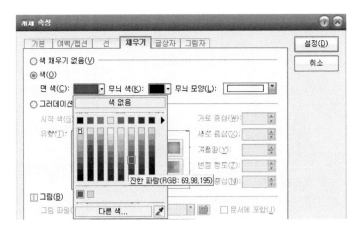

그림 3-42 글상자 면색 채우기

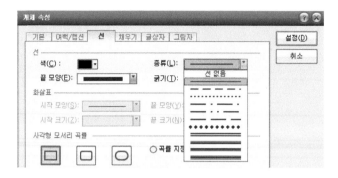

그림 3-43 글상자 선 모양

3. 본문 내용 입력과 양식 설정.

① 본문의 내용을 입력하고 글꼴은 돋움체, 글자 크기는 12pt로 입력한다.

② Alt+T를 눌러 그림 3-44와 같이 문단모양에서 들여쓰기를 선택하고 30pt를 입력한다.

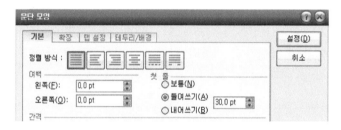

그림 3-44 본문 문단모양

③ 문단모양에서 그림 3-45와 같이 줄 간격을 고정 값과 18pt로 선택한다.

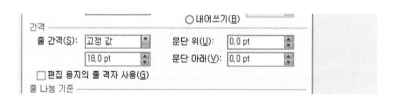

그림 3-45 문단 줄 간격 설정하기

④ 한자 입력 파형 → 波形, 음색 → 音色으로 한자 변환을 위하여 해당 문자뒤에 마우스 포인트를 위치 시킨 후 F9 키를 누르면 그림 3-46과 같은 한자 변환 화면이 나타난다.

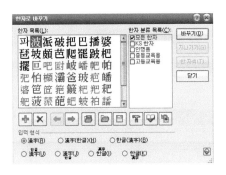

그림 3-46 한자 변환(F9)

4. 소제목 입력하기

① 소제목은 아날로그 디지털 변환을 입력한다.

② 소제목 앞에는 '▶' 뒤쪽은 '◀'특수 문자 입력을 위하여 Ctrl+F10 키를 누르면 그림 3-47과 같이 문자표 입력화면이 나타난다. 사용자 문자표에서 해당 특수 문자를 선택한다.

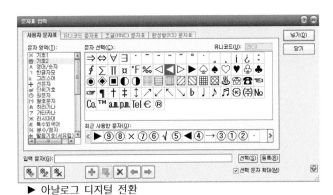

▶ 아날로그 디지털 전환

그림 3-47 문자표 입력 선택화면

③ 글꼴은 맑은 고딕, 글자크기는 15pt로 선택하고 그림 3-48과 같이 글자색은 하양으로 선택하고 음
영색은 검정으로 지정한다.

그림 3-48 글자색과 음영색 선택하기

5. ~~~

① 글머리표 '✓'지정을 위하여 Ctrl+K,N을 누르고 글머리표를 선택한 후 그림 3-49와 같이 글 머리표
모양을 ✓로 선택한다.

그림 3-49 문단번호/글머리표

② 문단 모양에서 문단 아래의 줄 간격을 그림 3-50과 같이 15pt로 설정한다.

그림 3-50 문단 줄 간격

③ 글꼴은 궁서체, 글자 크기는 12pt로 설정한다.

6. 이미지를 삽입

① Ctrl+N,I 키를 눌러 3-51 화면에서 그림파일을 선택하고 넣기를 누른다.

그림 3-51 그림 넣기 화면

② 삽입된 이미지를 선택하고 객체 속성을 선택한 후 3-52와 같이 이미지의 크기 70×45 mm로 설정한다.

③ 그림 3-53과 같이 삽입된 이미지 테두리를 검정, 실선, 2mm로 지정하고 그림 3-52와 같이 이미지가 내용의 오른쪽에 위치하도록 본문과의 배치를 지정한다. 그림 3-54와 같이 바깥 여백은 위/아래/왼쪽/오른쪽을 3mm로 지정한다.

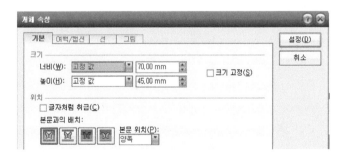

그림 3-52 이미지 크기와 위치 설정

그림 3-53 이미지 선 설정

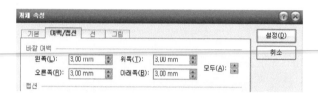

그림 3-54 이미지 여백 설정

7. 각주 작성

① 본문에서 '주파수'와 '진폭' 단어를 각각 선택하고 Ctrl+N,N을 누르고 '아날로그 신호에서 초당 반복되는 주기의 수'와 '아날로그 신호의 크기' 페이지 아래쪽에 각주 번호 모양 1)로 입력한다.

② 글꼴은 신명조체, 글자크기는 9pt로 설정한다.

8. 하이퍼링크를 작성.

① 음성인식원리'를 선택하고 Ctrl+K,H를 눌러 하이퍼링크를 선택한다.

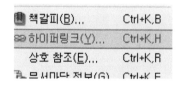

그림 3-55 하이퍼링크

② 그림과 같이 표시할 문자열 음성인식원리'에 'https://www.web3d.org' 연결 한다.

③ 글자모양은 장평 120%, 글씨체 맑은 고딕으로 설정한다.

9. 머리말 입력

① Ctrl+N,H를 클릭하여 그림 3-56과 같이 머리말/꼬리말을 선택하고 쪽 번호모양을 숫자로 선택한다. -4- 번부터 시작하기 위해서 모양→ 새 번호로 시작을 선택하고 그림 3-57과 같이 시작 번호를 4로 설정한다.

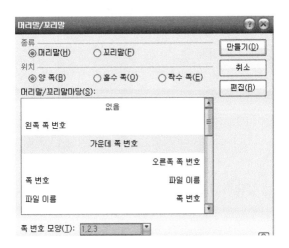

그림 3-56 머리말/꼬리말

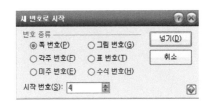

그림 3-57 새 번호로 시작

② 글꼴은 굴림체, 글자크기 9pt로 설정한다.

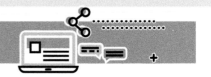
1. 컴퓨터의 내부 하드웨어 구조에 대해 설명하시오.

2. CPU의 4가지 기능에 대해 설명하시오.

3. CPU의 4단계 처리과정에 대해 설명하시오.

4. 음성인식의 원리에 대해 설명하시오.

5. 공간추적 장치란 무엇인가?

6. 운영체제의 종류에는 무엇이 있는가?

7. 운영체제의 기능 4가지는 무엇인가?

8. 다음 문서를 작성하시오.

함께하는 공정사회! 더 큰 희망 대한민국!

행정안전부

수신   수신자 참조(문서관리업무담당과장)

(경유)

제목 「행정 효율과 협업 촉진에 관한 규정」 일부개정령안 입법예고 알림

「행정 효율과 협업 촉진에 관한 규정」 일부개정령안의 입법예고가 2017. 11. 6.자 관보, 행정안전부 홈페이지(www.mois.go.kr)를 통해 실시되고 있음을 알려드립니다.

붙임 「행정 효율과 협업 촉진에 관한 규정」 일부개정령안 1부. 끝.

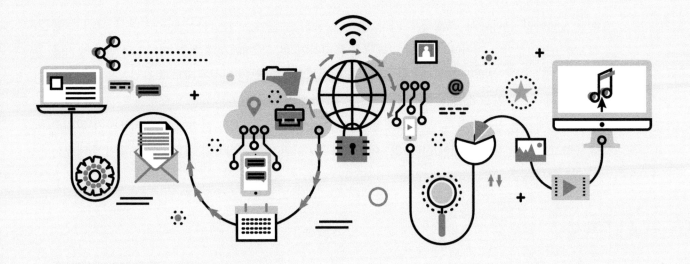

CHAPTER 4

컴퓨터 그래픽

4.1 픽셀(Pixel)과 해상도(Resolution)

4차 산업혁명 분야에서 그래픽을 가장 많이 사용하는 분야는 가상현실과 증강현실 그리고 웹 3D(Web3D) 분야일 것이다. 컴퓨터 그래픽은 물리적인 현실세계에서 획득한 이미지와 인간의 가공에 의해 만들어진 그래픽으로 분류할 수 있다. 이미지와 그래픽은 가상현실과 증강현실을 구현하는 데 있어서 필수적인 요소이다. 이번 장에서 컴퓨터 그래픽에 대한 기본 개념을 이해하고 보다 현실에 가깝게 그래픽을 표현하는 방법에 대해 알아보자. 이미지나 그래픽을 환경에 맞게 적용하기 위해선 가공하고 편집한 후 저장해야 한다. 2D 이미지와 3D 이미지를 편집하기 위한 소프트웨어에 대해서도 알아본다.

4.1.1 픽셀

픽셀(Pixel)은 'Picture Element'의 합성어로 모니터의 화면이나 이미지를 구성하는 기본 단위로서 여러분이 보는 컴퓨터 이미지들은 아주 작은 픽셀의 집합으로 구성되어 있다. 만약 픽셀을 육안으로 확인하고 싶다면 모니터에서 근접한 상태로 돋보기로 들여다보면 작은 점들을 볼 수 있을 것이며 이 점이 이미지를 구성하는 가장 작은 단위인 픽셀이다.

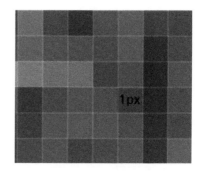

그림 4-1 픽셀의 정의

그림 4-1은 포토샵 이미지 편집기에서 이미지를 확대했을 때 볼 수 있는 1픽셀(px)의 모습이다. 픽셀이 둥근 모양이 아니라 사각형 모양이라는 것은 일반적인 상식과 다소 의외이다. 사각형의 모양은 이미지에 있어서 곡선과 같은 자연스러운 모양과는 서로 배치되기 때문이다. 그러나 사각형의 픽셀이 눈으로는 구분하가 어려운 매우 작은 형태이기 때문에 일반적인 상황에서는 큰 문제점이 되지 않는다.

그러나 픽셀은 가상현실 이미지를 HMD(Head Mount Display)로 볼 경우 큰 단점으로 작용한다. HMD 경우 눈과 가까이에서 화면이 디스플레이 되는데 속도가 빠르거나 특정한 장면에서 사각형의 픽셀이 보일 수가 있다. 이러한 물리적 한계를 극복해야만 가상공간에 몰입하여 가상현실을 체험할 수 있게 된다.

픽셀로 구성된 이미지는 비트맵(Bitmap) 방식으로 저장되며 하나의 픽셀을 몇 비트로 구성하는가에 따라 이미지의 색상이 좌우된다. 표 4-1은 비트 수와 색상의 관계를 나타낸 것으로 픽셀 당 비트의 수는 1~32까지 할당하게 된다.

표 4-1 픽셀에 할당된 비트수와 색상의 관계

픽셀당 비트 수	픽셀당 색상의 수	비고
1	2 (2^1)	흑백
4~8	16~256($2^{4\sim8}$)	인덱스컬러
16	65,536(2^{16})	하이컬러(R:G:B=5:6:5)
24	16,777,216(2^{24})	트루컬러(R:G:B=8)
32	16,777,216+투명 알파(α)채널	트루컬러+α

일반적으로 컬러로 표현된 이미지의 경우는 색상의 3원색인 적색(Red), 녹색(Green) 그리고 청색(Blue)로 구성되어지며 흑백이미지와 그레이스케일(Grayscale) 이미지는 흑백계열의 픽셀로만 구성된다.

픽셀의 수와 픽셀의 컬러 표현 방법은 아래에 설명하는 해상도와 밀접한 관계가 있다. 픽셀 당 할당된 비트의 수는 색상으로 표현될 경우 2진수로 나타난다. 한 픽셀에 할당된 비트의 수가 1이라면 1비트에 표현될 수 있는 가능의 수는 0과 1의 두 종류가 된다. 이미지의 경우이기 때문에 흑과 백의 형태로 나타나며 흑백이미지가 된다. 흑백 이미지의 경우는 흑백의 경계가 확연히 나타나므로 사각형의 픽셀 모양이 두드러지게 나타난다.

그레이스케일 이미지의 경우는 픽셀 당 8비트를 사용한 것으로 흑백계열의 색상을 256가지로 표현된다. 색상 값이 0인 경우는 검정색, 127인 경우는 중간 색상인 회색 그리고 255는 흰색으로 표현한다. 그레이스케일이란 의미는 회색계열이란 의미로 사용된다. 이미지를 표현하는 것은 컴퓨터 메모리에 상당한 부담을 주게 된다. 픽셀 당 8비트 이하를 사용하는 이유로는 사용자가 원하는 색상만을 골라 사용함으로서 메모리의 부하를 줄일 수 있다.

컬러 이미지의 경우는 적, 녹, 청색(R,G,B)을 표현하기 위하여 각 색당 8비트를 사용하고 3가지 색상을 표현하므로 픽셀 당 총 24비트를 사용한다. 따라서 현실 세계의 1천 6백만 가지 이상의 색상을 표현 가능하고 24비트를 사용한 색상을 트루 컬러(True Color)라 부른다. 하이컬러(High Color)의 경우는 적색과 청색은 5비트를 할당하고 녹색은 6비트를 사용하여 16비트를 적용한 경우로서 트루 컬러보단 색상의 표현에 한계를 갖는다. 픽셀 당 32비트를 할당한 경우에는 각 색당 8비트 이외에도 투명색을 표현하기 위해 알파(α)채널을 포함한다. 일반적으로 이미지는 가로세로 크기를 갖는 사각형의 형태를 갖고 배경화면색이 포함된 형태로 표현된다. 알파채널은 배경색에 대한 투명도를 나타내어 사각형의 이미지가 아니라 자연스러운 이미지 형태를 표현할 수 있다. 컴퓨터 모니터의 바탕화면에 나타나는 아이콘(Icon)의 경우가 트루컬러로 표현된 이미지를 나타낸다.

4.1.2 해상도(Resolution)

해상도는 이미지의 선명도, 화면의 디스플레이 정도 그리고 출력 이미지의 선명도 등을 나타내는 단위이다. 해상도는 해당 이미지의 크기와 앞서 설명했던 색상의 표현정도로 나타낼 수 있으며 정확한 의미는 단위 면적에 표현할 수 있는 픽셀의 수이다. 해상도의 단위로는 DPI(Dot per Inch)를 사용하며 인치당(2.54cm) 표현할 수 있는 픽셀의 수를 의미한다. 당연히 해상도가 높을수록 표현할 수 있는 픽셀의 수가 많으므로 정교한 이미지나 그래픽이 된다. 포토샵을 이용한 이미지 편집의 경우 일반 이미지는 72dpi를 가지며 증명사진과 같이 정교한 이미지의 경우 300dpi를 갖는다. 같은 면적에 더욱 많은 픽셀을 표현할 수 있으므로 당연히 해상도가 높을수록 이미지의 해상도는 높아지며 이미지의 저장 용량은 커지게 된다.

이미지 해상도(Image Resolution)는 이미지 편집 프로그램 등을 통해 생성되는 이미지 자체의 해상도를 의미한다. 소프트웨어로 처리 가능하기 때문에 이미지의 해상도는 사용자가 마음대로 변화시킬 수 있다. 그림 4-2에서 보는 것처럼 이미지 해상도를 결정하는 것은 이미지의 가로와 세로의 크기 그리고 픽셀 당 할당된 비트 수이다. 이미지 편집기에서 300dpi의 이미지와 72dpi 이미지를 같은 해상도로 크기를 비교해 보면 약 4배 크게 보인다. 왜냐하면 픽셀의 크기는 일정하기 때문에 단위면적당 300픽셀을 표현하려면 더욱 많은 면적이 필요하므로 해상도가 높을수록 이미지의 크기는 크게 보이게 된다.

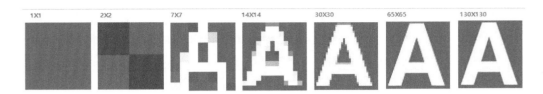

그림 4-2 픽셀과 해상도

이와 달리 화면의 디스플레이 정도나 프린터에서의 출력된 해상도는 장치해상도(Device Resolution)라 부르며 고정된 하드웨어에 기반하기 때문에 해상도를 변화시킬 수는 없다. 예를 들어 300dpi를 갖는 증명사진을 72dpi 성능의 프린터로 출력하면 프린터는 물리적으로 72dpi 밖에 지원하지 못하기 때문에 300dpi 해당 이미지는 해상도가 떨어지게 프린트 될 수밖에 없다. 그림 4-3은 HDTV 기준의 화면 해상도를 나타낸 것이다. 1920×1080은 가로×세로의 픽셀 수를 의미하며 같은 크기의 화면이라 해도 픽셀의 수에 따라 해상도는 달라진다.

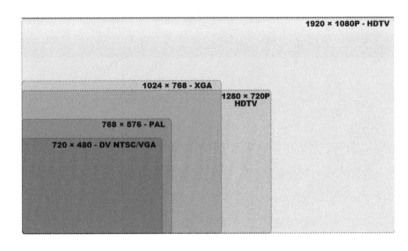

그림 4-3 HDTV 해상도 분류

4.1.3 가상현실과 해상도

컴퓨터의 모니터를 주로 사용하던 시기에는 화면의 해상도의 단위를 dpi로 사용했지만 스마트폰의 대중화로 스마트 폰의 해상도 단위는 ppi(pixel per inch)로 dpi와 같이 사용한다. 모니터나 스마트폰의 경우 사용자들이 일반적으로 장치를 보는 거리는 30~70cm로 앞서 설명했던 화면의 작은 픽셀을 인지하지 못하고 자연스럽게 보게 된다. 그러나 가상현실의 경우에는 몰입감 있는 체험을 위해서 HMD를 사용하여 가상현실 콘텐츠를 경험하게 되는데 콘텐츠와 사용자와의 거리는 채 10cm도 되지 않는데다 렌즈를 사용하기 때문에 그림 4-4에서 보는 것처럼 화면의 픽셀이 보이게 되는 스크린도어(Screendoor)효과가 나타나게 된다. 스크린도어 효과는 사용자가 가상현실을 통한 몰입감, 현실감을 방해하는 요소가 된다. 따라서 가상현실 콘텐츠의 경우는 물리적으로 HMD 화면의 해상도를 높이거나 스크린도어 효과를 예방하기 위한 소프트웨어적인 기술이 요구된다.

그림 4-4 HMD를 통한 스크린도어(screendoor) 효과
출처: Jordan Clarry's BA5 Contextual studies

스티브 잡스는 인간의 망막이 화면의 픽셀을 구분하지 못할 정도의 해상도가 되려면 300ppi 정도가 되어야 한다고 생각하고 아이폰4(Iphone 4)에서 레티나 디스플레이(Retina Display)를 선보였다. 레티나 디스플레이는 사람의 특정한 시야거리에서 인간의 눈으로 화소를 구분할 수 없을 정도로 픽셀 밀도를 갖도록 애플에서 만든 제품명으로 현재 브랜드(Brand)화 되어 상품화 되고 있다. 그림 4-5에서 보는바와 같이 현재 삼성전자나 LG전자의 제품들은 QHD(Quad HD) 급으로 500ppi를 넘어서고 있다.

	아이폰6	아이폰6플러스	갤럭시노트4	G3 Cat.6	베가아이언2	엑스페리아Z3
제조사	애플	애플	삼성전자	LG전자	팬택	소니
화면 크기	4.7인치	5.5인치	5.7인치	5.5인치	5.3인치	5.2인치
해상도	1,334 x 750 (326PPI)	FHD, 1,920 x 1,080 (401PPI)	QHD, 2,560 x 1,440 (515PPI)	QHD, 2,560 x 1,440 (534PPI)	FHD, 1,920 x 1,080 (415PPI)	FHD, 1,920 x 1,080 (423PPI)

그림 4-5 스마트폰의 해상도
출처: IT 동아

그러나 사람의 두 눈이 움직이며 볼 수 있는 해상도는 표 4-2와 같이 1억 1600만 ppi 정도가 된다고 한다. 갤럭시 S7과 인간의 망막 PPI를 비교해 보면 가상현실 장치에 필요한 픽셀의 수는 현재 장치들 보다 약 31배의 픽셀수가 증가 되어야 한다.

표 4-2 인간의 망막과 갤럭시 S7 비교

	가로픽셀수	세로픽셀수	전체화소수	PPI(S7 기준)
사람의 눈(12K)	10154	11424	1억 1600	17250
갤럭시 S7(3.7K)	2560	1440	370만	550

출처:가상현실 세상이 온다.

가상현실 콘텐츠의 경우 위와 같은 해상도로 실행한다면 정보의 양과 연산의 과부화로 아마 기계가 과열되어 큰 문제가 발생할 것이다. 삼성 기어 VR의 경우 스마트폰으로 재생하다 보니 스마트폰이 과열되어 실행 중간 콘텐츠가 멈추는 경우가 빈번하다. 가상현실 콘텐츠를 실감하기 위해선 장치의 해상도가 4K 이상이 요구된다. 4K는 가로로 이 픽셀이 약 4,000개 정도가 있음을 뜻한다. 현재 4K 디스플레이에는 가로로 3,840개의 픽셀이, 세로에는 2,160개의 픽셀이 배치돼 있다. 4K 디스플레이 의 해상도를 4K UHD라 한다. 결국, 4K와 4K UHD는 같은 의미를 지니고 있는 셈이다. 향후 장치의 발달과 프로그램의 발전에 따라 정보의 양, 연산의 과부하가 문제가 될지라도 8K 이상의 해상도에서 가상현실 콘텐츠를 감상할 수 있을 것이다.

4.1.4 다중해상도 셰이딩(Multi-Res Shading)

가상현실 콘텐츠를 위한 고해상도의 문제는 NVIDIA의 다중해상도 셰이딩 기술을 이용하여 어느 정 도 해결 할 수 있다. 인간의 망막은 어떤 물체를 인식할 때 한 곳에 집중하므로 해당 물체 이외의 주변 에 대해서는 해상도가 낮아져도 인지하지 못하는 경우가 대부분이다. 따라서 주변 환경에 대해서는 저해상도로 구현한다면 연산이나 정보의 양을 획기적으로 줄일 수 있다.

다중해상도 셰이딩 기술은 NVIDIA의 맥스웰(Maxwell) 구성방식에서 처음 제안되었으며 VR 렌더 링의 기능에 초점을 맞추고 있다. 가상현실에서는 두 개의 디스플레이 광학렌즈를 이용하여 적용하 고 있으며 눈 가까이서 디스플레이 되어 그림 4-6과 같이 화면의 왜곡을 자연스럽게 만든다.

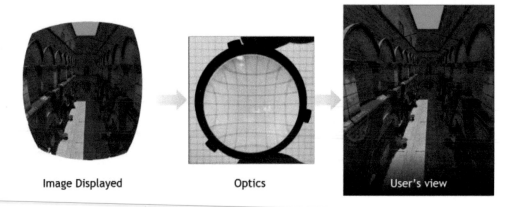

Image Displayed　　　　　Optics　　　　　User's view

그림 4-6 광학렌즈의 특성에 의한 왜곡
출처: NVIDIA:multiresolution

이 효과를 상세하기 위해 VR 렌더링시 그림 4-7과 같이 그래픽 파이프라인을 최종단계에 추가한다. 그래픽 파이프라인이란 일반 직사각형의 표면이 헤드셋에 출력되기 전 이미지를 왜곡하는 '워프(warp)'라는 전처리 단계이다.

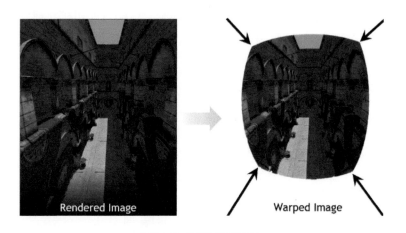

Rendered Image　　　　　Warped Image

그림 4-7 그래픽 파이프라인

이러한 왜곡의 과정에서는 그림 4-8과 같이 이미지의 중심(녹색)이 동일하게 유지되는 동안 이미지의 모서리 부분(적생영역)이 압축되어 모서리가 거의 사라지는 것을 보게 된다. 결과적으로 불필요한 모서리를 오버-세이딩(over-shading)한 의미가 되므로 VR 렌더링시에는 해당 영역에 대해 저해상도로 구현한다면 정보의 양과 연산의 측면에서 매우 효과적이다.

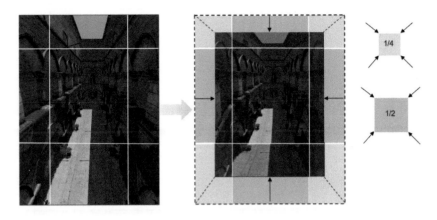

그림 4-8 렌더링 왜곡 과정

다중해상도 세이딩의 개념은 이미지를 여러 개의 관점(viewport)으로 분할하는 것이다. 그림 4-9에서 보여지는 것처럼 지형적인 요소를 사용자가 보는 격자를 중심으로 여러 개의 관점으로 분류시킨다. 그림 4-8의 경우 3×3 격자의 관점으로 콘텐츠를 분류한 것이다. 중심 화면의 경우 같은 크기로 유지되지만 가장자리 주변은 모든 픽셀 수를 축소시킨다. 모서리의 경우 왜곡된 이미지로 나타나므로 적은 수의 픽셀 수로 처리하더라도 사용자는 화질의 저하를 느끼지 못하고 빠른 렌더링 처리로 실감 있는 영상을 보게 된다.

그림 4-9 다중해상도 세이딩 개념

4.2 색상표현방식

4.2.1 RGB(Red, Green, Blue) 가산 혼합 모델

RGB 모델은 빛의 삼원색을 이용하여 색을 표현하는 방식이다. 그림 4-10에서 보는 것처럼 적색(Red), 녹색(Green), 청색(Blue) 세 종류의 기본 3원 색상을 이용한 모델이다. 세 가지의 색을 혼합하여 색을 섞을수록 빛과 같은 색인 흰색에 가까워지기 때문에 '가산 혼합'이라고 한다. 빛을 사용하여 이미지를 표현하는 매체들(모니터, TV, 프로젝터)은 모두 RGB 가산혼합 모델을 사용한다. 이 모델은 일반적으로 이미지 편집 프로그램에서 사용하는 색상의 혼합 모델을 나타낸 것이다. 실제로 3원색을 적절히 혼합하면 현실세계의 모든 색상을 표현할 수 있다. 예를 들어 트루컬러의 경우 적색은 R=255, G=0, B=0인 값을 갖게 된다. R=127, G=127, B=0 인 값을 갖게 된다면 노랑색으로 표현 될 것이며 R, G. B가 각각 256의 값을 갖게 된다면 백색을 띄게 된다.

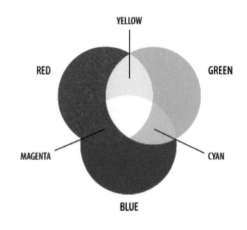

그림 4-10 RGB 모델

4.2.2 CMY(Cyan, Magenta, Yellow) 감산 혼합 모델

RGB 색상이 빛의 특성을 반영한 모델이라면 CMY 모델은 RGB 모델에 빛을 반사시켰을 경우 생성되는 컬러모델이다. 예를 들어 백색광(빛)을 적색(R)에 반사시키면 에메랄드(emerald) 빛을 띠는 청녹색(Cyan)으로 나타난다. RGB 모델에선 RGB를 모두 혼합하면 백색(White:W)이 되므로 반대로 W에서 R(red)를 제거하면 청록색(Cyan)이 된다. 이 관계를 나타낸 것이 다음의 식이며 보라색

(Magenta)과 노랑색(Yellow)의 경우는 Green과 Blue를 제거했을 경우 나타나는 색상이다. 따라서 CMY 모델은 빛을 제거한 감산 혼합 모델이라 부르며 RGB 모델과 CMY 모델은 서로 보색의 관계에 있다.

$$
\begin{bmatrix} C \\ M \\ Y \end{bmatrix} = \begin{bmatrix} W \\ W \\ W \end{bmatrix} - \begin{bmatrix} R \\ G \\ B \end{bmatrix}
$$

RGB 모델은 서로 혼합하면 백색이 되지만 CMY 모델의 경우 색상을 모두 혼합하면 그림 4-11과 같이 검정색(Black)으로 나타난다. 좀 더 직관적으로 말하자면 CMY 모델은 빛을 사용하지 않는 장치에서 적용하는 모델이다. CMY와 RGB 색상의 혼합 분포도를 사각형의 형태로 나타내면 그림4-12와 같으며 각 색상의 혼합 정도에 따라 다양한 색상들이 표현 가능하다.

예를 들어 프린터의 경우 이미지를 인쇄하기 위해 일반적으로 토너 잉크를 사용한다. 잉크의 경우는 빛의 발산에 의해 색상을 표현하는 경우가 아니기 때문에 CMY 모델을 사용하고 각 색상을 혼합하면 검정색이 된다. 일반적으로 인쇄의 경우 검정색을 가장 많이 사용하기 때문에 CMY 모델을 그대로 적용한다면 잉크의 소비가 너무 비효율적으로 이루어지게 된다. 따라서 대부분의 프린터들은 검정색을 인쇄하기 위하여 검정색 잉크를 따로 준비한다. 즉 검정색을 인쇄할 때는 CMY 잉크를 사용하는 것이 아니라 순수하게 검정색만을 이용하여 인쇄를 하게 된다. 따라서 CMY 모델은 CMY K(blacK) 모델이라고도 부른다.

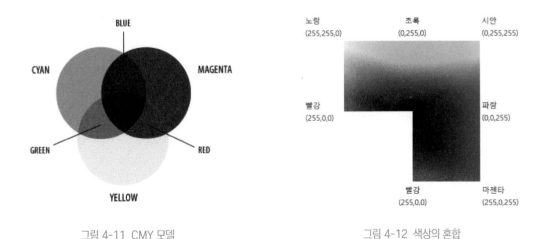

그림 4-11 CMY 모델   그림 4-12 색상의 혼합

4.2.3 HSB(Hue, Saturation, Brightness) 모델

RGB 모델과 CMY 모델이 빛과 관련된 장치 중심의 모델이라면 HSB 모델은 인간의 직관적인 시각에 가까운 컬러 모델이다. 즉 기계는 단순히 색상 값에 의해 색상을 표현하지만 인간은 색상(Hue), 채도(Saturation) 그리고 명도(Brightness 혹은 Value)의 속성에 따라 색상에 민감하게 된다. 이러한 관계를 20세기 초 앨버트 헨리 먼셀이 고안하였고 그림 4-13과 같다. 먼셀은 RGB 모델과 CMY모델에서의 색상 값들을 60° 간격의 공간으로 나타내었다. 적색은 0°에서 시작하여 보라색(Magenta)은 300° 이다. 가운데 회전축은 명도(Brightness 혹은 Value)를 나타내며 값이 클수록 백색에 가까워진다. 채도(saturation)는 중심축에 가까울수록 채도 값은 낮아지게 되어 흑백계열로 보이게 된다.

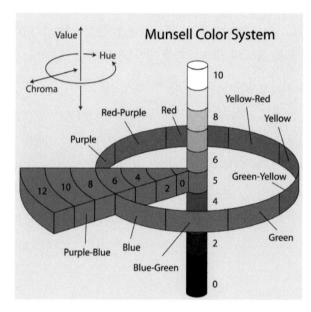

그림 4-13 HSB 모델

출처: wikipedia

그림 4-14는 그래픽 편집 도구 포토샵에서의 HSB, RGB 그리고 CMY 색상 모델을 적용하여 컬러 색상을 적용하는 화면이다.

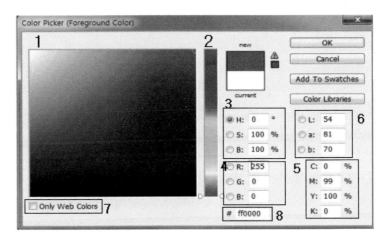

그림 4-14 포토샵 색상 선택 도구

- 1번은 적색(Red)에 대한 명도(Brightness)와 채도(saturation) 색상들을 나타낸 것이다. 가로 축은 채도 값, 세로축은 명도 값을 나타낸다. 오른쪽과 위쪽 상단으로 갈수록 명도와 채도 값은 높아지게 된다.

- 2번은 색상(Hue) 모델의 색상 값을 나타낸 것으로 스크롤 막대를 이용하여 색상 값을 선택할 수 있다.

- 3번의 HSB 모델에서 H 값을 0°로 선택하였기 때문에 맨 하단의 적색계열이 선택되었고 명도와 채도는 100%로 되어 순수한 적색이 된다.

- 4번의 RGB 모델은 Hue 값에 따라 적색 255이 적용되었다.

- 5번의 CMY 모델은 RGB 모델의 보색이기 때문에 M(Magenta)와 Y(Yellow)가 각각 100%로 선택되어야 하는데 시스템의 오차로 M값은 99%로 선택된 결과를 볼 수 있다.

- 6번의 Lab은 Lightness(밝기), a(빨강과 초록의 정도), b(파랑과 노랑의 정도)로 색상을 표현하는 방법이다.

- 7번의 Only Web Colors는 인덱스 컬러와 마찬가지로 웹 문서상에 색상을 적용할 경우 선택하는 화면이다. 웹 문서에서는 모든 색상을 표현할 수 없으므로 에러를 방지하기 위하여 사용한다.

- 8번은 16진수 헥사코드(Hexa Code)를 사용하여 색상을 표현하는 방식이다. 십진수 255의 경우 16진수로 표현하면 ff 값이 된다. RGB 모델에서 적색의 16진수 표현 방식은 #ff0000으로 표현된다. 웹 문서에서의 색상 표현 방식은 HTML 단원에서 좀 더 상세히 다루도록 한다.

4.3 디지털 이미지 처리

4.3.1 이미지 디지털화

(1) 표본화(Sampling)

최근의 이미지 획득 장치들은 스마트 폰의 카메라와 같이 촬영과 동시에 저장 편집이 가능한 디지털 이미지이다. 지금은 거의 볼 수 없지만 과거에는 광학 카메라를 이용하여 획득한 이미지를 아날로그 이미지라 하였으며 컴퓨터를 이용하여 저장하거나 처리하기 위해서는 이미지를 디지털로 변경하는 작업이 필요했다. 아날로그 이미지는 정보의 양이 무한대이기 때문에 컴퓨터에 저장할 수 없다. 따라서 일정 양의 정보를 갖는 데이터로 변환이 되어야 한다. 그림 4-15는 아날로그 신호 S(t)를 일정간격 T에 의해 정보를 샘플링(Sampling)하는 과정을 보여 준다. 무한대의 시간 t에 대해 일정 주기 T의 값 Si를 얻는 과정이다.

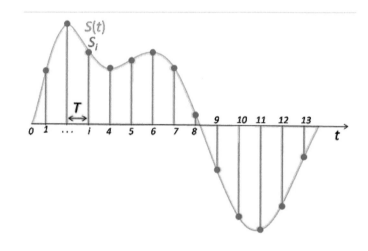

그림 4-15 표본화(Sampling)

디지털 이미지의 경우 일정 주기 T는 이미지의 가로×세로 크기를 갖는 이미지의 크기가 된다. 즉 256×256 혹은 1024×768의 크기로 아날로그 이미지를 샘플링 하는 것이다.

(2) 양자화(Quantization)

표본화된 이미지는 앞서 배웠던 픽셀의 값으로 변화되어야 하며 각 픽셀은 색상의 깊이(color-depth)에 의해 이미지의 해상도가 결정된다. 이처럼 양자화란 표본화한 이미지에 특정한 정수 값으로 변환하는 것을 말한다. 그림 4-16에서와 같이 샘플링 된 위치의 값을 양자화 할 경우 반드시 같은 값으로 변환되지는 않는다. 즉 샘플링 된 값이 반드시 정수값 이란 보장이 없다. 만약 트루 컬러를 적용한다면 RGB의 값은 각각 0~255의 정수 값을 가져야 한다. 만약 그림에서와 같이 126.4와 같은 소수 값을 갖는다면 반내림하여 126의 값으로 변환된다.

양자화 과정에서 이처럼 원본과 다소 틀린 값을 갖게 되는 것을 양자화 에러(Quantization Error)라고 한다. 양자화 에러를 줄이기 위해서는 색상의 깊이를 더욱 세분화하면 되지만 이는 정보의 양이 커지므로 양자화 에러와 정보의 양 사이에 효율적인 면을 적용해야 한다. 이처럼 소수점 이하의 값을 버리더라도 인간의 시각은 둔감하여 이를 구별할 수 없으므로 이미지의 해상도에는 영향이 없다. 이러한 양자화 에러는 이미지 압축의 근본 개념이기도 하며 인간의 둔감한 감각을 이용한 것이다.

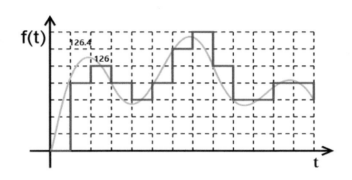

그림 4-16 양자화 과정과 양자화 에러

4.3.2 이미지 편집

(1) 윤곽선 추출(edge detection)

디지털 이미지의 가장 큰 장점은 편집이 용이하다는 점이다. 이는 이미지의 샘플링과 양자화 과정에서 편집이 용이한 픽셀 값으로 변환되었기 때문이다. 이미지 편집을 위한 소프트웨어의 알고리즘을 이해 하기 앞서 이미지의 특징을 먼저 살펴보자.

일반적으로 자연으로부터 얻은 사진은 이미지라 부르며 인간의 창작활동에 의해 얻어진 것을 그래픽 (graphic)이라 부른다. 이미지와 그래픽을 직관적으로 본다면 이미지는 아날로그 요소를 가진 자연스럽지만 복잡한 특징을 갖고 있으며 그래픽은 인간의 창작활동에 의해 창조된 단순한 색상과 모양을 갖는 특징이 있다. 그렇다면 컴퓨터는 그래픽과 이미지를 어떻게 이해하고 있을까? 컴퓨터는 앞서 설명한 픽셀의 값으로 이미지를 이해한다. 그림 4-17의 그래픽의 경우 흰 배경은 RGB 모두 256 값으로 표현되며 모자와 상의는 적색 등의 값으로 표현한다. 여기서 한 가지 중요한 점은 배경과 캐릭터 사이에 급격한 픽셀 값의 차이가 있다는 것이다.

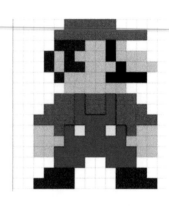

그림 4-17 그래픽 특징
출처: Wikipedia

일반적으로 이웃한 픽셀들은 유사한 값을 가질 확률이 전체적으로 높다. 그러나 그림 4-18과 같이 검정색 계열의 픽셀 값이 특정한 픽셀의 위치에서 급격한 변화를 나타낸다. 이처럼 급격한 픽셀 값의 변화는 인간의 시각적인 면에서 한 물체에서 다른 물체의 경계선에 해당하게 된다. 이처럼 컴퓨터 그래픽에선 픽셀 값의 변화를 이용하여 이미지의 윤곽선을 추출할 수 있다. 일반적으로 이웃한 픽셀 그룹의 평균값을 이용하는데 각 그룹의 평균값이 차이가 큰 그룹들은 이미지안의 윤곽선으로 추정할 수 있다.

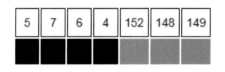

그림 4-18 픽셀 값의 경계 변화

윤곽선 추출 알고리즘으로는 소벨(Sobel)과 키르흐(Kirsch)알고리즘 등이 있다. 그림 4-19는 키르흐 (Kirsch) 이미지 윤곽선 추출 알고리즘을 통하여 획득한 결과를 보여준다.

그림 4-19 Kirsch 윤곽선 추출 알고리즘

(2) 히스토그램(Histogram)과 밝기 조절 필터(Brightness Filter)

히스토그램이란 영상의 픽셀 값들에 대한 분포를 나타내는 그래프로 이미지 처리에 있어서 이미지의 색상이나 픽셀 값들을 평준화하기 위해 사용한다.

그레이스케일 이미지의 경우 각 픽셀 값들은 0~255의 값으로 구성되어 있으며 컬러 이미지의 경우 픽셀 값들은 빨강(Red), 초록(Green), 파랑(Blue) 색의 3 채널로 0~255의 값으로 분포한다. 그레이스케일 이미지의 밝기는 각 픽셀의 값이 127보다 클수록 밝아지며 127보다 작으면 어두운 이미지로 나타난다. 컬러이미지의 경우 빨강, 초록, 파랑 색상은 127보다 크면 채도가 높아지고 127보다 작으면 채도가 낮아지게 된다. 채도가 0에 가까울수록 그레이스케일 이미지로 나타난다.

이미지의 픽셀들에 대한 히스토그램 분포를 알면 이미지의 명도, 채도 등을 원하는 형태로 변경가능하다. 특히 컬러이미지의 경우는 Red, Green, Blue의 3원색으로 이루어져 있기 때문에 각 채널의 색상 값 분포를 조절하여 이미지의 채도 등을 변경하는데 유용하다. 그림 4-20은 붉은 계통이 넓게 퍼져 있는 이미지이고 이 이미지에 대한 히스토그램을 보면 빨강색이 오른쪽에 많이 분포해 있는 것을 알 수 있다. 빨강색 값을 히스토그램 평준화를 적용하면 이미지의 채도를 낮추거나 높일 수 있게 된다.

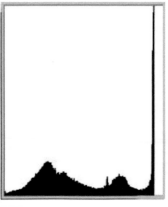

그림 4-20 컬러이미지 히스토그램

밝기조절 필터는 이미지의 픽셀 값들에 대한 분포를 알아낸 후 각 값들의 분포를 127 중심으로 크게 조절하면 이미지는 밝아지고 127보다 작게 조절하면 어두워지게 된다. 그림 4-21의 그레이스케일 이미지의 색상 분포는 주로 회색 값을 갖는 중앙에 분포해 있다. 중앙에 분포되어 있는 픽셀의 값들을 0~255사이의 값들로 분포를 고르게 하면 그림 4-22와 같이 127보다 작은 값을 갖는 픽셀은 더욱 어두워지고 128보다 값이 커지게 되는 픽셀 부분은 밝아지게 된다. 127 중심에 모여 있는 픽셀 값들을 전체적으로 조절함으로써 이미지의 전체 이미지를 조절한 결과를 나타내고 있다.

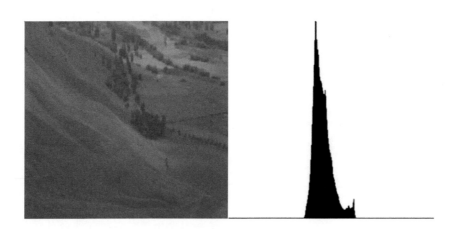

그림 4-21 그레이스케일 이미지 히스토그램

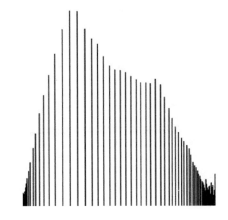

그림 4-22 그레이 스케일이미지의 히스토그램 변화

(3) 블러링 필터(Blurring Filter)와 가우시안 필터(Gausian Filter)

블러링 필터란 사진에 물방울이 묻었을 때 물방울에 의해 사진의 선명도가 초점이 맞지 않고 퍼져 보이는 것처럼 이미지의 선명도를 낮추고 부드럽게 만드는 필터이다. 블러링은 영상을 부드럽게 만들거나 이미지에 존재하는 잡티 등을 제거할 경우 사용된다.

블러링을 적용하는 가장 단순한 방법은 평균값 필터를 사용하는 것이다. 평균값 필터는 이미지의 특정 픽셀 값과 그 주변 픽셀 값들에 대한 평균값을 해당 픽셀에 적용하는 것이다. 그림 4-23은 3×3 평균값 필터를 적용한 것으로 3×3 픽셀의 가운데 값은 9개 픽셀의 평균값을 적용한다. 평균값을 적용한 결과로 주변 픽셀 값의 분산이 큰 경우는 상대적으로 분산이 작은 값으로 나타나게 되어 부드러운 이미지로 나타나거나 잡티의 경우는 사라지게 된다.

123	125	123	126	124
123	145	154	154	178
147	159	10	181	165
140	156	172	176	155
156	170	176	178	177

그림 4-23 3×3 평균값 필터

가우시안 필터는 가우시안 분포 함수를 적용하여 이미지에 포함된 잡티와 같은 노이즈를 제거하기 위해 사용하며 이미지가 흐려지는 효과가 나타난다. 가우시안 분포는 그림 4-24와 같이 평균을 중심으로 좌우 대치의 종 모양을 갖는 확률 분포이다. 이미지의 경우 해당 픽셀을 중심은 큰 값을 가지고 주변 픽셀 값들에 대해서는 0을 적용하므로 가우시안 필터를 적용하게 되면 전체 이미지는 흐려지게 된다.

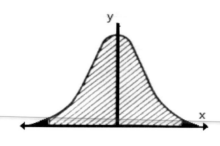

그림 4-24 가우시안 함수

4.3.3 파일 압축

영문자를 저장하기 위해서는 약 1바이트(Byte)가 필요하고 한글의 경우 2바이트가 필요하다. 그러나 이미지 데이터를 저장하기 위해서는 매우 큰 저장 공간이 필요하다. 만약 1024×768의 트루 컬러 이미지의 경우 필요한 저장 공간은 1024×768×32/8(bit) = 3,145,738 바이트가 필요하다. 영문자의 경우 3백만자 이상을 저장할 수 있으며 400자 A4 용지로 약 7천8백장 이상이 소용된다. 이처럼 큰 데이터 용량은 저장 공간의 문제뿐만 아니라 인터넷을 통한 데이터 전송에 더 큰 문제를 초래한다. 물론 하드웨어와 통신기술의 발달에 따라 저장 공간과 5G 통신 기술에 기반하여 저장 공간과 통신 속도는 점차 큰 문제가 되지 않지만 가상현실 데이터나 빅데이터 등의 처리에 반드시 파일 압축 기술이 필요하다.

(1) GIF(Graphics Interchange Format)

GIF는 비트맵 그래픽 파일 형식으로 이웃한 픽셀들은 같은 값을 가질 확률이 높다는 점에 착안하여 1987년 컴퓨서브사(CompuServe)에서 제안한 파일 압축 방식으로 인터넷에서 가장 널리 사용되는 파일 포맷이다. 이처럼 이웃한 픽셀이 유사한 값을 갖는 것을 공간적 중복성을 갖는다 한다.

GIF는 비손실(Lossless) 데이터 압축방식이며 제안한 사용자의 이름을 딴 LZW(Lempel-Ziv-Welch) 알고리즘을 사용한다. LZW 알고리즘의 핵심은 사전(Dictionary) 테이블을 이용하여 읽어 들인 파일에 포함된 중복된 문자를 이용하여 파일을 압축하게 되며 연속적으로 반복된 문자의 수가 많을수록 압축률이 상승한다. GIF는 이미지의 픽셀 당 8비트를 지원하므로 그림 4-25와 같이 최대 256개의 인 덱스 컬러를 참조한다. 따라서 GIF 방식은 컬러 이미지보다는 그래픽이나 단순한 로고에 더 적합하 며 압축효율이 높다.

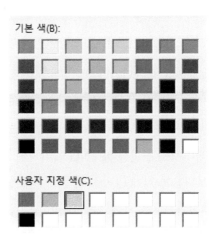

그림 4-25 인덱스 컬러

(2) PNG(Portable Network Graphics)

GIF는 과거 특허에 의해 사용이 제한되어 GIF 대용으로 PNG (Portable Network Graphics)가 제안되었다. PNG는 GIF보다 더 효율적으로 압축률을 제공하며 8비트만 사용하였던 GIF와 달리 PNG는 트루컬러와 투명도까지 제공한다. PNG에는 PNG-8과 PNG-24, 두 가지 형태가 있다. PNG-24는 더 많은 색을 지원하며 그림 4-26과 같이 부분적 투명 픽셀도 지원한다. 이는 투명 배경 이 있는 이미지에 그림자 효과를 추가하는 경우, 또는 온라인에 게시하고자 하는 이미지에 그라디언트(Gradient: 넓은 하늘과 같

그림 4-26 투명도 포함된 PNG

이 색이 부드럽게 전환되는 부분)가 풍부한 경우 유리하다.

PNG 이미지의 픽셀은 인덱스 컬러 팔레트(Pallete)안의 샘플 데이터 또는 인덱스 값이다. 픽셀의 샘 플 데이터는 색상옵션에 따라 1~4의 채널로 이루어져 있으며 각 채널당 할당된 비트는 컬러 타입에

따라 다르며 알파(alpha) 값은 투명도를 나타내기 위하여 8비트가 추가되었다.

다음은 GIF와 PNG 파일을 단순 비교한 내용이다.

- 작은 이미지의 경우 PNG는 GIF 보다 압축률이 더 작다.

- 작은이미지를 제외하고 대부분의 이미지에서 PNG 파일은 참조된 GIF 이미지 보다 크기가 작다.

- PNG는 알파 채널 투명도를 포함하여 GIF 보다 광범위한 투명도 옵션을 제공한다.

- GIF는 8비트 인덱스 색상으로 제한되지만 PNG는 24비트(채널당 8비트)와 48비트 (채널당 16비트) 트루컬러를 포함하여 광범위한 색상 심도를 제공하여 높은 색상 정밀도, 부드러운 페이드 등을 허용한다. 또한, 알파 채널이 추가되면 픽셀 당 최대 64비트(압축 전)가 가능하다.

- PNG 포맷에서 GIF로 이미지를 변환할 때 PNG 이미지에 256 이상의 색상이 있는 경우 계단 모양과 같은 부자연스러운 모양으로 인해 이미지 품질이 저하 될 수 있다.

- GIF는 애니메이션 이미지를 기본적으로 지원하지만 PNG는 비공식 확장을 통해서만 애니메이션을 지원한다.

(2) JPEG(Joint Photographic Experts Group)

JPEG은 1992년 국제 표준 기구 산하그룹에서 만든 디지털 이미지에 대한 압축기법이다. JPEG은 무손실 압축(lossless) 기술과 손실(lossy) 압축 기술을 모두 제공하며 무손실 압축 기술의 경우 병원에서 사용하는 X-ray나 CT 사진 등 원본에 전혀 손실이 있어서는 안되는 경우 사용한다. 병원의 원격진료(PACS) 시스템에서 사용하는 압축 기술은 모두 무손실 압축 방법을 사용한다. JPEG을 이용하여 압축한 이미지의 파일 확장자는 .jpg를 사용하며 현재 인터넷 등에서 사용되는 이미지들은 대다수 JPEG을 이용한 손실 압축 이미지들이다.

JPEC을 이용한 파일의 압축방법은 다양한 방법이 있지만 기본적으로 이미지를 압축하기 위한 과정에 대해 알아보자.

① RGB 컬러 이미지를 YCbCr 모델로 변환한다. 여기서 Y는 밝기 정보를 가지며 CbCr 색상의 채도를 나타내는 요소이다. 일반적으로 인간의 시각은 색상보다는 밝기에 더 민감하기 때문에 밝기 정보를 가지는 Y의 요소에 대해 더 정교하게 압축을 하고 색상 정보를 가지는 CbCr의 요소는 1/2이나 1/3로 감소시킨다. 만약 흑백이미지라면 Y의 요소만으로 압축이 진행되며 경우에 따라서 YCbCr로 변환하는 과정은 생략한다. 그림 4-27은 RGB 이미지의 픽셀들을 YCbCr 모델로 변환하는 개념을 나타낸 것이다.

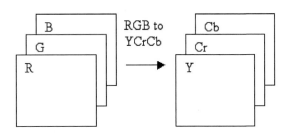

그림 4-27 RGB 이미지의 YCBCR 모델변환

② YCbCr로 변환된 이미지는 그림 4-28과 같이 16×16 픽셀크기의 블록으로 분할하며 매크로 블록화라 부른다. 여기서 CbCr의 정보는 샘플링을 줄이기 위하여 8×8 픽셀크기로(한 픽셀씩 생략함) 서브샘플링(Subsampling)하여 다운 샘플링을 하게 된다. 앞서 설명한대로 인간의 시각은 밝기에 더 민감하므로 서브샘플링을 통해 CbCr의 정보를 1/2 줄이는 것이다.

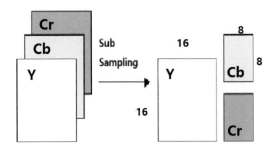

그림 4-28 YC_BC_R 모델의 매크로(Macro) 블록화

③ 서브샘플링 과정 후 각 이미지는 그림 4-29와 같이 각각의 채널을 8×8 픽셀크기로 분할하여 압축을 수행한다. 따라서 Y 매크로 블록은 4개의 블록단위, CrCb 블록은 하나씩 생성된다. 만약

256×256 이미지라면 Y의 블록은 32×32개, CrCb 블록은 16×16개가 만들어진다.

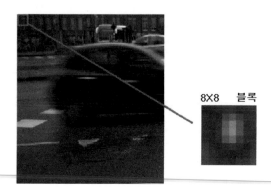

그림 4-29 매크로 블로화

④ DCT(Discrete Cosine Transformation)

8×8 블록은 DCT을 이용하여 주파수 영역으로 변환된다. 이미지는 0~255의 값으로 표현되지만 이 값들을 주파수 영역으로 변환하게 되면 이미지의 복잡도를 표현할 수 있게 된다. 이미지의 복잡도를 표현한다는 의미는 변환하고자 하는 이미지의 픽셀 값 분포도를 분석하여 이미지 안의 픽셀 값들이 어느 정도의 변화도를 갖고 있는지 확인할 수 있다. 전체 이미지의 픽셀 값들이 유사한 값들로 구성되어 있을 때 DCT 변환을 하면 변환된 값들은 전체 이미지의 평균값과 유사한 값들로 구성된다. 반대로 복잡한 이미지의 경우는 전체 이미지의 평균값과 다른 매우 다양한 값들로 변환하게 된다. 이를 이용하여 이미지 파일을 압축하게 된다.

DCT의 변환 공식은 다음과 같다.

$$G_{u,v} = \frac{1}{4}\alpha(u)\alpha(v)\sum_{x=0}^{7}\sum_{y=0}^{7} g_{x,y} \cos\left[\frac{(2x+1)u\pi}{16}\right]\cos\left[\frac{(2y+1)v\pi}{16}\right]$$

단, u는 수평 공간 주파수이며 $0 \leq u \leq 7$ 의 정수

v는 수직 공간 주파수이며 $0 \leq v \leq 7$ 의 정수

$$\alpha(u) = \begin{cases} \frac{1}{\sqrt{2}}, & \text{if } u = 0 \\ 1, & \text{otherwise} \end{cases}$$

그림 4-30은 위 공식을 사용하여 8×8블록 DCT 주파수 영역으로 변환되었을 경우 나타나는 결과이다. 결과적으로 64개의 DCT 계수로 나타나는데 가장 처음의 계수는 주파수 특성이 없는 8×8 픽셀들의 평균값을 의미하는 DC(Direct Current)계수라 부르며 나머지 63개는 AC(Alternate Current)계수라 부른다. 오른쪽 블록은 수직 공간주파수를 아래쪽의 블록은 수평 공간 주파수를 나타낸다. 즉 수직 공간주파수는 왼쪽 블록과 오른쪽 블록의 변화정도를 나타내며 수평 공간주파수는 위쪽 블록과 아래쪽 블록의 변화정도를 나타낸다. 오른쪽과 하단 방향으로 갈수록 변화의 정도가 심하게 된다.

이미지의 DCT 변환은 결과적으로 왼쪽 상단은 저주파수 영역을 오른쪽 하단으로 갈수록 고주파의 영역을 나타내어 원본 이미지의 복잡도를 나타낸다. 인간의 시각은 고주파 영역에 대해 매우 둔감하다. 따라서 고주파 영역을 제외하거나 많은 손실을 가하더라도 인간은 차이점을 크게 인지하지 못한다. 수백가지의 유사한 색상의 차이를 알지 못하는 것과 유사하다. 따라서 압축율을 높이고자 할 때는 고주파 영역에 상대적으로 높은 압축을 하거나 심지어 제거 시킬 수도 있다.

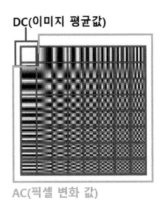

그림 4-30 DCT 변환결과

⑤ 양자화(Quantization) 과정과 지그재그 스캐닝(Zig-Zag Scanning)

인간의 시각은 변화가 심한 고주파에 둔감하므로 고주파 영역에서의 밝기 변화에도 상대적으로 구별하지 못한다. 이러한 점에 착안하여 DCT 변화를 통한 계수들을 그림 4-31과 같은 미리 정의된 상수로 나누고 그 결과를 정수 값으로 반올림 하게 된다. Q 매트릭스(matrix)에 의해 DCT 계수를 나누게 되면 소수로 나타나게 되어 반올림 내지는 반내림을 수행하는데 이 과정에서 어쩔 수없이 정보의 손실이 이루어지게 된다. Q 매트릭스는 압축 비율에 영향을 미치며 만약 압축률을 높이고 싶다면 더 큰 값을 갖는 매트릭스를 적용하면 된다.

그림 4-32와 같이 저주파의 영역은 매우 작은 양과 음의 정수로 나오며 고주파 영역의 대부분은 0의 값으로 나타나 적은 수의 비트 수로 표현 가능하며 압축 효율을 매우 높일 수 있다.

$$Q = \begin{bmatrix} 16 & 11 & 10 & 16 & 24 & 40 & 51 & 61 \\ 12 & 12 & 14 & 19 & 26 & 58 & 60 & 55 \\ 14 & 13 & 16 & 24 & 40 & 57 & 69 & 56 \\ 14 & 17 & 22 & 29 & 51 & 87 & 80 & 62 \\ 18 & 22 & 37 & 56 & 68 & 109 & 103 & 77 \\ 24 & 35 & 55 & 64 & 81 & 104 & 113 & 92 \\ 49 & 64 & 78 & 87 & 103 & 121 & 120 & 101 \\ 72 & 92 & 95 & 98 & 112 & 100 & 103 & 99 \end{bmatrix} \cdot B = \begin{bmatrix} -26 & -3 & -6 & 2 & 2 & -1 & 0 & 0 \\ 0 & -2 & -4 & 1 & 1 & 0 & 0 & 0 \\ -3 & 1 & 5 & -1 & -1 & 0 & 0 & 0 \\ -3 & 1 & 2 & -1 & 0 & 0 & 0 & 0 \\ 1 & 0 & 0 & 0 & 0 & 0 & 0 & 0 \\ 0 & 0 & 0 & 0 & 0 & 0 & 0 & 0 \\ 0 & 0 & 0 & 0 & 0 & 0 & 0 & 0 \\ 0 & 0 & 0 & 0 & 0 & 0 & 0 & 0 \end{bmatrix}$$

그림 4-31 양자화 계수   그림 4-32 저주파와 고주파 영역

양자화된 DCT 계수는 파일의 형태로 저장이 되어야 한다. 일반적으로 컴퓨터가 이미지를 표시할 때는 가로 x축을 먼저 디스플레이하고 세로 y축을 따라 순차적으로 이루어진다. 이는 대부분의 2차 매트릭스 프로그램이 수행하는 방식이다. 그러나 양자화 된 DCT 계수의 중요성을 따진다면 이미지의 평균값을 나타내는 DC 계수가 가장 중요하고 DC 계수와 가까운 AC 계수들의 중요성이 그 다음을 따른다. 만약 DC계수가 삭제되거나 틀린 값을 갖는다면 전체 이미지는 틀린 정보를 갖게 된다. 따라서 양자화 된 DCT 계수를 저장하기 위해서는 그림과 같이 DC계수를 가장 먼저 읽고 이로부터 지그재그(ZigZag) 방식으로 데이터를 읽게 된다.

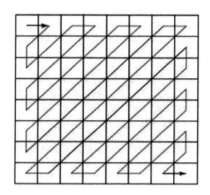

그림 4-33 지그재그 스캔

⑥ 엔트로피 코딩(Entropy Coding)

JPEG 압축 알고리즘의 마지막 단계로 지그재그 스캔을 통해 정렬시킨 DCT 계수를 RLE(Run-Length Encoding)과 허프만 코딩(Huffman Coding) 방식을 이용하여 무손실 압축을 수행한다. 허프만 코딩 방식은 출현 빈도가 높은 값은 상대적으로 짧은 길이의 부호를 할당하고 출현 빈도가 낮은 값은 긴 길이의 부호를 할당하는 방식이다(예: A:00, Z:01101). 양자화 된 계수의 경우 0이 가장 많은 빈도수를 가지므로 가장 짧은 길이의 부호를 갖게 될 것이다.

이미지를 JPEG을 이용하여 압축하는 과정 중 DCT 변환 과정을 순방향 DCT 변환이라 하며 반대로 복호화할 경우는 역방향 DCT 변환이라 부른다. 또한 양자화 과정의 역과정을 복호화(Dequantization)라 부른다. 압축된 JPEG 이미지는 압축 과정의 역방향으로 복호화 되어 이미지로 표현된다. 압축된 JPEG 이미지는 엔트로피 디코딩 과정과 역양자화 그리고 역방향 DCT과정을 거쳐 이미지로 표현된다.

표 4-3은 JPEG 알고리즘을 적용한 결과를 비교한 것이다. 화질 Q 값은 가장 좋은 기준을 100으로 설정했을 경우 상대적 비교 값이다. 압출률이 3:1이 되지 않을 경우는 거의 원본과 유사하게 보이며 압축 비율이 15:1 정도 되더라도 인간의 시각은 큰 차이를 느끼지 못한다. 압축률이 20:1 넘어간다면 비로소 화질이 저하됨을 알 수 있다. 화질과 압축율은 응용정도에 따라 효율적으로 선택하여야 한다.

표 4-3 JPEG 이미지의 압축율 비교

화질(Q)	100	50	25	10	1
파일크기(Byte)	81,447	14,679	9,407	4,787	1,523
압축비율	2.7:1	15:1	23:1	46:1	144:2

(3) MPEG(Moving Picture Experts Group)

MPEG은 비디오와 오디오 파일 압축을 위한 국제 표준 전문가 그룹으로 1988년 설립되었다. 이미지 파일은 대용량을 가지므로 JPEG과 같은 압축 알고리즘을 사용하여 파일의 크기를 줄일 필요성이 있었다. 동영상은 이러한 파일들이 시간의 흐름에 따라 나열되기 때문에 이미지와 비교할 수 없을 정도로 파일의 용량은 커지게 된다. 동영상의 경우 초당 24~30장의 정지된 영상을 재생시켜야만 현실에서 보는 것과 같이 자연스럽게 재생이 가능하며 동영상에서는 정지된 영상 하나하나를 프레임(frame)이라 구분지어 부른다. 1시간 30분짜리 동영상의 경우 MPEG을 이용하여 압축한다 하더라도 2GB가 넘는다.

JPEG이 공간적 중복성(Spatial Redundancy)을 제거함으로서 압축하는 방식이라면 MPEG은 공간적 중복성과 함께 시간적 중복성(Temporal Redundancy)도 제거함으로서 압축을 실행하는 방식이다. 공간적 중복성이 한 화면의 이웃한 픽셀들이 유사한 값을 갖는 것이라면 시간적 중복성은 이웃한 화면은 서로 유사하다는 것을 의미한다. 예를 들어 연속되는 이미지들 사이에서는 전체 이미지가 바뀌는 것이 아니라 배경이미지는 거의 동일하고 움직이는 물체만 약간 옆으로 이동한다는 것이다.

이러한 시간적, 공간적 중복성 제거를 위해 MPEG에서는 GOP(Group Of Pictures)구조를 사용하고 있다. 그림 4-34는 GOP 구조를 나타낸 것으로 비디오 압축 기술을 위한 영상 프레임의 집합을 의미한다. GOP 내에는 I, P, 그리고 B 프레임이 있으며 I 프레임으로부터 다음 I 프레임 이전 까지가 하나의 GOP 구조가 된다. GOP는 3~15 프레임 구조를 가지며 I 프레임으로부터 P 프렘임 혹은 P프레임과 P프레임 사이의 간격을 예측 간격이라고도 부른다. GOP의 순서는 IBBPBBP 등의 순으로 정렬되지만 프레임의 처리 순서는 I, P 프레임을 먼저처리한 후 B프레임을 처리한다. 각 프레임의 특징은 아래 설명을 참조하기 바란다. GOP의 특징은 영상의 랜덤 억세스 또는 편집의 단위가 되며 동영상의 압축률이 GOP 단위로 이루어진다.

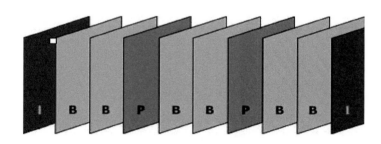

그림 4-34 GOP(Group Of Picturer)

■ I-프레임 (Intra-coded frame)

다른 이미지들의 참조 없이 스스로 압축과 복원이 이루어지므로 부호화 복호화 중 데이터 스트림의 어느 위치에도 올 수 있으며 데이타의 임의 접근이 가능하다. I-프레임의 압축 방법은 JPEG 기술을 이용하지만, JPEG과는 달리 MPEG에서는 실시간으로 압축이 이루어지게 된다. 다른 프레임(P,B)에 비해 가장 낮은 압축률을 보이기 때문에 비교적 용량이 큰 편이다.

■ P-프레임(Predictive-coded frame)

이전의 I-프레임 정보와 이전의 P-프레임의 정보를 사용하여 부호화와 복호화를 수행한다. P-프레임은 시간적 중복성을 이용한 것으로 연속되는 이미지들 사이에서는 전체 이미지가 바뀌는 것이 아니라 이미지의 블록들이 옆으로 이동한다는 것이다. 대부분의 화면은 급속한 변화가 없다면 배경과 같은 화면은 거의 변화가 없으며 움직임이 있는 물체라 하더라도 앞 화면에 있는 물체 자체의 모양에는 큰 변화 없이 옆으로 만 이동하는 경우가 대부분이다. 따라서 이전의 화면과 현재의 화면의 차이가 매우 적은 것을 이용하여 차이 값만을 부호화해서 압축을 하게 된다.

■ B-프레임(Bidirectional-coded frame)

B-프레임은 이전, 이후의 I-프레임과 P-프레임 모두를 사용하여 부호화와 복호화를 수행하며 I-프레임, P-프레임의 차이값 만을 이용하여 압축을 수행한다. 따라서 B-프레임은 I, P-프레임에 비해 높은 압축율을 가지기 때문에 많이 사용할수록 압축율이 높아져 데이터의 용량이 작아지게 된다.

4.4 실습 - 한글 문서 표와 차트 작성

■ 신재생 에너지의 종류와 보급량 ■

표 1. 신재생 에너지의 종류

종 류	내 용	기타
풍력 에너지	풍력에너지는 바람이 가지는 운동에너지를 전기에너지로 변환하여 전력을 생산하는 시스템으로 생산된 전력은 가정용, 공업용 등으로 자체 소모하거나 한국전력에 역결송하여 전기를 판매할 수 있다.	지구를 지키는 에너지
태양열 에너지	태양으로부터 발생한 열을 이용해 만드는 에너지	
태양광 에너지	태양광 에너지는 청정에너지이며 태양광 발전은 온실가스를 배출하지 않는다.	
수력 에너지	수력에너지는 물의 낙하 또는 압력에 의해 생기는 힘을 의미	
바이오 에너지	바이오매스를 연료로 하여 얻어지는 에너지로, 생물자원의 물질로 사용가능하도록 만들어진 대체에너지이다.	

표 2. 전년대비 신재생에너지 생산량(원별)

(단위: 천)

구분/생산량	2013	2014
풍력	24,2354	24,1847
태양열	2,7812	2,4485
태양광	34,4451	54,7430
수력	89,2232	58,1186
바이오	155,8492	282,1996
합계	306,5341	421,6944

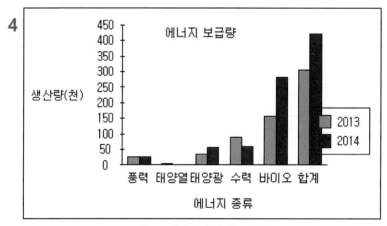

그림 1. 에너지 종류별 보급량

■ 지시사항

1. 보기 ①과 같이 글맵시를 이용하여 페이지 제목을 ▦ 입력하시오.

   1) ■ 신재생 에너지의 종류와 보급량 ■ 의 글자모양

   2) 글꼴 궁서체, 채우기 면색 연한파랑, 줄 간격 글자간격 100

   3) 가운데 정렬

2. 보기 ②와 같이 표를 만들고 내용을 입력하시오.

   1) 3×6 표 만들기, 글꼴 굴림체

   2) 표 위에 표 1. 신재생 에너지의 종류 제목 넣기 글꼴 바탕체 글씨크기 9pt

   3) 표 타이틀 셀 배경 - 연한 자주보라, 표 안쪽 여백- 모두 2mm

   4) 기타 셀 - 셀 합병, 세로로 입력

3. 보기 ③과 같이 표를 만들고 내용을 입력하시오.

   1) 표 캡션-위, 글꼴-맑은 고딕, (단위: 천) 글씨크기-6pt

   2) 가운데 정렬과 오른쪽 정렬, 셀 안쪽 여백 1mm

   3) 합은 블록계산식을 이용하여 작성하시오.

   4) 표는 가운데 정렬

4. 보기 ④와 같이 표2에 대한 차트를 만드시오.

   1) 그림1 캡션 아래 가운데 정렬

   2) Y축 단위 1000

   3) 차트 제목 - 에너지 보급량

   4) 차트 범례 2013, 2014

   5) X 축-생산량(천), Y축-에너지 종류

   6) 차트는 가운데 정렬

1. 글맵시

① 입력→개체 → 글맵시를 선택하면 그림 4-35와 같은 글맵시 대화상자가 나타난다.

② 글맵시 대화 상자에서 내용에 ■ 신재생 에너지의 종류와 보급량 ■를 입력한다. ■ 문자는 Ctrl +F10을 눌러 특수문자를 입력한다.

③ 글꼴과 글자간격을 입력하고 그림 4-35와 같이 글자모양 단추를 눌러 모양을 선택한다.

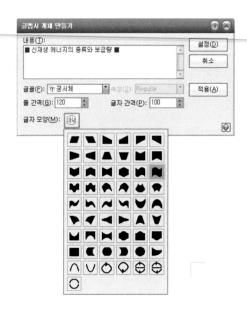

그림 4-35 글맵시 대화상자

④ 글맵시의 색상을 선택하기 위해 글맵시 개체 속성을 선택하고 그림 4-36과 같이 채우기 탭을 클릭하여 연한파랑을 선택한다. 글맵시를 글자처럼 취급을 체크하고 가운데 정렬한다.

그림 4-36 글맵시 채우기

2. 표 만들기 1

① 아래 그림과 같이 메뉴에서 표를 선택하고 3×6 크기의 표를 만들고 글꼴은 굴림체로 선택한다.

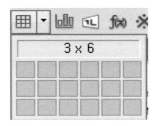

그림 4-37 표만들기

② 표/셀 속성을 선택한 후 캡션은 그림 4-38과 같이 위를 선택한다.

그림 4-38 표 제목 위치 설정

③ Ctrl+N,C를 눌러 캡션을 입력한다.

종 류	내 용	기타

④ 그림 4-39와 같이 셀 테두리 배경을 클릭한 후 연한 자주보라 색을 선택한다. 표 안쪽 여백은 모두 2mm로 설정한다.

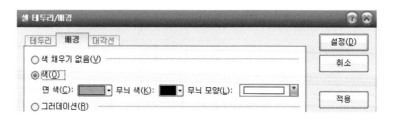

그림 4-39 셀 테두리/배경 설정

⑤ 기타 셀을 모두 합병하기 위해 셀을 마우스로 모두 선택한 후 M을 눌러 하나의 셀을 만든다. 그림 4-40과 같이 표/셀 속성을 클릭한 후 선택한 셀의 속성에서 세로쓰기를 체크하고 설정을 누른다.

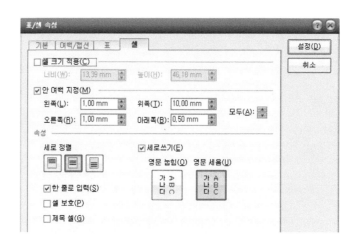

그림 4-40 표/셀 속성

3. 표 만들기 2

① 보기 ③과 같이 표 만들기를 이용하여 3×7 크기의 표를 만든다.

② 표의 항목들은 가운데 정렬하고 데이터는 오른쪽 정렬한다. 모든 셀의 안쪽 여백은 1mm로 한다.

③ 표 안의 숫자에 대한 합을 자동계산하기 위하여 그림 4-41과 같이 숫자를 모두 선택하고 오른쪽 마우스를 클릭하면 블록계산식 → 블록 합계 (Ctrl+Shhift+S)를 선택한다.

그림 4-41 블록 계산식

④ 표를 글자처럼 취급하고 가운데 정렬을 설정한다.

4. 차트 만들기

① 표 2에 대한 차트를 만들기 위하여 그림 4-42와 같이 표의 모든 셀을 선택한 후 오른쪽 마우스 버튼
을 눌러 차트 만들기를 선택한다.

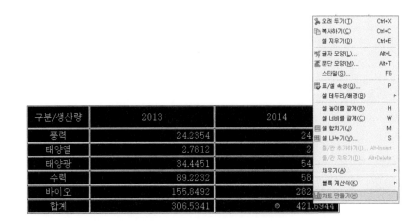

그림 4-42 차트 만들기

② 만들어진 차트에 캡션을 입력하고 가운데 정렬 한다. 차트를 선택하고 오른쪽 마우스 버튼을 클릭
하면 그림 4-43과 같이 차트 마법사 메뉴가 나타난다. 차트 마법사는 3단계로 이루어져 있다.

③ 차트 마법사를 선택하면 그림 4-44와 같이 차트의 종류를 선택하는 1단계 화면이 나타난다.

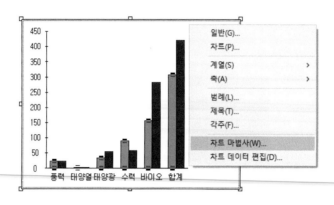

그림 4-43 차트 마법사 선택

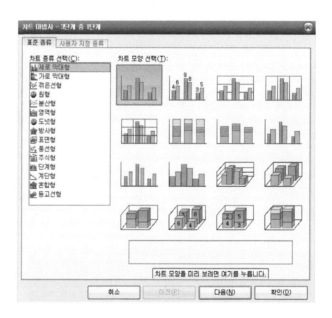

그림 4-44 차트 마법사 1단계-차트 종류

④ 차트 마법사 2단계는 그림 4-45와 같이 차트의 방향설정이다. 열 방향을 선택하고 다음을 클릭한다.

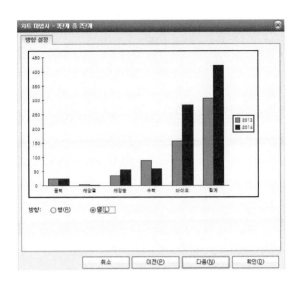

그림 4-45 차트의 방향 설정

⑤ 3단계는 그림 4-46과 같이 차트의 제목, 축, 눈금선 등을 입력하는 단계이다. 차트의 제목은 에너지 소비량, X,Y축 항목을 각각 입력한다.

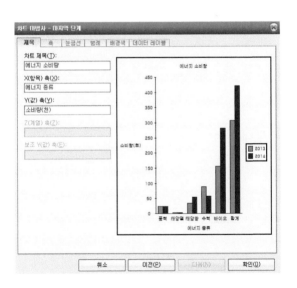

그림 4-45 차트 제목 및 레이블 입력 - 3단계

⑥ 차트 범례는 2013, 2014를 선택한다.

⑦ 차트를 글자처럼 취급하고 가운데 정렬한다.

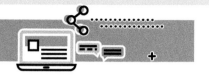

연습 문제

1. 픽셀의 수와 픽셀의 컬러에 대한 표현 방법에 대해 설명하시오.

2. 해상도란 무엇인가?

3. 가상현실 콘텐츠 관련하여 주의할 사항은 무엇인가?

4. 색상의 표현 방식에는 어떠한 모델이 사용되는가?

5. 이미지의 디지털화하는 과정에 대해 설명하시오.

6. 이미지 편집 방법에는 어떠한 알고리즘들이 사용 되는가 설명하시오.

7. JPEG 압축 알고리즘에 대해 설명하시오.

8. MPEG 압축 알고리즘에 대해 설명하시오.

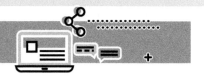

9. 다음 표에 대해 차트를 구성하시오.

화질(Q)	100	50	25	10	1
파일크기(Byte)	81,447	14,679	9,407	4,787	1,523
압축비율	2.7:1	15:1	23:1	46:1	144:2

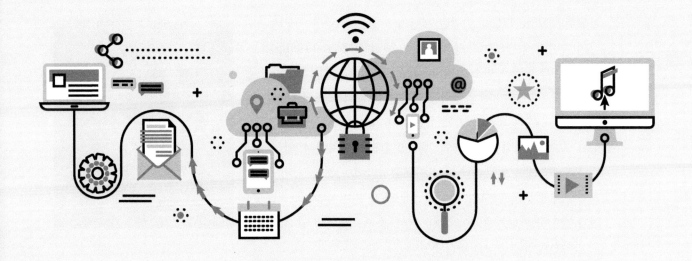

CHAPTER 5

가상현실과 증강현실

5.1 가상현실 개념

가상현실(Virtual Reality)이란 개념의 시초는 1962년 가상현실의 아버지 중 한명이라 불리는 모톤 헨리그(Morton Heilig)가 그림 5-1과 같은 센소라마(Sensorama)라는 기계를 고안하면서이다. 센소라마는 컴퓨터를 이용한 기술이 아니라 영사화면에 따라 진동하는 의자를 이용하여 가상체험을 할 수 있도록 고안된 장비였다. 이후 70, 80년대를 거치면서 미국 NASA에서 많은 연구비를 들여 연구했지만 하드웨어 장비가 열악하여 발전이 더디었으며 90년대 초가 되어서야 하드웨어가 발전하고 디스플레이 장치, 센서, 소프트웨어의 발전으로 가상현실의 가능성을 나타내었다.

그림 5-1 센소라마 장비
출처: http://www.retronauta.pl/

가상현실의 의미를 이해하기 위해선 인간의 오감(시각, 청각, 촉각, 미각, 후각)에 대한 인식이 필요하다. 인간이 현실을 느끼는 것은 인간의 오감에 의한 것이기 때문에 가상현실도 인간의 오감을 기반해야한다. 따라서 비록 가상이지만 인간의 오감이 바탕이 되어 상상속에서 현장감을 느낄 수 있는 가상공간이라 할 수 있다.

현재 사용되고 있는 멀티미디어 시스템의 특징은 문자, 소리, 이미지 그리고 동영상 등을 처리할 수 있다. 이러한 특징은 인간의 오감 중 시각, 청각을 기반으로 사용자들에게 정보를 제공한다. 인간의 오감 중 현실감을 느끼게 하는 요소 중 시각과 청각이 많은 비중을 차지한다. 따라서 컴퓨터의 스크린과 음향기기를 통하여 가상현실을 구현한다면 가상현실의 특징인 현장감 있는 가상공간을 비슷한 정도로 구현할 수 있다.

가상현실 공간에서는 실제 세계에서 불가능한 경험을 가능하게 할 수 있으며 현실에 바탕을 둔 교육 등의 시뮬레이션으로 활용할 수 있다. 예를 들어, 가상환경을 통해 구석기나 신석기 시대 등을 탐험하거나 태양, 지구의 내부 등을 직접 체험할 수 있다. 또한 비행기나 제철소의 용광로 등의 시뮬레이션 교육을 통해 직접 해보지 않고도 운전 방식 등을 이해할 수 있다.

5.2 가상현실 특성

가상현실을 현실감 있게 체험하기 위해서는 인간의 오감을 바탕으로 시스템을 구현해야 한다. 인간의 오감을 얼마나 정확하게 구현하는 정도에 따라 현실감의 차이를 가져올 수 있다. 가상현실 시스템에서 요구되는 가상현실의 특성은 사용자의 오감 정보를 구현하고 사건의 발생에 따라 자율적으로 변화하는 공간이 되어야 한다. 이를 위해서는 그림 5-2와 같이 오감 정보를 이용한 현장감, 사용자와의 상호작용 그리고 일련의 사건들이 자율적으로 발생하는 자율성이 서로 유기적으로 작용해야 한다.

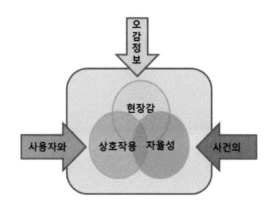

그림 5-2 가상현실 특성
(출처: 가상현실-21세기사)

■ 현장감

가상현실의 주인공은 당연히 인간이다. 성공적인 가상현실을 이루기 위해서는 인간이 스스로 현장감(Presence)을 가져야 한다. 현장감이란 비록 가상의 공간이지만 가상공간의 주체인 인간이 마치 현실세계에 있는 것처럼 착각을 일으킬 정도로 현실성 있게 가상공간을 구현해야 한다.

■ 몰입감

가상공간 내에 현실감을 느낀다면 당연히 몰입감(Immersion)을 느끼게 된다. 몰입감이란 가상공간 내에서 사용자의 모든 감각이 현실세계에 있는 것과 같은 착각을 가지도록 하는 것을 의미한다. 이를 위해서는 인간의 오감을 바탕으로 가상공간을 구현해야지만 인간의 모든 감각기관은 가상공간에 몰입감을 가질 수 있다. 이처럼 구현된 가상공간을 가상환경(VE:Virual Environment)이라고도 부른다.

■ 인간과 컴퓨터간의 상호작용

가상현실 시스템이 현장감과 몰입감을 준다하더라도 일방적으로 시스템이 사용자에게 정보만을 제공하기만 하면 현장감과 몰입감이 영속성을 가질 수 없다. 사용자가 가상현실에 몰입하기 위해서는 물리적인 하드웨어를 이용해 조작이나 명령을 하고 가상현실 안에 구현된 대상들은 인간과 상호작용을 해야 한다. 가상현실 시스템을 이용하는 사용자나 환경의 변화에 대해 가상공간은 적절한 방법으로 다시 피드백하여 인간과 서로 상호작용하는 시스템을 구현해야 한다. 이러한 환경이나 시스템을 인간-컴퓨터간의 상호작용(HCI:Human Computer Interface)이라 부른다. 일반적으로 사용자의 하드웨어 디스플레이 장치는 HCI와 같은 디스플레이 장치를 통하여 사용자와 상호작용을 하며 이를 GUI(Graphical User Interface) 방식으로 부르며 이러한 방식은 사용자에게 편리성을 제공하기도 하며 상호작용으로서 인간의 음성을 인식하여 컴퓨터와 상호작용 한다.

■ 자율성

가상현실 시스템이 인간과 상호작용하면서도 가상공간내의 모든 요소들 자체도 스스로 자율적인 행동을 해야 한다. 그래야만 현장감과 몰입감을 줄 수 있다. 사용자 이외에도 가상공간 안에서의 다른 물체들이나 생명체와 같은 것들은 시간의 변화, 중력의 작용, 충격 감지 등 외부의 변화에 대해 대상 자체들 스스로 자율성(Autonomy)을 가지고 변화를 일으킬 수 있어야 한다. 가상현실 시스템은 인간과 상호작용이 가능하기도 해야 하고 가상공간에서 인간의 경험과 변화를 창출한다는 점에서 자율성이 보장되며 한 방향으로만 일방적으로 구현된 시뮬레이션과는 구분된다.

■ 하드웨어 장비

현실감과 몰입감을 인간이 느끼도록 가상공간을 구현하는 것은 매우 어려운 작업이다. 인간의 오감을 하드웨어로 구현하기 위하여 가상현실 시스템은 인간의 오감을 멀티미디어 시스템으로 처리해야 하기 때문에 구현이 어렵다. 또한 시스템이 처리해야할 정보의 양은 테라바이트(Tera : 240억 바이트) 이상을 요구한다. 그러나 최근 저장 시스템의 발전으로 용량은 점차 증가하여 테라바이트 정도는 기본적으로 저장할 수 있다.

정보의 처리시간 또한 비약적으로 발전하여 삼성의 VR 기어와 같은 모바일 폰과 HMD 등의 하드웨어 장비로 현실감 있는 게임들이 속속 등장하고 있다. 그러나 대부분의 장비들은 그림 5-3과 같이 현재까지 인간의 오감 중 시각과 청각 감각을 적용한 부분적인 가상현실이 구현되고 있다. 그러나 인간의 시각과 청각은 오감 중 70% 이상을 담당하고 있기 때문에 가상현실 시스템 안에서 몰입감과 현장감을 어느 정도 제공하고 있는 셈이다. 가까운 미래에는 4차 산업혁명의 발전과 멀티미디어 기술의 발전과 함께 5G를 포함하는 유무선 통신의 기술 발전은 완벽한 가상현실에 다소 쉽게 접근할 수 있을 것이다.

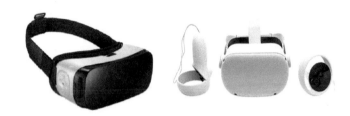

그림 5-3 삼성 기어 VR vs 오큘러서 VR

가상현실을 현장감 있고 몰입감 있게 구현하기 위해서는 시각, 청각의 장비와 고속의 컴퓨터뿐만 아니라 사람의 오감을 기반으로 한 다른 보조 장비도 필요하다. 중요도는 다소 떨어지지만 오큘러스 VR HMD는 삼성 VR HMD 보다는 손의 촉각이나 압력을 이용한 기술을 적용하여 관련된 움직임 등을 처리하여 더욱 현장감과 몰입감을 주고 있다. 보조 장비의 활용정도와 시스템의 구현 정도에 따라 가상공간에서 사용되는 하드웨어 장치가 달라지며 가상현실의 종류를 분류할 수 있다.

고가의 장비를 사용할수록 시스템의 구현의 정도가 높아지는 것은 당연하다. 사용자가 가상공간에 얼마나 현실감과 몰입감을 느낄 수 있는가에 따라 현장감 있는 몰입형 가상현실 시스템과 비 몰입형 가상현실 시스템으로 구분할 수 있다.

▪ 소프트웨어

가상현실 시스템을 구축하기 위해서는 빠르고 정확한 하드웨어뿐만이 아니라 현실세계와 같은 3차원 물체를 랜더링하여 생성하고 생성된 3D 물체를 편집할 수 있는 소프트웨어가 필요하다. 소프트웨어는 생성된 물체에 대해 통합하고 제어, 관리하는 소프트웨어 기능이 있어야 한다.

일부 게임 등에서 가상현실 게임 등이 구현되고 있지만 영화와 같이 완벽한 가상현실 시스템을 구현하기는 어려울 것이다. 이것은 하드웨어의 문제이기도 하지만 아직까지 완벽한 가상현실이 구축된 사례가 없는 것은 가상현실 환경 구축에 필요한 엄청난 양의 데이터를 구축하고 제어할 소프트웨어의 부재라 할 수 있다. 따라서 가상현실 기술의 발전은 하드웨어 장비의 발전과 함께 가상현실 환경을 구축에 필요한 다양한 소프트웨어의 제어, 관리가 필수적이며 가상현실에서 제공되는 엄청난 양의 데이터를 처리하는 방법이 선결 과제라 할 수 있다

가상공간의 소프트웨어로서 입출력장치, 데이터베이스를 통합, 제어하는 가상현실 개발 소프트웨어는 비교적 고가이지만 그림 5-4와 같은 웹 기반의 3차원 물체를 생성, 편집하는 3차원 모델링 소프트웨어는 별도의 하드웨어 장비 없이 3차원 물체를 모델링하거나 3D 공간을 효율적으로 구현할 수 있다. 이와 같은 소프트웨어는 저가이면서 비교적 쉽게 접할 수 있다.

현재 가상현실은 스마트폰 사용자의 급증과 발전으로 스마트폰을 이용한 다양한 프로그램들이 개발되고 앱 형태로 제공되고 있다. 사용자들이 단순히 현실에 대한 정보를 취득만 하는 것이 아니라 이용된 정보를 가공 편집하여 정보를 용이하게 사용할 수 있도록 하고 있다. 실제 사물에 컴퓨터 그래픽을 사용하여 부가적인 정보를 사용자에게 제공하여 현실감을 증가시켜 주는 분야를 증강현실이라한다. 이 밖에도 인터넷을 이용하여 원거리의 사용자들에게 3차원 가상공간을 구축하는 웹 기반의 가상현실은 1990년 후반부터 서비스되고 있다. 그림 5-5는 웹 기반의 가상현실 표준 개발 사이트로서 웹뿐만 아닌 모바일 기반에서도 가상공간을 구축하기 위한 다양한 연구들이 관련회사와 전문가 중심으로 수행되고 있다.

그림 5-4 3D 모델링 소프트웨어
출처: http://www.cortona3d.com

그림 5-5 웹 기반 3D 관련 표준 기구 사이트
출처: www.web3d.org

5.3 가상현실 분류

가상현실 시스템의 분류는 현장감과 몰입감 환경에 따라 몰입형 가상현실과 비몰입형 가상현실로 구분할 수 있다. 몰입형 가상현실은 현장감을 기반으로 다양한 가상현실 시스템을 충분히 사용하여 사용자의 몰입도가 높은 시스템이다. 몰입형 가상현실을 구축하기 위한 시스템들은 대체적으로 가격이 비싸기 때문에 일반사용자들은 쉽게 접하지 못한다.

비몰입형 가상현실 시스템은 멀티미디어 시스템의 환경과 단순한 모니터 또는 스마트폰의 앱을 이용하여 구현된 가상현실 환경으로서 사용자의 몰입도가 낮다. 부수적인 가상현실 시스템의 장비 없이 일반인들도 쉽게 저렴한 가격으로 구현할 수 있다.

5.3.1 몰입형(Immersive VR)

몰입형 가상현실 시스템은 현장감과 몰입감 그리고 인간과 상호작용하는 가상현실 환경을 구현한 가장 이상적인 형태이다. 몰입형 시스템을 구현하기 위해서는 고가의 소프트웨어와 그림 5-6과 같은 고가의 하드웨어 장비 HMD(Head Mounted Display), 데이터 글로브(data glove), ,GPS, 움직임 추적 장치, 3D Audio, 그리고 이외에도 인간의 오감 등을 구현한 다양한 장비 등이 필요하다. 인간은 고가의 하드웨어 시스템과 소프트웨어를 사용하여 가상의 세계를 경험하고 상호 인터페이스를 통하여 몰입할 수 있게 된다.

그림 5-6 몰입형 시스템
출처: 위키백과

몰입형 가상현실 시스템은 비행기 조종이나 의사의 수술 시연 등과 같이 현실을 기반으로 구현하는 경우가 있으며 단순히 인간의 취미 오락 등과 같은 3D 게임 같이 현실을 기반으로 하지 않고 구현된 시스템이 있다. 3D 게임과 같이 현실을 기반으로 하지 않는 경우는 인간의 상상력을 기반으로 가상의 물체나 환경을 사용자가 경험하고 상호 작용하는 경우이다.

그림 5-7 키넥트(KINECT)는 가상현실 장비를 이용하여 재활 게임 시스템을 나타낸 것이다. 비디오 카메라로 촬영된 자신의 모습이나 몸의 움직임을 감지하는 센서를 이용하여 현실의 움직임을 컴퓨터가 화면에 재생함으로서 자신이 가상공간에 직접 존재하는 것처럼 느끼게 하는 시스템으로서 삼인칭(Third Person) 가상현실이라 부른다.

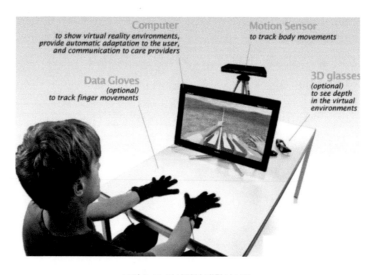

그림 5-7 가상현실 재활시스템
출처: 벨렌 루비오 BALLTESER

5.3.2 비몰입형(non-Immersive VR)

비몰입형 가상현실 시스템은 그림 5-8과와 같이 스마트폰의 화면이나 일반 컴퓨터 모니터 화면을 사용자가 직접 보면서 간단한 입체안경, 게임기 등만 추가하여 데스크 탑에서 쉽게 경험할 수 있는 비몰입형 가상현실 시스템으로서 현장감이 매우 떨어진다. 데스크 위의 모니터에서 가상현실을 체험하기 때문에 탁상형 가상현실 시스템이라고도 한다.

비몰입형 가상현실 시스템은 가상현실을 경험한다고 하기 보단 3D 이미지와 그래픽을 이용하여 가상현실의 공간을 구현하고 모니터를 통하여 구현된 가상공간을 체험하는 방법으로서 단순한 구현이기 때문에 사용자의 몰입도는 떨어진다. 그러나 단순한 2차원의 만화나 환경보다는 3D로 구현하기 때문에 현장감은 떨어지지만 저가의 장비를 이용하여 누구나 쉽게 구현하고 이용할 수 있다는 측면에서 가성비가 높은 가상현실 시스템이라 할 수 있다. 그림 5-9와 같이 웹 기반의 x3dom 관련 콘텐츠 등은 비 몰입형 가상현실이라 할 수 있다. 비 몰입형 가상현실 시스템이라 하더라도 3차원의 가상공간과 사용자는 인터페이스를 가지고 서로 상호작용하는 기능은 필수적으로 구현되어 있어야 한다.

그림 5-8 비몰입형 가상현실 시스템

그림 5-9 웹기반 3D 모델링

비 몰입형 시스템의 특징으로는 기본적으로 3D 모델링 툴을 이용하여 3차원 물체를 만들거나 공간을 구현한 후 현실세계에 존재하는 각각의 센서들을 구현된 3D 물체들에 키보드나 조이스틱 등을 통하여 상호작용 하도록 구현한다. 따라서 3D 물체를 구현하는 편집 프로그램과 그림 5-10과 같이 가상현실 응용개발 소프트웨어만 있으면 누구나 스마트폰이나 컴퓨터를 기반으로 구현할 수 있다. 비몰입형 시스템은 저가의 스크린 위주의 가상현실 시스템이므로 가상공간(CyberSpace)과 같은 웹(Web)을 기반으로 한 가상현실이 주를 이룬다.

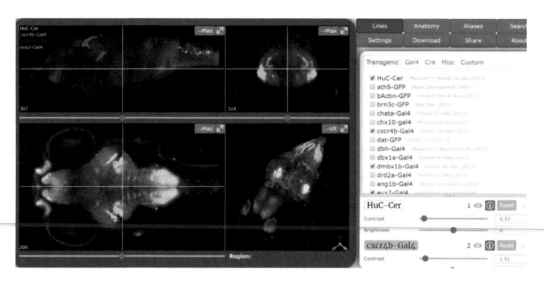

그림 5-10 3D 랜더링 프로그램

5.3.3 증강현실(AR:Argumented Reality)

혼합현실은 초기에 증강현실 개념으로 주로 사용하였으나 최근 현실세계의 정보 증강이라는 개념과 기술의 발달로 혼합현실로 분류된다. 증강현실은 현실에 정보를 더하여 현실감을 더욱 증강시키는 것을 의미하기 때문에 현실과 가상의 혼합으로 현실의 정보를 더욱 증강시킬 수 있다. 가상현실이 시스템을 통하여 인간의 오감을 가상현실로 구현한 것을 의미한다면 증강현실은 현실의 세계를 기반으로 또 다른 정보를 제공한다. 따라서 증강현실은 가상현실보다는 작은 의미로 분류할 수 있다.

증강현실 시스템에서 가장 중용한 것은 현실세계의 정보를 받아들일 수 있는 카메라이다. 그림 5-11은 컴퓨터와 카메라를 이용한 증강현실 시스템으로서 현실세계의 정보를 비디오카메라 등을 통하여 입력 받고 컴퓨터 그래픽 시스템 내부의 가상물체와 혼합시켜 증강현실 시스템의 구조를 나타낸 것이다. 증강현실 시스템은 가상의 정보나 이미지가 중첩되어 보다 많은 사용자에게 정보를 제공할 수 있도록 하는 증강현실 시스템이다.

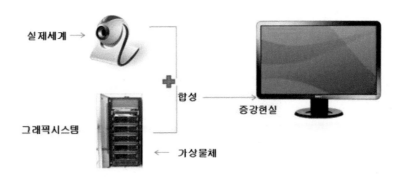

실제세계 →

합성

증강현실

그래픽시스템

← 가상물체

그림 5-11 증강현실시스템의 기본 구조

증강현실이나 혼합현실은 일반적으로 안경이나 스마트폰을 통하여 획득한 현실에 부가적인 정보를 제공하는 방법으로 구현한다. 세계 최초의 증강현실로 구현된 폰은 "펩2 프로" 폰으로서 그림 5-12에서 보는 것처럼 스마트폰의 카메라를 통하여 현실세계를 촬영하면 해당 장면에 부가적인 정보들을 제공함으로써 현실의 정보를 증강시킨다.

그림 5-12 증강현실 "펩2 프로(Phap2 Pro)'
출처: 위키백과

5.4 웹기반 가상현실

웹 기반 가상현실은 인터넷을 통하여 사용자의 모니터에 3차원 모델을 제공함으로서 가상현실을 구현한 것으로 대표적인 비 몰입형 가상현실이다. 현실감이나 몰입감이 다소 부족하므로 데스크탑(DeskTop) 가상현실과 유사하다. 대표적인 웹 기반 가상현실은 그림 5-13과 같이 Web3D로서 VRML/X3D 국제 표준위원회에서 국제 표준으로 개발되고 있으며 사이버스페이스(Cyberspace) 등이 웹 기반 가상현실로 분류되고 있다. Web3D의 공식 홈페이지 http://www.web3d.org 사이트에 접속하여 다양한 웹 기반 정보를 얻을 수 있으며 3D로 모델링 된 다양한 물체를 확인할 수 있다.

그림 5-13 Web3D 국제표준 개발 기구

사이버스페이스란 현실의 박물관이나 교육용 체험관 등과 같은 실제 환경을 가상공간으로 구현하고 체험자들이 가상으로 교육을 받거나 경험할 수 있는 하나의 공간을 말하며 인터넷을 기반으로 게임이나 채팅 등과 같이 다수의 컴퓨터 사용자들을 네트워크로 상호 연결하고 게임이나 채팅 참가자들이 서로 대화하며 커뮤니티를 구현하고 실행하는 웹 기반의 가상공간이다. 이러한 사이버스페이스를 구현하기 위해서 웹 기반 가상현실인 VRML/X3Dom은 인터넷을 기반으로 가상공간을 구현하고 3차원 물체를 모델링하기 위해 만들어진 국제표준 프로그래밍 언어이다. 따라서 VRML/X3Dom으로 구현된 3차원 물체들과 가상현실 공간은 웹에 별다른 절차 없이 직접 게시가 가능하다는 장점을 갖고 있다.

QuickTime VR은 파노라마 VR이라고도 불리며 그림 5-14와 같이 현실세계의 실제 사진을 연속 촬영하고 연속된 사진을 끊김 없이 파노라마 형식으로 사용자들이 탐색하도록 한 방식이다. 퀵타임 VR은 애플(Apple)사가 만들었으며 프로그래밍 언어를 사용하지 않고 실제 사진을 360° 방향으로 찍고 이를 연속적인 이미지로 가상공간을 구현한다. 현재 삼성전자의 VR 360 카메라를 이용하면 사방의 이미지를 촬영할 수 있다. 사용자는 가상공간에서 360° 회전하면서 구경할 수도 있고 위아래의 방향 전환도 가능함으로써 직접 해당 장소에 가보지 않고도 간접 경험할 수 있다. 퀵타임 VR의 응용 분야는 유명한 관광지나 아파트의 모델하우스와 같이 사용자가 직접 현장에 가지 않고 인터넷을 중심으로 관광지나 아파트 등의 내부 구조를 파악하고자 할 때 매우 유용하게 사용될 수 있다.

그림 5-14 Quick Time VR
출처: 위키백과

5.5 혼합현실

현실세계를 증강하는 혼합현실(Mixed Reality)은 증강현실과 증강가상을 합쳐서 일컫는 말이며 가상현실(Virtual Reality)의 한 분야이다. 현실세계의 환경과 멀티미디어 시스템에 의해 처리된 가상의 정보를 결합시켜 사용자에게 제공하는 기술이다. 혼합현실은 현실세계의 실시간의 화상정보나 음성 데이터 등 다양한 정보를 멀티미디어 시스템에 의해 처리된 데이터를 혼합하거나 부차적인 정보를 혼합하여 이용자에게 증강된 정보 서비스를 제공하는 개념이다.

가상현실 분야를 기능별로 분류하면 그림 5-15와 같이 4개의 부분으로 분류할 수 있으며 현실세계와 가상세계라는 두 차원이 겹치는 위치에 증강현실 또는 혼합 현실(MR : Mixed Reality)로서 존재한다. 현실세계를 중심으로 영상 정보를 가상으로 합성을 하게 되면 현실 세계의 정보는 더욱 부가적으로 증가하게 될 것이며 반대로 가상세계를 구축한 후 부가적인 정보를 시스템을 바탕으로 현실에 합성하게 되면 가상현실 세계는 더 증강하게 된다.

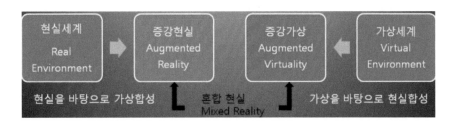

그림 5-15 증강현실 분류
출처: 가상현실과 증강현실

혼합현실의 기술은 사용하는 매체에 따라 표 5-1과 같이 분류할 수 있다. 사용자의 시각 정보를 증강하기 위한 시스템이 있으며 시각정보 보단 정보를 더욱 증가시키기 위한 목적으로 구현된 증강현실 시스템이 있다. 표에서 보는 바와 같이 시각의 증강과 정보의 증강 측면에서 접근한 증강현실 개념을 단순히 비교하여 나타낸 것이다. 시각을 기반으로 한 증강현실은 가상현실의 일부 영역으로 분류되며 3D 가상 물체의 표현과 실시간 비디오와의 합성에 초점을 맞추고 있다. 간혹 증강현실은 실시간이 아닌 네트워크에 연결되지 않은 시스템을 이용하여 증강현실을 체험하기도 한다.

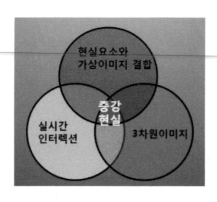

그림 5-16 증강현실 3요소

표 5-1 혼합현실 요소 기술에 의한 분류

요소	시각 정보	정보 기반
사용 목적	현실 또는 가상 증강	여러 부가정보 제공
증강 정보	3D 물체	위치, 정보, 방향
시각 장치	HMD, 모니터	스마트폰, 구글 안경
인터페이스	3D 물체 상호 작용	정보제공 탐색
기술 요소	3D 랜더링	네트워크
시스템	독립적	분산시스템
응용 분야	3D 게임, 시뮬레이션	위치, 방향 정보

5.5.1 입력장치

혼합현실 시스템은 그림 5-17과 같이 마커(Maker)를 사용하여 증강하는 방법과 위치를 기반으로 증강하는 방법이 있다. 마커를 이용한 증강현실은 마커의 정보를 획득하여 마커 이미지를 증강 시스템에 전송하여 증강정보를 획득하는 방법이다. 위치정보를 취득하여 위치를 기반으로 증강 시스템에 전송하여 증강 정보를 획득하는 방법도 있다. 시각 기반의 증강을 위해선 마커(Marker)가 부가적으로 필요하다. 마커란 카메라 인식 기술을 사용하여 인식하기 용이한 임의의 물체에 QR(Quadrature Record)코드와 같은 형태로 만들게 된다. 현실에서 증강된 물체의 정보를 얻기 위해선 마커에 부가된 이미지를 추가하여 해당 이미지를 카메라를 이용하여 획득하고 증강시스템으로 전송한다. 증강시스템에서는 마커에 포함된 정보의 위치에 부가 정보를 포함하여 사용자의 디스플레이 장치로 전송한다.

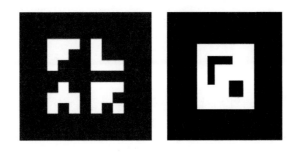

그림 5-17 증강 현실 마커(Maker)

혼합현실을 위해선 현실세계의 정보를 얻기 위한 카메라가 필수이며 증강현실 시스템의 입력장치가 된다. 최근 가상현실과 증강현실의 응용이 발전하면서 스마트폰을 이용한 혼합현실 시스템이 주류를 이루고 있다. 이외에도 그림 5-18과 같이 디지털 카메라, 웹 카메라 등이 증강현실 시스템의 입력장치로 사용되고 있다.

혼합현실 시스템에서 입력장치로 스마트폰이 많이 사용되는 이유는 스마트폰에는 카메라와 정보를 처리하기 위한 연산 장치가 같이 있으므로 입력된 사진은 바로 처리할 수 있고 휴대하기 편해 장소의 이동이 쉽다는 장점이 있다. 스마트폰 카메라의 성능은 더욱 고 사양화되고 있으며 카메라의 개수도 점점 늘어가는 추세다.

웹 카메라를 이용하는 경우는 컴퓨터와 연결되어 이미지를 실시간으로 처리할 수 있지만 컴퓨터에 고정되어 있으므로 이동이 제한된다는 단점이 있다. 디지털 카메라를 이용할 경우는 스마트폰과 같이 실세계의 장면을 촬영하여 카메라에 내장된 메모리에 디지털 이미지로 바로 저장할 수 있으나 연산장치의 부재로 혼합현실을 위해서는 촬영된 이미지를 컴퓨터를 이동한 후 편집 가공해야 한다. 그러나 일반 입력장치 보다는 디지털 카메라의 해상도가 높기 때문에 화질은 좋다.

| Digital Camera | Web Cam | Smart Phone Camera |

그림 5-18 증강현실 입력장치

■ 트래킹(tracking) 장비

증강현실에 사용되는 마커의 위치 또는 사용자의 단말기 위치에 대한 정보를 획득하고 증강 정보를 제공하여 증강현실 콘텐츠를 구현하는 장비이다. 스마트폰과 같이 이동이 빈번한 장치 등을 이용하여 증강현실 시스템을 구현하기 위해서는 필수적인 중요한 장치 요소이다. 이외에도 사용자의 움직임 정도를 획득하기 위한 가속도센서, 자이로스코프, GPS 등은 증강현실을 구현하기 위한 트래킹 장비로 사용되고 있다. 증강현실 시스템에서 중요한 것은 사용자의 위치와 방향의 정확도이다. 어떤 트래킹 장비를 사용하느냐에 따라 정확성과 정밀도가 달라진다. 정밀도가 높을수록 증강된 정보는 정확하게 사용자에게 전달될 것이다.

5.5.2 출력장치

증강된 정보를 사용자에게 보여주기 위한 출력장치는 일반적인 디스플레이 장비이다. 일반 모니터부터 스마트폰 그리고 HMD 장비 등이 있다. 그러나 앞서 입력 장치로서 스마트폰이 많이 사용하듯이 출력장치로도 스마트폰이 많이 사용된다. 스마트폰은 작고 휴대하기 편하기 때문에 사용빈도가 높다.

전문적인 증강현실의 출력 장치로 그림 5-20과 같은 구글의 "Project Glass"가 있다. 구글에서는 크고 무거운 HMD대신 작고 가벼운 안경 형태의 출력 장치를 개발하기 위해 2012년 출시를 목표로 2011

년 개발하였으나 2022년 아직까지도 출시는 안됐다. 구글 글라스가 상용화가 될 경우 가장 큰 문제는 몰래카메라와 같은 개인 사생활 문제일 것이다. 이러한 문제에 대한 해결책이 제시되지 않는다면 상용화의 길은 험난하고 멀 것이다.

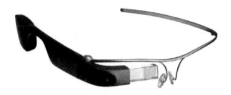

그림 5-19 구글의 "Project Glass"

공간적 증강현실의 장점은 다수의 사용자가 추가적인 장비 없이 공통의 작업이나 회의를 할 수 있다. 기존의 디스플레이 장비들은 해상도에 제한이 있지만 여러 사람이 동시에 볼 수 있는 프로젝트를 이용한 출력장치는 해상도의 제한 없이 여러 명이 공통적으로 사용할 수 있다. 그림 5-20은 3D 빔 프로젝트에 증강현실 콘텐츠를 탑재하고 증강현실 하드웨어 소프트웨어 시스템을 적용하여 컴퓨터에 연결된 웹캠을 책 중간의 아이콘을 가까이 대면 하나의 현실과 혼합된 내용이 컴퓨터 화면에 나타난다.

그림 5-20 3D 프로젝터 디스플레이
출처: 웅진씩크빅

5.5.3 소프트웨어

(1) 유니티(Unity)

유니티는 3D 게임과 그래픽, 가상현실 그리고 증강현실 등 전 세계적으로 가장 많이 사용하는 3D 엔진이다. 유니티에서는 몰입감 넘치는 증강현실 구현을 위한 커스텀 리소스(Custom resource)를 제공한다. 유니티의 가장 특징은 증강현실을 구현하려는 제작 콘텐츠들을 위한 소프트웨어 개발 플랫폼을 통하여 맞춤형 툴과 다양한 기기에서 활용 가능한 워크플로우를 제공한다.

유니티의 증강현실 툴은 다음 네가지의 특징을 갖고 있다.

• AR 파운데이션(Foundation) : AR 파운데이션은 ARKit, ARCore, Magic Leap, HoloLens의 핵심 기능을 비롯하여 고유한 Unity 기능을 포함하고 있어 내부 관계자에게 제공하거나 어떤 앱 스토어에도 출시할 수 있는 강력한 앱을 생성할 수 있다. AR 개발용으로 특별히 설계된 프레임워크를 활용하여 한 번의 앱 제작으로 여러 모바일 및 웨어러블 AR 기기에 배포할 수 있다. 이 프레임워크에는 각 플랫폼의 핵심 기능은 물론 사실적인 렌더링, 물리, 기기 최적화 등의 고유한 Unity 기능이 포함되어 있다. 그림 5-21은 유니티 파운데이션과 관련 패키지의 구조를 나타낸 것이다.

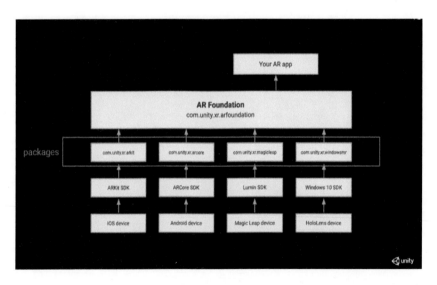

그림 5-21 유니티 파운데이션
출처: unity

- Unity MARS : Unity MARS는 업계의 모든 AR 크리에이터에게 실제 공간과 지능적으로 상호작용하는 AR 경험을 제작할 수 있는 전용 도구와 간소화된 워크플로우를 제공한다. 그림 5-22에서는 WYSIWYG 시뮬레이션 뷰를 나타낸 것으로 독자가 컨텍스트에서 경험하는 방식으로 콘텐츠를 시각화한다. 코드를 작성하는 대신, 콘텐츠를 뷰어로 직접 드래그하면 Unity MARS에서 적합한 시스템의 일부 기능을 임시로 대체하기 위한 프록시와 조건을 생성하게 된다.

그림 5-22 유니티 MARS를 이용한 시뮬레이션
출처: Unity

- Unity Library : Unity 기반의 AR을 기존의 네이티브 모바일 앱에 바로 추가할 수 있다. AR 기능을 추가하기 위해 앱을 재구축할 필요 없이, 이미 제작한 환경에 임베드 하여 유니티 AR 서비스의 기능을 최대한 활용할 수 있다.

  Unity 2019.3부터는 컨텐츠와 Unity 런타임 구성 요소를 기본 플랫폼 프로젝트에 통합하여 다른 응용 프로그램에서 Unity를 라이브러리로 사용할 수 있다. 이를 통해 3D 또는 2D 실시간 렌더링을 사용하는 콘텐츠를 내장할 수 있다.

- XR 인터랙션 툴킷 : 컴포넌트를 씬에 드롭하기만 하면 AR 앱에 인터랙티브 환경을 추가할 수 있다. 따라서 더 이상 오브젝트 인터랙션을 처음부터 코딩할 필요가 없다. XR 인터렉션을 통하여 가상 공간내의 오브젝트에 대해 동작 구현의 인터렉션을 지원하고 있으며 오브젝트의 배치 그리고 UI 인터렉션이 사용 가능하다.

(2) ARToolKit

ARToolKit은 마커를 이용한 대표적인 저작 프로그램이다. ARToolkit은 증강현실 구현을 위해 가장 일반적으로 많이 사용하는 알고리즘을 미리 구현하여 라이브러리(library) 형태로 제공하고 있다. 이 소프트웨어는 C언어로 구현되었으며 누구나 무료로 사용할 수 있는 공개된 프로그램이며 여러 나라의 언어로 구현되어 있다. 다만 ARToolKit은 중국의 리얼맥스가 자금을 지원하고 있다.

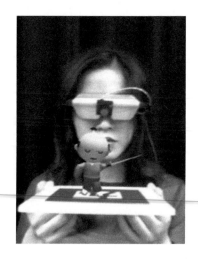

그림 5-23 ARtoolKit 증강현실

전체 소스를 포함한 *artoolkitX*의 첫 번째 새로운 릴리스는 https://github.com/artoolkitx/에서 구할 수 있다. 다음 릴리스에는 애플의 ARCit과 구글의 ARCore와 같은 프레임워크가 제공되는 운영 체제에 대한 지원이 포함될 것이다. 또한 라즈베리파이와 같은 저비용 오픈소스 하드웨어에 대한 지원도 포함될 것으로 보인다.

최근 구글에서 증강현실을 위한 소프트웨어를 혁신적으로 제공하듯이 증강현실을 구현하기 위한 안드로이드(Android) 버전, 실버라이트 등의 플래폼을 지원한다. 본인의 컴퓨터 운영체제에 맞는 버전을 다운로드 받아 설치한 후 그림 5-23과 같이 ARToolkit의 예제 프로그램에서 마커를 통해 현실세계의 좌표를 등록시키기고 HMD나 연관된 출력 장치를 이용하면 증강된 정보를 얻을 수 있다.

5.6 메타버스(Metaverse)

5.6.1 정의

메타버스(metaverse) 또는 확장 가상 세계는 가상, 초월을 의미하는 '메타'(meta)와 세계, 우주를 의미하는 '유니버스'(universe)를 합성한 신조어로서 1992년 출간된 소설 '스노 크래시' 속의 가상세계 이름인 '메타버스'에서 유래되었다. 메타버스는 인공지능이나 증강현실 등의 개념이 더욱 진화하여 가상세계에서 실제 현실과 같은 사회, 문화, 여가 생활을 아바타를 통해 체험할 수 있는 특징이 있다.

메타버스가 각광 받은 이유 중의 하나로 컴퓨터 게임들이 2차원에서 3차원의 체험형 가상현실, 증강현실 그리고 혼합현실이 구현되면서 급속도로 확장되고 있다. 메타버스는 단순히 체험형의 오락 분야에 국한되지 않고 기업과 산업화에도 적용되어 효율적인 비대면 회의뿐만 아니라 산업화된 현장에서 현실적이고 입체적인 작업을 수행할 수 있다.

메타버스를 가장 잘 표현한 영화로 그림 5-24의 스티븐 스필버그 감독이 제작한 2018년도 영화 '레디 플레이어 원(Ready Play One)'을 들 수 있다. 영화 속의 가상현실 세계인 오아시스에서 현실의 참여자들이 가상현실세계에 참여하며 다양한 참가자들과 실제 대화하고 행동하는 모습들이 메타버스의 의미를 잘 표현하고 있다.

그림 5-24 가상현실 영화
출처: Ready Play One

5.6.2 특징과 플랫폼

메타버스는 일종의 가상현실이지만 더욱 확장된 개념으로 현실세계에서 통용되는 기술들을 포함한 것으로 기존의 플랫폼들과 차별화되는 5가지 특징을 5C라 부르며 다음과 같다.

- 세계관(Canon)
- 창작자(Creator)
- 디지털 통화(Currency)
- 일상의 연장((Continuity)
- 연결(Connectivity)

다양한 메타버스들 중에서 해당 메타버스를 차별화할 수 있는 요소는 어떠한 세계관과 누구의 상상력으로 메타버스를 창작하였는가에 달려있다. 여기에 디지털 통화, 일상의 연장 그리고 연결 등을 통하여 기존의 플랫폼을 통합하여 소비자들이 원하는 상상력으로 구현된 메타버스에 몰입감과 현실감을 느끼게 될 것이다.

실제적인 가상현실 메타버스 플랫폼을 구현하고 체험하기 위해선 HMD, 햅틱 장갑, 몸의 움직임을 추적하기 위한 모션 캡쳐 장비들이 필요하지만 현재 이러한 장비들이 필수적으로 준비되지 않았기 때문에 현재 대부분의 메타버스는 사용자들이 2차원 모니터에서 수행할 수 있는 컨텐츠 위주로 개발되고 있다.

■ 세컨드 라이프(Second Life)

2003년 미국의 개발사인 린든랩(Linden Lab.)에서 개발한 온라인 가상현실 플랫폼으로서 3차원으로 구현된 가상현실에 접속하여 자신만의 캐릭터를 만들 수 있으며 만들어진 캐릭터를 자신의 아바타(Avatar)로 사용할 수 있다. 그림 5-25와 같이 하나의 가상공간인 세컨드 라이프에 접속한 사람들 중 자신과 마음이 잘 맞는 사람들을 찾아 함께 대화하고 소통하거나 간단한 편집 프로그램을 통하여 자신만의 작품이나 공간 등을 만들 수 있다.

세컨드 라이프의 세계관은 가상공간에서 사람들이 교류하고, 여가를 즐기면서 사업도 하며 토지나 집을 사고파는 경제활동도 하면서 사용자가 직접 정의해 나가는 메타버스이다. 초기 메타버스의 효시라 할 수 있으며 2010년 한국에도 서비스를 했지만 사용자들의 부재로 결국 철수하였다.

그림 5-25 세컨드 라이프

■ 게더 타운(Gather Town)

게더 타운은 PC에서 구동되는 메타버스를 게더 회사(Gather Presence Inc.)에서 만들었다. 20~30대가 주로 사용하며 3D가 아닌 2D로 이루어져 있다. 게더 타운의 수익모델은 25인 이상에서 시간단위나 구독 단위로 회비를 납부해야 한다.

게더 타운의 가장 큰 특징은 2020년 코로나로 대면이 어려운 환경에서 줌(Zoom)위주의 원격영상회의를 탈피하고자 한 기류에서 등장하였다. 줌 역시 비대면 회의나 수업에서 많은 장점이 있었으나 장시간 얼굴만 보며 얘기하는 것이 다소 무거운 요소였지만 그림 5-26에서 보는 것처럼 게더 타운은 비록 2D 캐릭터이지만 캐릭터 위주로 서로 채팅도하며 줌이 제공하는 기능들이 제공되어 인기를 끌었다.

게더 타운은 생산성을 중심으로 운용되며 실제 업무와 유사한 공간에서 진행되기 때문에 너무 크지도 않고 사용자에게 부담을 주지 않는다. 그러한 이유로 메타버스에서도 회사를 완벽하게 운영할 수 있다는 방향성을 제시했다고 할 수 있다.

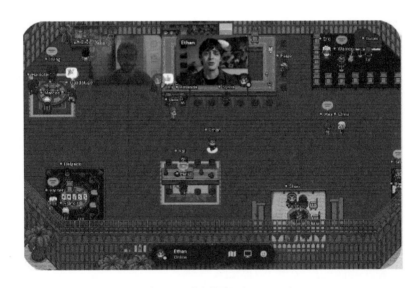

그림 5-26 게더타운(Gather Town)

5.7 실습 - 엑셀(excel) 문서 편집

5.7.1 엑셀 화면 구성

엑셀을 통합문서로 실행하면 그림 5-28과 같이 엑셀문서 작성하기 위한 화면이 생성된다. 각 화면의 구성요소는 다음과 같다.

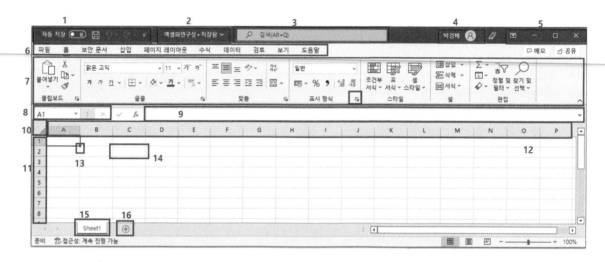

그림 5-27 엑셀 화면 구성

1. 파일 자동저장과 빠른 도구 모음 사용자정의 : 일정한 시간간격으로 파일을 자동저장하거나 수동으로 저장할 수 있으며 드롭다운 단추를 클릭하면 빠른 실행 도구 모음을 사용자가 정의할 수 있다.

2. 파일 제목 표시 : 현재 작성하고 있는 파일이름이 표시되고 저장 상태를 알려준다.

3. 검색도구 상자 : 검색어를 입력하여 검색할 수 있다.

4. 파일 저작자 : 파일 작성자가 표시된다.

5. 창 조절 단추 : 프로그램 창의 최소화, 최대화, 이전크기로 복원, 닫기 단추 표시

6. 주 메뉴 : 파일의 저장, 인쇄, 옵션 등의 세부 메뉴와 파일 편집시 요구되는 삽입, 수식 데이터 입력 등의 주 메뉴이다.

7. 리본메뉴 : 주 메뉴에서 자주 사용되는 메뉴항목들을 단축 아이콘 형식으로 표시하여 효율적으로

문서를 편집할 수 있게 해준다. 엑셀 옵션에서 개발 도구 탭들을 보이게 하거나 숨길 수 있다.

8. 셀 표시 상자 : 현재 편집하고 있는 셀의 주소나 이름이 표시된다.

9. 수식 입력 줄 : 현재 셀 포인터 위치의 내용을 입력하거나 셀에 입력한 데이터 및 수식이 표시되는 부분으로 편집할 수 있다.

10. 전체 선택(Ctrl+A) : 클릭하면 문서 전체의 셀이 선택된다.

11. 행 표시 : 문서 셀의 행을 표시한다.

12. 열 표시 : 문서 셀의 열을 알파벳으로 표시한다.

13. 채우기 핸들 : 셀 포인터의 오른쪽 아래 부분의 작은 점으로 수식이나 데이터의 복사 시에 사용할 수 있다.

14. 셀(Cell) : 행과 열의 교차지점으로 데이터가 입력되는 기본단위이다.

15. 시트(Sheet) 탭 : 통합문서에 포함되어 있는 시트의 이름을 표시하며, 원하는 시트 탭을 클릭하여 작업할 수 있으며 시트 이름 변경, 이동, 복사, 삽입, 삭제 등의 작업을 수행한다.

16. 워크시트 삽입(Shift+F11) : 현재 워크시트 뒤에 새로운 워크시트를 삽입할 수 있다.

5.7.2 데이터 입력과 수식 작성

■ 지시사항

엑셀 프로그램을 이용하여 다음과 같은 수식을 작성해보자.

1. 산업별 취업자 제목은 셀을 합병하시오.

2. 합계는 수식을 이용하여 합산하시오.

3. 평균값은 수식을 이용하여 값을 구하고 소수 둘째자리까지 표시하시오.

4. 비고는 4월 취업자 수가 평균보다 크면 증가로 표시하고 전년과 동일하면 유지 그리고 작으면 감소로 표시하시오.

<표 산업별 취업자>

산업별 취업자

(기준:2022년)

산업별	1월	2월	3월	4월	평균	비고
농업	1,246	1,276	1,408	1,545	1,368.75	증가
광업	13	12	13	13	12.75	증가
제조업	4,467	4,450	4,512	4,518	4,486.75	증가
전기업	78	77	73	76	76.00	유지
재생업	173	176	171	157	169.25	감소
건설업	2,055	2,044	2,115	2,123	2,084.25	증가
금융업	781	788	768	756	773.25	감소
부동산업	530	554	552	545	545.25	감소
서비스업	1,426	1,406	1,417	1,459	1,427.00	증가
보건업	2,369	2,619	2,682	2,721	2,597.75	증가
합계	13,138	3,402	13,711	13,913	13,541.00	증가

1. 산업별 취업자 제목 입력하기

그림 5-28과 같이 A1 셀에 산업별 취업자를 입력한다.

그림 5-28 제목 입력하기

2. 셀 병합하기

A1:G1 셀까지 제목 셀로 하기 위해 영역을 그림 5-29와 같이 블록지정하고 [홈] - [맞춤] - [병합하고 가운데 맞춤]을 클릭한다.

그림 5-29 셀 병합하기

3. 제목 서식지정

제목이 입력된 셀이 선택된 상태에서 그림 5-30과 같이 [홈]-[글꼴]에서 글꼴 '맑은고딕' 글꼴크기는 16pt, 글꼴 스타일은 굵게 로 지정한다.

그림 5-30 글꼴 설정하기

4. 함수를 이용하여 계산하기

엑셀에서 수식을 구하기 위해서는 메뉴의 [수식]을 클릭하면 그림 5-31과 같이 함수라이브러리가 표시 된다. 간단한 합이나 평균은 자동합계 함수를 사용하면 되며 복잡한 재무, 논리 함수들은 부가적으로 메뉴를 선택해서 계산해야 한다.

1) 합계 구하기

엑셀은 다양한 함수를 제공한다. 여러 블록의 합산은 다음과 같은 식으로 계산한다.

수식 : SUM(B4:B13)

SUM은 합을 의미하는 영어이며 (B4:B13)을 합계를 구하기 위한 영역을 나타낸다. 셀 B4부터 셀 B13 까지의 합을 구하란 의미이다. 1월 합산을 구하기 위해 그림 5-31와 같이 셀 B14에 커서를 위치시키고 입력창에 =SUM(B4:B13)을 입력한다. 혹은 그림 5-32의 자동합계를 클릭하여 합 구하기 메뉴를 선택 하면 합계 값이 입력된다.

	A	B	C	D	E	F	G
1			산업별 취업자				
2							(기준:2022년)
3	산업별	1월	2월	3월	4월	평균	비고
4	농업	1,246	1,276	1,408	1,545	1,368.75	증가
5	광업	13	12	13	13	12.75	증가
6	제조업	4,467	4,450	4,512	4,518	4,486.75	증가
7	전기업	78	77	73	76	76.00	유지
8	재생업	173	176	171	157	169.25	감소
9	건설업	2,055	2,044	2,115	2,123	2,084.25	증가
10	금융업	781	788	768	756	773.25	감소
11	부동산업	530	554	552	545	545.25	감소
12	서비스업	1,426	1,406	1,417	1,459	1,427.00	증가
13	보건업	2,369	2,619	2,682	2,721	2,597.75	증가
14	합계	13,138	13,402	13,711	13,913	13,541.00	증가

그림 5-31 합계구하기 (SUM 함수 이용)

그림 5-32 함수라이브러리

2월부터 4월까지의 합계는 1월의 합계 값을 이용하면 된다. 그림 5-33과 같이 B14 셀을 선택하고 E14 까지 마우스를 드래그하면 자동으로 2월과 4월의 합계 값이 입력된다.

	A	B	C	D	E
1			산업별 취업자		
2					
3	산업별	1월	2월	3월	4월
4	농업	1,246	1,276	1,408	1,545
5	광업	13	12	13	13
6	제조업	4,467	4,450	4,512	4,518
7	전기업	78	77	73	76
8	재생업	173	176	171	157
9	건설업	2,055	2,044	2,115	2,123
10	금융업	781	788	768	756
11	부동산업	530	554	552	545
12	서비스업	1,426	1,406	1,417	1,459
13	보건업	2,369	2,619	2,682	2,721
14	합계	13,138	13,402	13,711	13,913

그림 5-33 자동으로 합계 입력하기

2) 평균구하기

평균 항목을 입력하는 것은 합계 계산과 유사하다. 그림 5-34와 같이 F4셀을 선택하고 입력창에 =AVERAGE(B4:E4)를 입력하면 B4에서 E4까지의 평균이 입력된다. 평균 함수도 자주 사용되는 함수이기 때문에 자동함수를 클릭하여 입력할 수 있다.

F5에서 F14까지의 평균은 F4셀을 선택한 후 F14까지 마우스로 드래그하면 각 산업별로 평균 값이 자동 입력된다. 처음 평균값을 구하면 소수점 자리는 표시되지 않는다. 소수점 둘째자리까지 표시하기 위해서는 그림 5-35과 같이 [표시형식]-[셀서식] 메뉴에서 소수 자리수를 원하는 자릿수까지 설정하면 된다.

F4			f_x	=AVERAGE(B4:E4)	
	A	B	C	D	E	F

	A	B	C	D	E	F
1			산업별 취업자			
2						(기준
3	산업별	1월	2월	3월	4월	평균
4	농업	1,246	1,276	1,408	1,545	1,368.75
5	광업	13	12	13	13	12.75
6	제조업	4,467	4,450	4,512	4,518	4,486.75
7	전기업	78	77	73	76	76.00
8	재생업	173	176	171	157	169.25
9	건설업	2,055	2,044	2,115	2,123	2,084.25
10	금융업	781	788	768	756	773.25
11	부동산업	530	554	552	545	545.25
12	서비스업	1,426	1,406	1,417	1,459	1,427.00
13	보건업	2,369	2,619	2,682	2,721	2,597.75
14	합계	13,138	13,402	13,711	13,913	13,541.00

그림 5-34 평균값 입력하기

그림 5-35 소수자리 표시하기

3) IF 조건문 활용하기

비고는 4월 취업자 수가 평균보다 크면 증가로 표시하고 전년과 동일하면 유지 그리고 작으면 감소로 표시해야 한다.

첫 비고 셀에서 조건식을 만들기 위해서는 IF 함수를 이용하며 함수의 조건식은 다음과 같다.

> **수식** =IF(조건,"참이면_인자1","거짓이면_인자2")

IF 함수는 세 개의 인자가 있으며 첫 번째 인자는 조건이다. 예를 들어 문제에서와 같이 4월 값이 평균 값보다 크면 "증가"로 표시하도록 해야 한다. 따라서 이때의 조건은 IF(E4>F4,인자1 ,인자2)가 된다. 만약 E4와 F4가 같은 조건을 판별하려면 IF(E4=F4, 인자1, 인자2)가 된다.

만약 예제에서와 같이 조건이 3개 이상일 경우에는 인자2는 또 다른 IF 함수를 사용한다. 예를 들어 E4 가 F4보다 크면 "증가"로 표시하고 거짓일 경우는 E4와 F4가 같을 때 유지 그리고 이것이 거짓일 때는 "감소"로 표시하는 함수는 다음과 같다. 즉 IF 조건문 안에 또 다른 조건 IF가 포함되게 된다.

> IF(E4>F4, "증가", IF(E4=F4, "유지", "감소"))

그림 5-36은 이와 같이 3개 이상의 조건에 대한 값을 G4에 적용하고 이를 G14까지 자동 입력한 상태를 나타낸다.

	A	B	C	D	E	F	G
						=IF(E4>F4,"증가",IF(E4=F4, "유지", "감소"))	G4
1				산업별 취업자			
2							(기준:2022년)
3	산업별	1월	2월	3월	4월	평균	비고
4	농업	1,246	1,276	1,408	1,545	1,368.75	증가
5	광업	13	12	13	13	12.75	증가
6	제조업	4,467	4,450	4,512	4,518	4,486.75	증가
7	전기업	78	77	73	76	76.00	유지
8	재생업	173	176	171	157	169.25	감소
9	건설업	2,055	2,044	2,115	2,123	2,084.25	증가
10	금융업	781	788	768	756	773.25	감소
11	부동산업	530	554	552	545	545.25	감소
12	서비스업	1,426	1,406	1,417	1,459	1,427.00	증가
13	보건업	2,369	2,619	2,682	2,721	2,597.75	증가
14	합계	13,138	13,402	13,711	13,913	13,541.00	증가

그림 5-36 3개이상의 IF 조건문

5.7.3 함수의 종류

(1) 논리 함수

함수	설명	사용예제
AND	인수가 모두 TRUE이면 TRUE를 반환	=IF(AND(A2<A3,A2<100),A2,"값이 범위를 벗어났습니다.")
IF	수행할 논리 검사를 지정	=IF(C2="Yes",1,2)는 IF(C2 = Yes이면 1을 반환하고, 그렇지 않으면 2를 반환
OR	인수가 하나라도 TRUE이면 TRUE를 반환	=OR(A2>1,A2<100)
NOT	인수의 논리 역을 반환	=NOT(A2>100)

(2) 날짜/시간함수

함수	설명	사용예제
DATE	특정 날짜반환	DATE(year,month,day), DATE(2022,5,23)
DAY	주어진 달의 날짜 변환	DAY(TODAY())→ 오늘 날짜 반환
HOUR	시간으로 변환	HOUR("12:35:40")→시간 12 표시
MINUTE	분으로 변환	MINUTE("12:35:40")→ 분 35 표시
MONTH	월로 변환	MONTH("2022-7-21")→ 7월 표시
NOW	현재 날짜 및 시간반환	NOW() → 오늘날짜를 년,월,일,시,분으로 표시
SECOND	초로 변환	SECOND(12:35:40") → 초 40 표시
TIME	시간 변환	TIME(시,분,초)
TODAY	오늘날짜 변환	= YEAR(TODAY())→ 2022-08-01
WEEKDAY	날짜에서 요일 구함	WEEKDAY(B4)→B4셀의 날짜를 일~토를 1~7로 표시
YEAR	날짜에서 연도 반환	=YEAR(B4) → B4셀 날짜에서 연도만 표시

[3] 텍스트 함수

함수	설명	사용예제
LEFT(텍스트, 개수)	텍스트 값에서 맨 왼쪽의 문자를 반환	=LEFT(A2,2) 첫 번째 문자열의 처음 두 문자를 반환
RIGHT(텍스트, 개수)	텍스트 값에서 맨 오른쪽의 문자를 반환	=RIGHT(A2,2) 첫 번째 문자열의 마지막 두 글자를 반환
MID(텍스트, 시작위치, 개수)	지정된 위치에서 시작하여 특정 개수의 문자를 텍스트 문자열에서 반환	=MID(A2,1,5) A2의 문자열 중 첫 번째 문자부터 4자를 표시
LEN(텍스트)	텍스트 문자열의 문자 수를 반환	=LEN(B1) 첫 번째 문자열의 길이를 반환
CONCATENATE(n1,n2,..)	여러 텍스트 항목을 한 텍스트 항목으로 조인	=CONCATENATE(B2, " ", C2) 셀 B2의 문자열, 공백 문자, 셀 C2의 값을 연결
LOWER(텍스트)	텍스트를 소문자로 변환	=LOWER(A2) 첫째 데이터를 소문자로 변환
PROPER(텍스트)	텍스트 값에 있는 각 단어의 첫째 문자를 대문자로 변환	=PROPER(A2) A2의 문자열에서 각 단어의 첫째 문자를 대문자로 변환하고 나머지 문자는 소문자로 변환
RPLACE(텍스트1,위치, 텍스트2)	텍스트1의 문자를 텍스트2로 변환	=REPLACE(A2,6,5,"*") A2셀에 있는 6번째 문자(f)부터 5개 문자를 단일 * 문자로 변경
REPT(텍스트, 반복횟수)	텍스트를 지정된 횟수만큼 반복	=REPT("*-", 3) 별표와 대시(*-)를 3회 표시
FIND(찾을문자, 문자)	텍스트 값에서 다른 텍스트 값을 찾음. 대소문자 구분	=FIND("M",A2) 셀 A2에 있는 첫 번째 "M"의 위치를 반환
VALUE(텍스트)	텍스트 인수를 숫자로 변환	=VALUE("16:48:00")-VALUE("12:00:00") "16:48:00"-"12:00:00"의 결과인 4시간 48분에 해당하는 일련 번호를 반환
TEXT(값,코드)	숫자 표시 형식을 지정하고 텍스트로 변환	=TEXT(서식을 지정할 값, "적용할 서식 코드") =TEXT(TODAY(),"MM/DD/YY")
CHAR	코드 번호에 해당하는 문자를 반환	=CHAR(65) 컴퓨터의 문자 집합에서 65가 나타내는 문자를 표시

(4) 수학 삼각함수

함수	설명	사용예제
ABS(number)	절대값을 반환	=ABS(-2) -2의 절대값 2를 반환
FLOOR(number, significance)	숫자를 0 방향으로 내림하여 가장 가까운 인자2의 배수를 반환	=FLOOR(3.7,2) 3.7을 가장 가까운 2의 배수로 내림
INT(number)	가장 가까운 정수로 내림	=INT(8.9) 8.9를 내림하면 8
MOD(number, divisor)	number를 divisor로 나눈 나머지를 반환	=MOD(3, 2) 3을 2로 나눈 나머지 1을 반환
RAND()	RAND는 0 이상 1 미만의 실수인 난수를 반환	=RAND() 0보다 크거나 같거나 1보다 작은 난수
ROUND(number, num_digits)	숫자를 지정한 자릿수로 반올림	=ROUND(2.15, 1) 2.15를 소수점 아래 첫째 자리로 반올림 2.22
ROUNDDOWN (number, num_digits)	0에 가까운 방향으로 수를 내림	=ROUNDDOWN(3.14159, 3) 3.14159를 소수점 아래 셋째 자리로 내림 3.141
SUM()	개별 값, 셀 참조, 범위, 또는 이 세 가지 모두의 혼합 값을 더함	=SUM(A2:A10) 셀 A2에서 A10까지의 값을 더함
SUMIF()	지정한 조건을 충족하는 범위 값을 합산	=SUMIF(B2:B25,">5") 숫자가 포함된 열에서 5보다 큰 값만 합계
TRUNC(number, [num_digits])	수의 소수점 이하를 버리고 정수로 변환	=TRUNC(8.9) 8.9에서 소수점 이하를 버리고 정수 부분(8)을 반환

(5) 통계함수

함수	설명	사용예제
AVERAGE(number1, [number2], ...)	인수의 평균(연산 평균)을 반환	=AVERAGE(A2:A6) 셀 A2에서 A6까지의 숫자 평균 -2의 절대값 2를 반환
COUNT(value1, [value2], ...)	숫자를 포함하고 있는 셀의 개수와 인수 목록에 포함된 숫자 개수를 셈	=COUNT(A2:A7) 셀 A2에서 A7까지의 범위에서 숫자가 포함된 셀의 개수 3

함수	설명	사용예제
MAX(number1, [number2], ...)	값 집합에서 가장 큰 값을 반환	=MAX(A2:A6) A2:A6 범위에 있는 값 중 가장 큰 값을 반환
MEDIAN(number1, [number2], ...)	주어진 수 집합의 중간값을 반환	=MEDIAN(A2:A6) A2:A6 범위에 있는 5개 숫자의 중간값을 반환
MIN(number1, [number2], ...)	값 집합에서 가장 작은 숫자를 반환	=MIN(A2:A6) A2:A6 범위에 있는 숫자 중에서 가장 작은 숫자를 반환
RANK.EQ(number,ref,[order])	수 목록 내에서 지정한 수의 크기 순위를 반환	=RANK.EQ(A2,A2:A6,1) A2:A6에 포함된 목록에서 7의 순위를 반환

(6) 찾기/참조함수

함수	설명	사용예제
CHOOSE(index_num, value1, [value2], ...)	index_num을 사용하여 인수 값 목록에서 값을 반환	=CHOOSE(2,A2,A3,A4,A5) 둘째 목록 인수의 값(셀 A3의 값)
HLOOKUP(lookup_value, table_array, row_index_num, [range_lookup])	표의 첫 행에 있는 값 또는 값의 배열을 검색한 다음 표나 배열에서 지정한 행으로부터 같은 열에 있는 값을 반환	=HLOOKUP("굴대", A1:C4, 2, TRUE) 행 1에서 "굴대"를 찾고 같은 열(열 A)에 있는 행 2의 값을 반환
INDEX(array, row_num, [column_num])	행과 열 번호 인덱스로 선택한 테이블이나 배열의 요소의 값을 반환	=INDEX(A2:B3,2,2) (A2:B3)범위에서 두 번째 행과 두 번째 열이 교차하는 위치의 값
LOOKUP(lookup_value, lookup_vector, [result_vector])	하나의 행이나 하나의 열을 검색	=LOOKUP(4.19, A2:A6, B2:B6) A 열에서 4.19를 조회하고 같은 행에 있는 B 열에서 값을 반환
MATCH(lookup_value, lookup_array, [match_type])	셀 범위에서 지정된 항목을 검색하고 범위에서 해당 항목이 차지하는 상대 위치를 반환	=MATCH(41,B2:B5,0) 범위 B2:B5에서 값 41의 위치를 반환
=VLOOKUP(조회하려는 항목, 위치, 열 번호, 옵션)	값을 .영역의 첫 열에서 찾아 그 위치에 해당하는 열 번호의 값을 표시	=VLOOKUP("N", A4:F7, 3,0) N을 A4:F7에서 찾아 그 위치에 해당하는 세 번째 열 값으로 표시

연습 문제

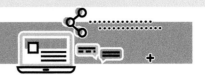

1. 가상현실의 특성을 현장감, 상호작용 그리고 자율성의 측면에서 설명하시오.

2. 가상현실은 몰입형과 비몰입형으로 분류할 수 있다. 이 분류의 기준은 무엇인지 설명하시오.

3. 가상현실과 증강현실의 차이점은 무엇인가?

4. 혼합현실이 갖추어야할 조건은 무엇이고 구성 3요소는 무엇인가?

5. 증강현실의 트래킹 장비에 대해 설명하시오.

6. 메타버스를 정의하시오.

7. 메타버스의 특징을 5C 관점에서 설명하시오.

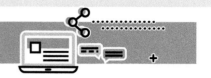

연습 문제

8. 엑셀을 이용하여 다음 표를 작성하시오.

산업별 취업자

						(기준:2022년)
산업별	1월	2월	3월	4월	평균	비고
농업	1,246	1,276	1,408	1,545	1,368.75	증가
광업	13	12	13	13	12.75	증가
제조업	4,467	4,450	4,512	4,518	4,486.75	증가
전기업	78	77	73	76	76	유지
재생업	173	176	171	157	169.25	감소
건설업	2,055	2,044	2,115	2,123	2,084.25	증가
금융업	781	788	768	756	773.25	감소
부동산업	530	554	552	545	545.25	감소
서비스업	1,426	1,406	1,417	1,459	1,427.00	증가
보건업	2,369	2,619	2,682	2,721	2,597.75	증가
합계	13,138	3,402	13,711	13,913	13,541.00	증가

CHAPTER 6

드론

6.1 드론의 구성요소

군사 목적으로 개발되고 사용되었던 드론은 4차 산업혁명을 기반으로 최근 뛰어난 접근성과 기동성으로 각종 산업뿐만 아니라 재난구조의 현장, 구글의 물류 택배, 무인 택시 등 쓰임새는 상상을 초월할 정도로 다양해지고 있다.

단순한 계산기 기능의 컴퓨터가 네트워크와 연결되면서 글로벌화 되었고 전화기와 결합된 스마트 폰의 등장으로 컴퓨터의 경계가 없어졌듯이 드론은 조작의 간편성과 함께, 카메라 등이 결합되어 각종 무기, 산업용 기계, 군사 작전 등에 매우 큰 효율성으로 국가 발전에 한 동력으로 자리매김하고 있다.

드론은 4차 산업혁명에 있어서 다양한 산업 분야가 융합된 부산물이다. 그림 6-1과 같이 드론의 구성은 외형적으로 드론 몸체, 4개 이상의 프로펠러(propeller), 카메라로 구성되어 있으며 내부적으로는 FC(Flight Controller), ESC(Electronic Speed Controller), BLDC(BLushless Direct Current) 모터, 리튬 배터리 그리고 다양한 센서와 무선 송수신부들로 구성되어 있다.

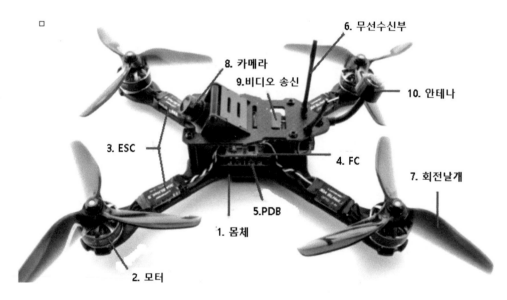

그림 6-1 FPV 드론의 구성요소
(출처: https://www.getfpv.com/learn)

일반적으로 드론의 회전날개 또는 프로펠러의 개수는 4개이지만(쿼드콥터: Quadcopter) 경우에 따라 5개 이상의 회전 날개를 사용하는 드론도 있다. 각 요소별 기능은 다음과 같다.

① 몸체 : 쿼드콥터의 몸체로서 4개의 회전날개를 갖는다. 몸체의 크기에 따라 사용될 소품의 크기가 결정되고 소품의 크기에 따라 ESC(Electronic System Controller)의 정격이 결정되며 ESC의 정격에 따라 모터의 크기도 결정된다.

② 모터 : 모터는 드론의 배터리 전력을 주로 소모하므로 프로펠러와 모터를 효율적으로 조합하는 것이 매우 중요하다. 모터 속도는 kV로 평가되며 일반적으로 kV가 낮을수록 더 많은 토크를 생성하고 kV가 높을수록 더 빠르게 회전한다. 원시 추력 외에도 모터 성능에는 많은 측면이 있으며 그 중 가장 높은 것은 모터가 배터리에서 끌어오는 전류이다. 최대 전류 소모량에 대한 모터 사양을 확인하고 ESC가 이 전류량을 견딜 수 있는지 확인해야 한다.

③ 전자식 속도 조절기(ESC) : ESC는 비행 컨트롤러의 신호를 해석하고 이 신호를 위상 전기 펄스로 변환하여 브러시리스(BLDC) 모터의 속도를 결정하는 장치이다. ESC에는 4개의 입력 단자가 있고 2개는 FC에서 오는 신호용이다. ESC에는 브러시리스 모터의 각 와이어에 대해 하나씩 3개의 출력 단자가 있다.

④ 비행 콘트롤러(FC:Flight Controller) : FC는 쿼드콥터의 두뇌이며 보드에 센서가 있어 드론이 어떻게 움직이는지 이해할 수 있다. 이 센서에서 제공하는 데이터를 사용하여 FC는 알고리즘을 적용하여 무선 송신기의 스틱 입력을 통해 조종사가 지시하는 대로 드론이 작동하도록 각 모터가 얼마나 빨리 회전해야 하는지 계산한다.

쿼드에 있는 대부분의 배선은 FC를 중심으로 연결된다. 수신기가 연결되어 있어야 조종사가 기체가 무엇을 하기를 원하는지 알 수 있다. 모터가 FC 명령을 수행하려면 각각의 ESC 신호와 접지선을 연결되어야 한다.

⑤ PDB : PDB는 배전반의 약자로 배터리 전원 리드가 연결되는 경우가 많다. PDB는 필요한 전압에서 구성 요소에 전력을 분배한다. 오늘날 PDB 사용의 필요성은 FC, ESC 및 동일한 기능을 제공하는 기타(AIO 또는 All-In-One이라고 함) 구성 요소에 의해 없어지고 있다.

⑥ 무선 수신기 : 조종사의 송신기와 드론의 수신기는 드론에 따라 다르므로 송신기와 호환되는 수신기를 사용해야 한다. FC에 수신기가 포함되는 것이 일반적이다.

⑦ 회전날개 : 비행을 위한 추진력을 얻기 위해서는 4개 또는 그 이상으로 장착된다. 프로펠러의 과학적 원리에 의해 드론은 전진, 후진, 정지 등을 자유롭게 할 수 있다.

⑧ 카메라 : 카메라를 이용하면 조종사가 비행 지역을 볼 수 있다. 드론에 따라 2개의 카메라를 장착할 수 있다. 만약 두 대의 카메라를 장착하였다면 두대 중 하나는 실시간 비디오 스트리밍용이고 다른 하나는 녹화용으로 사용된다.

⑨ 비디오 송신기 : 비디오 송신기는 카메라에 연결되어 HMD 또는 모니터로 비디오를 전송한다.

⑩ 안테나 : 모든 비디오 신호를 전송하기 위해 안테나가 필요하다. 안테나는 다양한 모양과 크기, 지향성, 선형 및 극성으로 제공된다.

6.2 프로펠러 모양과 원리

헬리콥터와 같이 프로펠러를 이용한 비행 물체는 프로펠러가 공기에 대한 작용으로 이착륙과 비행을 하게 된다. 프로펠러가 회전을 하게 되면 주변의 공기와 부딪히며 부딪친 공기는 아래로 내려가게 되고 반작용의 결과로 몸체는 위로 올라가게 된다. 이것의 원리는 풍선 안에 공기를 가득 차게 불고 공기 중에 나두면 풍선안의 공기가 지면을 향해 아래로 빠지면서 풍선은 위로 올라가는 원리와 같다. 이처럼 물체를 위로 올리는 힘을 양력이라 한다.

그림 6-2는 앞쪽이 블록한 비대칭 형태의 프로펠러 모양에 따른 양력, 중력, 추력과 항력의 관계를 보여 준다. 공기의 흐름에 수직하는 방향으로 양력이 작용하고 양력과 반대 방향으로 중력이 작용한다. 추력과 항력 역시 서로 반대 방향으로 작용한다. 이러한 원리는 유체역학에서 유속이 빨라지면 유체가 점유하고 있는 공간의 압력이 낮아지고 반대쪽은 압력이 높아진다는 베르누이의 원리가 적용된 것이다. 그림에서 프로펠러의 아래쪽은 압력이 높고 위쪽은 압력이 낮아 양력이 커져 위로 올라가게 된다.

양력과 추력을 크게 하는 방법은 프로펠러의 회전력을 빠르게 하거나 프로펠러의 크기가 크면 양력과 추력이 더욱 커지게 된다. 당연한 얘기이지만 양력이 중력보다 커야 드론은 위로 올라갈 수 있다. 초기 상태에서 양력이 중력보다 커지게 되면 드론은 올라가게 되고 만약 양력이 중력보다 작게 되면 아래로 내려가게 된다. 만약 양력과 중력이 같게 된다면 드론은 공중에 멈추게 된다.

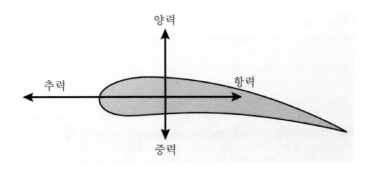

그림 6-2 양력과 추력
출처: 지식백과

프로펠러를 움직이게 하는 원동력은 모터이다. 헬리곱터의 경우 1개의 큰 프로펠러를 사용하여 양력과 추력을 얻지만 프로펠러가 회전하는 반대방향으로 헬리곱터 몸체가 회전을 하게 된다. 프로펠러의 회전 작용에 따른 몸체의 반작용 법칙이다. 그림 6-3에서처럼 헬리곱터의 프로펠러가 반시계 방향으로 움직이면 헬기 몸체는 반작용으로 시계방향으로 움직이게 된다. 이처럼 몸체가 프로펠러의 회전방향과 반대 방향으로 회전하는 것을 방지하기 위하여 헬리곱터의 꼬리 부분에 작은 수평 프로펠러를 장착하게 된다. 꼬리 부분의 수평 프로펠러가 왼쪽측면에서 회전하게 되면 반대쪽으로 반작용이 생겨 헬기 몸체가 회전하려하는 것을 상쇄시켜 준다.

그림 6-3 헬리곱터 프로펠러의 원리

드론의 경우에는 프로펠러의 회전에 따른 드론 몸체의 회전을 방지하기 위해 4개 이상의 프로펠러를 사용한다. 그림 6-4의 왼쪽과 같이 만약 드론에 장착된 4개의 프로펠러가 같은 방향으로 회전하게 되면 한 개의 프로펠러처럼 드론의 몸체는 반대방향으로 회전하게 된다. 따라서 4개의 프로펠러는 그림의 오른쪽과 같이 대각선 방향의 두 프로펠러가 서로 쌍을 이뤄 다른 방향으로 회전을 하여 드론 몸체가 회전하는 것을 방지한다. 만약 여섯 개의 프로펠러를 갖는 드론이라면 세 개가 한 쌍이 되어 서로 반대 방향으로 회전을 하게하여 드론의 몸체를 고정하게 된다. 이러한 원리로 프로펠러의 개수는 짝수 개를 사용하지만 경우에 따라 홀수개의 프로펠러를 갖는 드론도 있다.

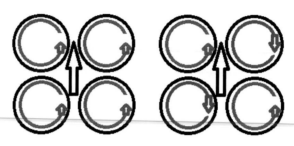

4개 회전 방향 동일   두개씩 쌍으로 반대방향 회전

그림 6-4 드론 프로펠러의 원리

드론의 프로펠러 개수에 따라 불리는 명칭은 다음과 같으며 그림 6-5에 나타내었다.

- 바이 콥터(Bi Copter) : 좌우에 하나씩, 두 개의 프로펠러를 가지며 좌우가 각각 반대 방향으로 회전하여 서로의 반작용 토크를 상쇄한다.

- 트라이 콥터(Tri Copter) : 헬리콥터와 유사하게 바이 콥터의 꼬리에 프로펠러를 추가하여 세 개의 프로펠러를 갖는 드론이다. 홀수개의 프로펠러인 경우는 프로펠러의 크기를 다르게 하여 반작용 토크를 해결할 수 있으며 기동성이 좋다.

- 쿼드 콥터(Quad Copter) : 4개의 프로펠러를 갖는 드론으로 안정성이 높다.

- 펜타 콥터(Penta Copter) : 쿼드 콥터에 트라이 콥터 처럼 꼬리 프로펠러를 추가하여 5개의 프로펠러로 운용된다. 트라이 콥터의 기공과 쿼드 콥터의 안정적인 특징을 가진다.

- 헥사 콥터(Hexa Copter) : 6프로펠러를 가진 드론으로 안정성이 높고, 쿼드곱터와 비슷한 원리로 비행한다. 프로펠러 개수가 많기 때문에 힘이 좋아 무거운 물체를 운반할 때나 프로펠러의 일부가 망실되더라도 안전하게 이착륙이 가능하므로 고가의 장비를 취급한다.

- 옥토 콥터(Octo Copter) : 8개의 프로펠러를 장착한 드론으로 6개의 헥사 콥터처럼 매우 높은 안정성을 갖는 드론이다.

바이 곱터

트라이 곱터

쿼드 곱터

펜타 곱터

헥사 곱터

옥토 곱터

그림 6-5 프로펠럿 수에 따른 드론 명치

6.3 드론의 조종 원리

드론 조종을 위해선 드론의 헤드 방향을 앞쪽으로 정하여 전후좌우상하로 이동시킨다. 각 방향으로 이동시키기 위해서는 드론의 프로펠러의 방향과 속도에 따라 좌우 된다. 이와 같은 드론의 조정은 그림 6-6과 같이 조정기를 통해 4가지의 조정모드를 제공한다.

드론의 조종 기본 용어는 4가지 조정모드를 포함하여 다음과 같다.

① 피치(Pitch) : 조정간의 오른쪽 엘리베이터(Elevator) 레버를 이용하여 드론을 전진 또는 후진시키는 조정이다. 피치 조종은 드론의 앞쪽 2개의 모터와 뒤쪽 2개의 모터 속도를 달리하여 이루어진

다. 예를 들어 뒤쪽 2개 모터 속도를 빠르게 하고 앞쪽 2개 모터를 느리게 조절하면 드론 몸체가 앞쪽으로 기울면서 전진하게 된다. 반대로 뒤쪽 모터 2개의 속도가 느리게 하고 앞쪽 모터 2개의 회전을 높이면 후진하게 된다.

② 롤(Roll) : 조정간의 오른쪽 에일러론(Aileron) 레버를 이용하여 드론을 좌우 방향으로 이동시키는 조정이다. 피치 조종과 유사하게 오른쪽 2개의 모터와 왼쪽 2개의 모터 속도차이를 이용하여 좌측, 우측으로 기울어지면서 이동한다.

③ 요우(Yaw) : 조정간의 왼쪽 러더(Rudder) 레버를 이용하여 드론을 시계방향/반시계방향으로 회전시키는 조정이다. 요우 조종은 대각선에 위치한 모터의 속도를 조절하여 이루어진다. 드론 프로펠러 회전방향이 대각선에 있는 것끼리 같은 방향이다. 따라서 대각선에 있는 모터의 속도를 올리면 마치 모든 프로펠러가 같은 방향으로 회전하도록 설치되어 있는 것처럼 된다. 헬기 꼬리날개처럼 드론의 몸체가 반대방향으로 돌게 된다.

④ 스로틀(Throttle) : 왼쪽 스로틀 레버를 이용하여 드론을 상하로 이동시키는 조정이다. 스로틀 조종은 모터 전체를 고속회전, 저속회전하면서 이루어진다. 모터가 빠르면 당연히 반작용력이나 양력이 높아지면서 더 높이 상승한다. 가만히 있는 상태에서 스로틀을 올리면 위쪽으로 상승하겠지만 피치 롤 조종을 하면서 스로틀을 올리면 조종하는 방향으로 빠르게 이동하게 된다.

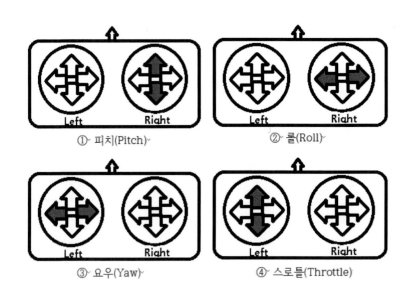

그림 6-6 조정기의 4가지 조정모드

⑤ 드론 고도유지 : 드론의 고도를 유지하기 위해서는 스로틀을 높여 양력을 얻어야 하지만 회전면을 앞으로 기울이게 되면 고도를 유지했던 양력의 일부가 출력으로 전환되어 드론은 전진하게 된다. 따라서 고도를 유지한 채로 회전면을 앞으로 기울여 전진비행을 하게 되면 고도가 떨어지게 된다. 현재의 고도를 유지하고자 한다면 회전면을 기울일 때마다 스로틀을 동시에 높여야만 양력을 보상해주어 고도 유지를 할 수 있다.

이와 유사하게 전진 중에 드론을 정지하기 위해서는 전진 면을 뒤로 기울여야 하는데 이때는 드론의 고도가 일시적으로 올라가는 현상이 나타난다. 따라서 전진비행 중 정지하면서 고도를 유지하고자 한다면 스로틀을 약간 줄여주어야 한다.

⑥ 드론 제어 : 드론을 한 곳에 정지시키려면 네 개의 프로펠러가 같은 회전력으로 양력과 중력이 같으면 정지되지만 현실적으로 바람과 같은 외부 영향에 의해 한 곳에 정지하기 힘들다. 드론이 외부 영향을 받더라도 정지시키기 위해서는 드론 내부에서 다양한 센서를 이용해야 하며 드론의 제어를 위해서는 빠르고 지속적으로 제어할 수 있어야 한다.

드론의 제어를 PID(Proportional Integral Differential) 제어라 하며 드론의 가속도, 자이로 센서에서 측정한 값을 바탕으로 비례, 적분, 미분 등을 이용하여 드론 모터의 회전을 제어하는 기술이다. 예를 들어 드론을 전진시키기 위해 10도 기울이라는 명령을 주었을 때, 10도 보다 크거나 작으면 해당 모터의 출력을 높이거나 낮추어서 10도에 맞추도록 제어하는 것이다.

⑦ BLDC(Brushless DC) 모터 : 드론의 핵심은 프로펠러를 구동시키는 모터에 있다. 일반적으로 직류전류를 사용하는 모터에는 브러쉬 장치가 달려 있으며 브러쉬가 있는 직류는 모터는 회전할 때 마찰로 인해 빠르게 회전하면 제어가 어렵고 고속으로 회전하면 스파크(spark)가 튀거나 브러쉬가 망가지는 단점을 갖고 있다.

그림 6-7 BLDC 모터
출처: KDE Direct

이러한 단점 때문에 모터에 그림 6-7과 같은 브러쉬가 없는(Brush Less) DC 직류 모터를 사용한다. BLDC 모터의 작동원리는 모터의 코일은 가만히 있고 영구 자석이 회전하는 구조로 매우 빠르게 회전하지만 관성이 작아 빠른 속도 제어가 가능하다. BLDC 모터는 물속에서도 동작이 가능하다는 특징이 있다.

BLDC 모터에 전류를 공급하기 위해서 ESC(Electronic Speed Controller)를 사용한다. ESC 제어 칩은 전류를 흐름을 제어하여 주파수를 제어할 수 있다. ESC는 비행 컨트롤러의 신호를 해석하고 이 신호를 위상 전기 펄스로 변환하여 BLDC 모터의 속도를 결정하는 장치이다. ESC에는 4개의 입력 단자가 있고 2개는 FC와 연결하기 위한 신호용이다. ESC에는 브러시리스 모터의 각 와이어에 대해 하나씩 3개의 출력 단자가 있다.

6.4 드론 센서

드론이 안정적으로 비행을 하거나 호버링 등을 하기 위해서는 기본적으로 위치, 고도, 속도, 방향, 장애물에 대한 정보가 필요하다. 드론을 조정하기 위해서는 먼저 방향 및 움직임에 대한 측정 센서가 필요하며 드론의 위치 및 고도를 측정하기 위한 센서 및 시각 정보를 얻기 위한 비젼(vision) 센서 등이 요구된다. 따라서 대부분의 드론에는 다음과 같은 5~6가지의 센서가 기본적으로 장착되어 있다.

[1] 가속도(accelerometer) 센서와 자이로스코프(gyroscope)

가속도 센서는 방향 및 움직임 측정을 위해 필요한 센서로서 3차원 공간에서 x, y, z 축 방향의 가속도를 측정하는 센서이다. 가속도 센서는 센서에 가해지는 가속도를 측정하여 중력에 대한 상대적인 위치와 속도를 측정한다.

자이로스코프 센서는 드론의 수평을 유지하기 위한 기본 센서로서 그림 6-8과 같이 x, y, z의 세 축 방향의 각가속도를 측정하여 드론의 피치, 롤, 요우에 대한 수평정보를 제공한다. 가속도 센서는 직선운동에 대해서는 감지를 잘 하지만, 회전을 하는 원운동에 대해서는 감지를 거의 하지 못한다. 회전운동을 감지할 수 있는 센서가 자이로스코프 센서이다. 자이로스코프 자세는 비행기의 항법장치에 사용되었는데, 비행기의 자세를 피치, 롤, 요우를 각도로 표시한다. 피치는 자동차가 브레이크를 잡아서 앞으로 쏠릴 때 기울어지는 방향을 나타내며 요우는 z축 방향의 회전, 롤은 좌우로 회전하는 것을 의미하는 것으로 예를 들어 자동차가 코너를 돌 때 한쪽 방향으로 쏠려서

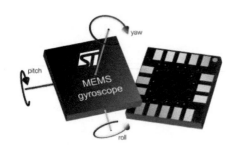

그림 6-8 자이로스코프
출처: https://goo.gl/CcmvSd

기울어지는 각도를 의미한다.

드론에서 사용하는 가속도 센서는 드론의 움직임에 대한 자이로스코프의 오차를 보정하는데 사용하여 드론이 안정적인 자세를 유지할 수 있도록 한다.

(2) 자력계(Magnetometer)

자력계는 나침반 기능을 제공하여 드론의 방향을 감지하는 센서이다. 자력계를 이용하여 북쪽 방향을 측정하여 드론의 방향정보를 FC CPU로 전송한다. 자력센서는 위치 정보를 제공하고 GPS 센서는 위치 정보를 이용하여 드론의 위치와 방향을 알 수 있다. 그림 6-9는 전자칩으로 자력 센서를 구현한 자력계 부품을 나타낸 것이다.

그림 6-9 자력 센서
출처: 치어슨 CX-20

(3) GPS(Global Position System)

GPS는 인공위성의 신호를 이용하여 드론의 위치 및 고도를 측정하기 위한 센서이다. 드론이 제자리에서 호버링을 하려면 현재 위치를 알아야 한다. 바람이 많거나 외부적인 요인으로 드론의 위치가 변경되었다면 드론은 자신의 제자리로 복귀해야 한다. GPS는 적게는 30cm에서 10m까지의 오차가 발생한다.

그림 6-10 GPS 센서

GPS 센서는 스마트폰뿐만 아니라 거의 모든 차량에도 설치되어 있을 정도로 널리 보급되어 있다. 드론의 위치를 정보제공 받기 위해선 3대의 인공위성을 사용하지만 드론의 고도를 알기위해서는 4대의 인공위성에서 정보를 제공 받아야 한다. 그림 6-10에 GPS 센서 칩을 나타내었다.

(4) 기압계(Barometer) 센서

기압계 센서는 드론의 고도를 측정하기 위한 센서이다. 기압은 해수면을 기준으로 높이에 따라 결정된다. 기압계 센서는 이와 같은 원리를 이용하여 대기압을 측정하여 드론의 고도를 측정한다. 그러나 기압계 센서의 정확도는 그리 높지 않기 때문에 기압계 센서 단독으로 고도를 측정하는 것이 아니라 GPS 센서와 같이 사용하며 정밀한 고도를 측정할 수 있다. 만약 GPS 센서를 사용할 수 없는 실내의 경우에는 초음파나 이미지 센서를 사용한다. 그림 6-11은 기압센서의 모듈 칩을 나타낸 것이다.

그림 6-11 기압센서 모듈

(5) 거리계 센서

드론은 비행중 장애물을 만나면 장애물을 회피하여 비행해야 한다. 장애물거리를 측정하기 위한 방법으로는 초음파(sonar), 레이져(razer), 또는 레이더(radar) 센서를 사용하여 드론과 장애물과 거리 또는 지면과의 거리 등을 측정한다. 초음파는 주로 실내에서 드론의 고도를 측정하기 위해 사용한다. 그림 6-12는 초음파 센서로서 초음파나 레이져의 송수신부 두개를 볼 수 있다.

그림 6-12 초음파 센서

(6) 비젼(Vision) 센서

최근의 드론들은 비젼 센서 즉 비디오 카메라 등을 장착하고 있다. 비디오 카메라를 이용하여 지형지물을 촬영하고 이미지를 분석하여 장애물 등을 파악한다. 비젼 센서는 고도를 측정하거나 호버링할 경우 충돌을 방지하기 위하여 주로 사용한다. 비젼 센서는 고가의 드론에 주로 장착된다.

(7) 드론 조종기 주파수

드론은 무선 조정기를 통하여 제어되며 조종기를 통하여 드론에 전송되는 주파수는 2.4Ghz 또는 5.8Ghz의 높은 주파수 대역을 사용한다. 높은 주파수 대역을 사용하는 이유는 드론에 대한 조종 반응이 빨라야 하고 지연이 없어야 하기 때문에 높은 주파수 대역이 필요하다. 2.4Ghz 대역은 1Mhz 당 10mW이내의 출력으로 면허 없이도 사용 가능한 주파수 이다.

(8) 배터리

드론에 사용되는 배터리는 리튬이온 배터리와 리튬폴리머 배터리가 있다. 리튬이온 배터리는 작은 사이즈에 용량이 큰 편이고 휴대성도 좋아 스마트폰에 많이 사용되고 있다. 그러나 온도가 높아지면 폭발할 위험성이 있다.

리튬폴리머 배터리는 리튬이온 배터리보다 가격이 비싸지만 용량이 크고 폭발 위험성이 상대적으로 적다. 또한 에너지 밀도가 높고 방전율이 낮기 때문에 드론에 많이 사용한다. 비행기의 경우는 엔진이 꺼져도 양력으로 비행을 계속할 수 있지만 드론은 배터리가 방전되면 바로 추락하기 때문에 배터리의 용량은 드론에 중요한 요소이다. 그림 6-13은 용량별 리튬 폴리머 배터리를 나타낸 것이다. 11.1V의 리튬폴리머 배터리는 3개의 작은 용량을 사용하지만 두배인 22.2V는 6개의 큰 리튬폴리머를 사용한다.

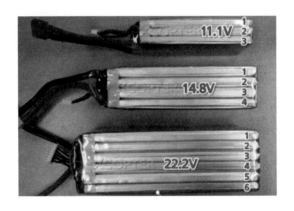

그림 6-13 리튬 폴리머 배터리(출처:엑스캅터)

6.5 드론 활용 분야

대부분의 과학 기술은 군사 분야에서 먼저 활용되다 점차 사회적인 상업적 활용으로 사용되는 것이 일반적이다. 드론 역시 처음에는 군사 목적으로 공군의 비행기나 미사일 등의 사격 연습의 표적으로 사용되었으며 점차 과학기술의 발전으로 적국에 침투하여 정찰 감시용의 정찰기 용도로 활용되었다.

군에서 활용되어온 드론은 점차 개개인의 취미 생활에 적용되었으며 최근에는 화재 현장, 택배 전달, 무인 택시, 드론 경연 대회 등 그 사용 범위가 4차 산업혁명과 더불어 매우 광범위해 졌다. 특히 드론은 사람이 접근하기 어려운 자연재해지역, 화산지역, 원자력 발전소 사고 지역 등에 활용 효율이 매우 높아지고 있으며 사회적 관심 또한 집중되고 있다.

이처럼 드론의 활용 범위가 광범위해진 이유로는 과학 기술의 발전으로 드론과 관련된 다양한 하드웨어 센서의 발달과 아두이노와 같은 개인 맞춤형 소프트웨어의 고도화로 상업적 시장이 매우 커졌다. 그림 6-14에서 보듯이 국내 민간 상업용 무인기 전망은 2018년 3.261억에 불과한 것이 2025년 4조 785억원에 달할 전망이다. 이에 따른 드론 활용 분야는 점차 넓어지고 귀착화 될 것이다.

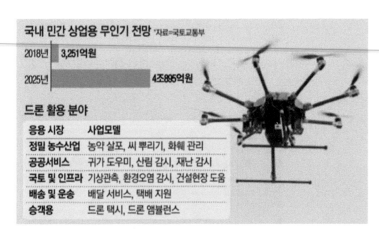

그림 6-14 드론활용 분야

출처: 매일경제

(1) 군사용

군사목적으로 개발된 드론은 과학기술의 발전으로 정찰용 드론에서 머물지 않고, 공격 목적의 드론으로 발전하였다. 초창기 드론은 공군의 미사일 폭격 연습 대상으로 쓰였지만 조종사가 탑승하지도 않고도 적군을 파악, 폭격할 수 있다는 장점이 있었으므로 점차 정찰기와 공격기로 용도의 범위가 넓어졌다. 드론을 군사적으로 가장 잘 활용한 미국은 2000년대 중반부터 드론을 군사용 무기로 적극 활용하였으며 향후 전쟁은 '드론 전쟁'이 될 것이라고 하였다. 드론의 단점은 휴대용 밧데리를 사용하므로 장거리에 취약하나 주 비행기에 자동 소프트웨어가 설치된 수많은 드론을 싫고 적 지역의 상공에서 수많은 드론으로 공격을 감행할 수 있으며 이를 '벌떼드론'이라고 한다.

우리나라 육군에서도 군사 병과에는 포함되지 않았던 드론 로봇 전투단을 창설할 계획을 발표한 바있으며 우리나라뿐만 아니라 무인 드론을 이용한 저격용 드론, 자폭용 드론 등 전 세계적으로 군대에서 활용 범위는 점차 늘어가고 있다. 그림 6-15에서 보는 것처럼 미래의 전투는 드론과 같은 무인항공기를 이용하여 적을 공격하고 인명 피해를 최소화하는 방향으로 전개될 것이다.

군사용은 아니지만 드론은 영화촬영이나 방송국에서 촬영을 위해 많이 활용되고 있으며 최근 방송 콘텐츠를 보면 드론을 이용하여 예전에는 촬영이 불가한 어려운 지역에서 쉽고 효율적으로 촬영된 영상들을 쉽게 접할 수 있다. 특히 내셔널지오그래피는 드론을 활용하여 2014년 탄자니아에서 사자 생태를 촬영하였고, 미국의 유명한 뉴스 방송채널들 역시 세계 곳곳의 태풍과 같은 자연재해, 시위 현장 그리고 전쟁 등의 뉴스에 드론을 활용하고 있다.

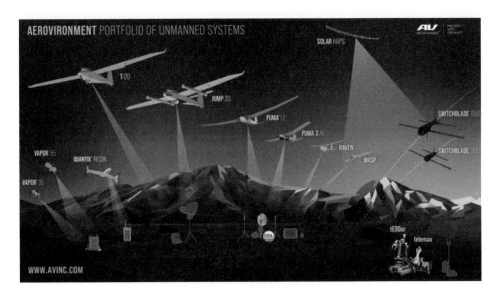

그림 6-15 군사용 드론 활용
출처: https:..www.avinc.com

(2) 소방안전

드론의 최대 장점은 인간이 접근하기 어려운 지역에 쉽고 신속하게 접근하여 적절한 대처가 가능하다는 점이다. 특히 그림 6-16과 같이 지진, 산사태 그리고 산불이나 대형 건물 등의 화재 등 소방관들이 접근하기 어려운 지역에 드론을 이용하여 실시간으로 점검 가능하여 화재 진압이나 구조 등을 적절히 대처할 수 있다. 드론은 화재예방·경계·진압 및 그 밖의 위급한 상황에서 구조·구급업무를 수행하며 예기치 않은 위험과 돌발 상황에 노출되어 있는 소방공무원의 업무에 꼭 필요한 장비이다. 특히 드론은 재난현장의 지형, 장애물 등에 구애 받지 않고 이동이 가능하며 다양한 시스템과의 융합을 통해 재난현장의 대응, 탐색, 구조 등 위기대응 수단으로 국내·외에서 다양한 역할을 하고 있다.

우리나라에서는 2018년도 국민안전 감시 및 대응 무인항공기 융합시스템구축 및 운용 사업추진위원회를 개최하고 소방청에 약 43억원을 투입하여 소방의 재난대응 임무에 특화된 임무장비 및 소프트웨어를 보급하기로 하였지만 국내의 일부 소방서와 지역 센터에서만 활용되는 수준이다. 무인드론의 소방안전 분야의 활용은 인명피해 없이 신속하고 정확하게 초기 진화를 이룰 수 있으며 최근 도시 지역 내의 빌딩 화재 진압에 대한 실험이 지속적으로 이루어지고 있지만 전국적으로 소방분야에 드론을 도입하기 위한 기술개발과 연구가 필요한 것으로 보인다.

그림 6-16 드론의 소방분야 활용

출처: https://quad-copterdrones.com

(3) 배송 및 물류운송

2013년 제프 베조스 아마존 설립자는 '아마존 프라임 에어' 계획을 발표하면서 2016년 말 까지 정기 구독 서비스인 아마존 프라임 고객들에게 주문 후 드론을 이용하여 30분 안에 물품을 배달하겠다는 계획을 발표하면서 택배 물류 운송의 전환기를 맞이하였다. 아직까지 우리나라에서는 자동차를 이용한 물품 배송이 대다수 이지만 우체국에서는 2021년 처음으로 남쪽 지방의 육지에서 섬으로 우편물을 배송하는 시범을 보였다.

그림 6-17과 같이 독일 DHL에서도 드론을 이용하여 의약품을 배달하는데 성공하였다. 유럽에서 물품 배송을 허가 받은 DHL은 자체 개발한 파슬콥터(Parcelcopter)를 이용하여 노르트다이흐 항구에서 12km 떨어진 위스트섬에 의약품을 배달하였다.

향후 드론을 이용한 물류 운송은 상업적 영향이 가장 큰 분야로 점차 확대될 것으로 사료된다.

그림 6-17 DHL 물류배송 드론
출처: 전자신문

[4] 정밀 농수산업

드론은 농촌에서의 스마트 팜(smart farm) 건설과 시도에 중요한 역할을 수행한다. 미국의 프리시젼 호크(Precision Hawk) 농업용 드론 개발회사는 드론과 IoT로 4G 망에 연결하려는 시도를 하여 농작물에 대한 정밀 사진 데이터를 통해 병충해를 예방하고 생산성을 극대화 시키려는 시도를 하였다.

그림 6-18에서 보는 것처럼 대형 농장에서는 병충해 예방을 위해 헬기를 이용하여 농약을 대량 살포

그림 6-18 드론을 활용한 농작물 관리
출처: ETRI webzine

하거나 소형지역에서는 사람이 농약을 살포하는데 드론이 농약 살포를 대신할 수 있다. 중국의 최대 드론회사인 DJI는 농약 살포에 최적화된 드론을 개발했다. 농업 분야에 드론을 활용하면 농작물 재배에 대한 효율성과 생산성을 향상시켜 고부가가치의 산업으로 재탄생 시킬 수 있다.

(5) 공공서비스분야

4차 산업의 핵심 분야인 드론은 정부 주도하에 2021년 까지 공공부분에 드론의 수요를 신규 창출하고 점차적인 확대를 발표하였다. 공공분야에서의 드론은 그림 6-19와 같이 주택과 시설물 안전 점검 및 토지 측량에 활용되고 있다.

특히 사업지구 계획 수립을 위한 토지경계확인, 토지보상용 사진 촬영 등을 통하여 지자체나 관공서 등에 활용되고 있으며 국토정보공사에서는 드론 전담 조직을 신설할 계획을 발표하기도 하였다.

그림 6-19 드론을 활용한 지적 측량

출처 : 유성구청

(6) 드론 미래 활용 분야와 적용기술

표 6-1 드론의 미래 활용분야

분야	드론활용	적용기술
조기경보 긴급서비스	지진/태풍/토네이도/홍수/산불	적외선센서/ 방수방습방진/연료전지/소방드론
응급	미아추적/눈사태 구조/조기산불 감시/실종 동물	열센서/적외선 센서/AES 응급키드 운송
정찰	약물냄새 추적/가정폭력/아동학대/발목 팔찌	약물 온도 냄새 추적/실시간 촬영 판결문 전달
군대/스파이	폭탄투여/통신교란/스파이 열 추척/위장	고고도 사진 촬영/ 통신교란/부상자 응급약품 장비 제공
우편물류배달	의료 처방전/PO Box/ 식료품/농장 농산물/ 연회 파티	드론 스테이션/ 냉장고 및 선반 연계 자동 주문 배달 / 드론 서빙
사업 모니터	건설 모니터링/ 환경 영향 평가/전력선 모니터링/건물열 이미징/	건설프로젝트 모니터링/측량 개발/건물 열손실 파손 모니터링/위험요소 감지/석유 광물 매장량 검사
부동산	부동산 사진/건물 분석/쓰레기 배출/하수제거	부동산 부지 주변 분석/부동산 관련 검사 시스템/사회적 기반시설 점검
뉴스	사고 사고 모니터링/타임랩스 날씨 드론/실시간 통계 드론/사진 드론	심박감지/납추 성추행 교통사고/빅데이터 수집/교통상황 사람들의 움직임/스포츠 드론 촬영 사진
게임	드론레이싱/장애물코스/드론사격/가상현실	드론 레이싱/ 장애물 코스/가상현실 활용
스포츠	공간카메라/트래커/드론라이더/개인트레이너	새로운 시각이 자동카메라/신진대사 신체 변화 추적/ 드론 수송
엔터테인먼트	무대보조/드론서커스/불꽃놀이	안정적인 촬영/ 드론 조명 및 공연
교육	드론비행원리/새로운 기능/다큐멘터리 영상	드론 강사/드론 엔지니어/조종사/다양한 영상 촬영
도서관	도서대출/비상장비 대출	도서관 추천 대출/ 도서 배달
과학 발전	태양 지구 모니터링/고래 조류 생태 모니터링	태양플레어 해류 기상 측정/산림 정글 생태계 실시간 추적
농업용	인공벌/ 파종 /곤충 비료 질병 모니터링	수분/씨뿌림/곡물 먹이 주기/병충해 수분 비료 모니터링
목장용	소 말 돼지 모니터링/꿀벌 메뚜기 곤충 모니터링	동물의 움직임, 체중 증가감소 추적/가축별 추적 및 모니터링 센서
건강관리	헬스케어/기온 습도 공기질/의료기구 배송 관리	사람 피부 및 움직임 감시/백신 및 의료용품제공
가상현실	투명드론/확대 축소 드론/색상변경 방송	인간 감각 왜곡 가상현실/홀로그램 가상현실
미래기술	플라잉 리조트/나노 드론/보호드론/원격감시	구름위 리조트/미생물/태양빛 보호막/원격감시

출처:https://futuristspeaker.com

6.6 실습 - 엑셀 서식

6.6.1 표 서식

(1) 표 내부 글꼴서식 지정

표를 그림 6-20과 같이 표를 작성하고 표 내부의 글꼴 서식을 지정해 보자

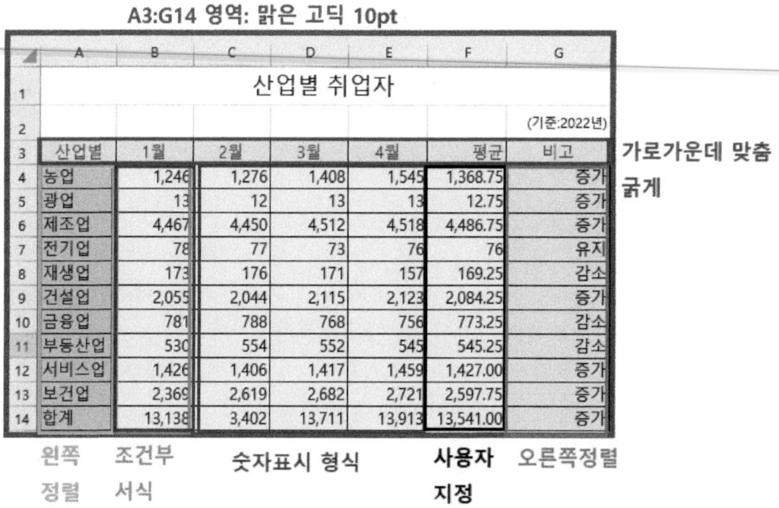

A3:G14 영역: 맑은 고딕 10pt

	A	B	C	D	E	F	G	
1			산업별 취업자					
2							(기준:2022년)	
3	산업별	1월	2월	3월	4월	평균	비고	**가로가운데 맞춤**
4	농업	1,246	1,276	1,408	1,545	1,368.75	증가	**굵게**
5	광업	13	12	13	13	12.75	증가	
6	제조업	4,467	4,450	4,512	4,518	4,486.75	증가	
7	전기업	78	77	73	76	76	유지	
8	재생업	173	176	171	157	169.25	감소	
9	건설업	2,055	2,044	2,115	2,123	2,084.25	증가	
10	금융업	781	788	768	756	773.25	감소	
11	부동산업	530	554	552	545	545.25	감소	
12	서비스업	1,426	1,406	1,417	1,459	1,427.00	증가	
13	보건업	2,369	2,619	2,682	2,721	2,597.75	증가	
14	합계	13,138	3,402	13,711	13,913	13,541.00	증가	

왼쪽 조건부 숫자표시 형식 사용자 오른쪽정렬
정렬 서식 지정

그림 6-20 표 서식 지정하기

표 내부의 A3:G14 셀 모두를 선택하기 위해 A3부터 G14까지 마우스를 드래그 하여 표 전체를 선택한다. 글꼴 그룹에서 글꼴은 맑은 고딕, 글꼴크기는 10pt로 선택한다.

(2) 셀 맞춤 지정하기

A행 영역을 왼쪽정렬하기 위하여 블록지정하고 Ctrl+I를 통해 셀 서식 대화상자를 표시한다. 그림 6-21과 같이 맞춤 탭의 텍스트 맞춤 목록을 선택하여 왼쪽(들여쓰기)을 선택한 후 확인 단추를 클릭한다. 셀 서식 대화 상자를 실행하기 위해서는 바로 가기 메뉴에서 셀 서식 메뉴를 선택해도 된다.

맞춤 메뉴에서는 가로와 세로에 대한 텍스트 맞춤 옵션이 있으며 가로에 대한 옵션에는 왼쪽, 오른쪽,

양쪽 그리고 균등분할이 있다. 세로 텍스트 맞춤은 텍스트의 위, 가운데, 아래 양쪽 그리고 균등분할 등을 선택할 수 있다.

텍스트의 방향은 왼쪽에서 오른쪽 혹은 오른쪽에서 왼쪽 그리고 사용자가 각도를 지정하여 텍스트의 방향을 설정할 수 있다.

표에서 A3에서 G3의 항목에 대해서는 다시 블록 지정하여 가운데 정렬로 설정한다.

그림 6-21 셀 맞춤 지정

(3) 열 너비 지정하기

열 너비를 지정하기 위해서는 마우스로 각 열을 선택한 후 마우스로 드래그 하여 한 열씩 열너비를 조정할 수 있다. 블록을 한번에 열 너비를 조정하기 위해서는 그림 6-22와 같이 블록을 설정한 후 오른쪽 마우스 단추를 클릭하면 빠른 실행 메뉴가 나타나며 이중 열 너비 메뉴를 클릭하여 열너비의 크기를 직접 입력할 수 있다.

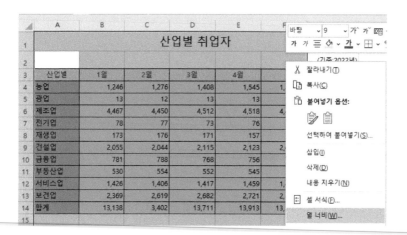

그림 6-22 열너비 지정하기

(4) 스타일 지정하기

그림 6-23과 같이 스타일 지정하기 위해 A3:G3영역을 마우스로 드래그 하여 블록으로 지정한다. 홈-글꼴 그룹에서 글꼴 스타일을 굵게 지정한다.

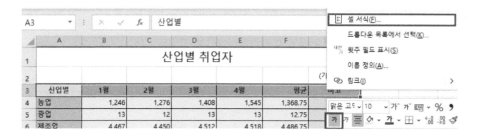

그림 6-23 스타일 지정하기

선택 블록을 색상으로 채우기 위하여 오른쪽 마우스 버튼을 클릭하면 나오는 메뉴에서 셀 서식 메뉴를 선택하면 그림 6-24와 같이 셀 서식 대화상자가 나타난다. 채우기 탭을 클릭하고 채우고자하는 색을 클릭하고 확인 단추를 누른다.

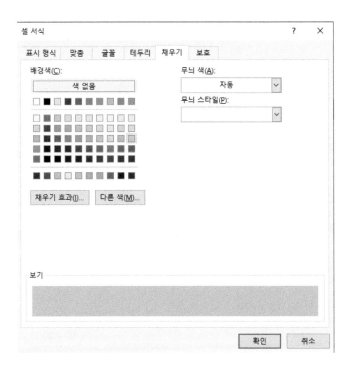

그림 6-24 셀서식에서 셀 채우기

(5) 사용자 지정 표시 형식 지정

F3:F14 셀을 사용자 지정 표시 형식으로 만들기 위해 그림 6-25와 같이 셀 서식 대화상자를 실행한다. 셀 서식 대화상자에 표시형식 탭을 클릭하고 숫자로 표현하고자 한다면 범주는 숫자로 선택하고 소수점 자리 수는 2로 지정한다. 만약 음수인 경우 빨강색으로 표시하려면 음수에서 빨강색을 선택하고 확인 단추를 클릭한다.

만약 사용자 지정 형식으로 표시 형식을 표현하고 싶다면 숫자가 아니라 마지막 옵션의 사용자 지정을 선택한다. 사용자 지정은 조건에 해당하는 것을 []로 묶고 조건과 조건 사이를 세미콜론(;)으로 구분해야 한다. 그림 6-25는 셀안의 내용들을 날짜 표시 형식 달-일-년도로 표시 형식을 지정한 것이다.

그림 6-25 사용자 지정 형식

(6) 조건부 서식 지정하기

만약 특정한 셀만 다른 셀 서식을 지정하고 싶다면 조건부 서식 지정하기를 사용한다. B4:B14까지 조건부 서식을 지정한다면 마우스로 블록으로 설정하고 그림 6-26과 같이 홈-스타일-조건부서식-새 규칙을 선택한다.

새 서식 규칙 대화상자에서 규칙 유형을 선택할 수 있다. 그림에서는 ▶다음을 포함하는 셀만 서식 지정으로 선택되었고 해당범위와 해당 값(1500)을 입력한 후에 서식 단추를 클릭한다. 셀 서식 대화 상자가 나타나면 글꼴 탭에서 글꼴 스타일을 지정하고 확인단추를 클릭 한다. 다시 새서식 규칙 대화 상자가 나타나면 확인 단추를 눌러 조건부 서식이 적용되었는지를 확인한다.

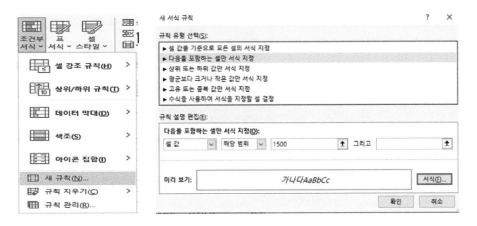

그림 6-26 조건부서식

(7) 표의 윤곽선 지정하기

표의 윤곽선을 지정하기 위해서 A3:G14 모든 영역을 블록으로 지정하고 Ctrl+I로 그림 6-27과 같이
셀 서식 대화상자를 실행한다.

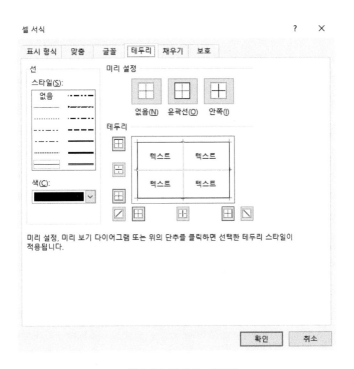

그림 6-27 셀 서식 - 테두리

테두리 탭의 선 스타일을 실선으로 선택하고 윤곽선을 클릭하여 표 바깥쪽 테두리에 윤곽선을 지정한다. 표 안쪽 세로선을 지정하기 위해 실선을 선택하고 그림 6-28과 같이 셀 중간 실선 추가하기 단추를 클릭한다.

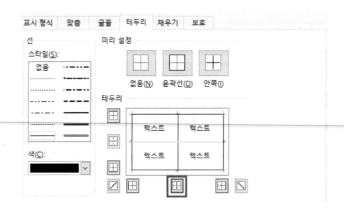

그림 6-28 표 테두리 세부 설정

6.6.2 사용자 지정 서식

(1) 표시 형식 기본

셀 서식의 표시형식은 전화번호, 주민등록 번호 그리고 연월일 등을 입력할 때 설정해두면 편리하다. 그림 6-29의 사용자 지정의 표시 형식은 크게 세 가지로 표현되며 구분단위 기호는 두 가지가 주로 사용된다.

- 0 : 숫자(유효하지 않은 0을 표시한다.)

- # : 숫자(유효하지 않은 0을 표시하지 않는다.)

- @ : 텍스트

- . : 소수점 표현

- , : 천 단위 구분 기호

그림 6-29 사용자지정 표시형식

(2) 0000 표시형식

그림 6-30과 같이 입력값에 대해 유효하지 않은 0을 표시하기 위해서는 오른쪽 그림과 같이 사용자 지정에서 표시 형식을 '0000'으로 입력한다.

표시형식보다 자리수가 크거나 같다면 화면에 모두 표시되며 표시형식보다 자리수가 작으면 입력 값보다 큰 자리수는 0으로 표시된다. 0은 유효하지 않은 0도 표시한다는 점에 유의해야 한다.

표시형식	입력값	표시값
	1945	1945
0000	45	0045
	19456	19456

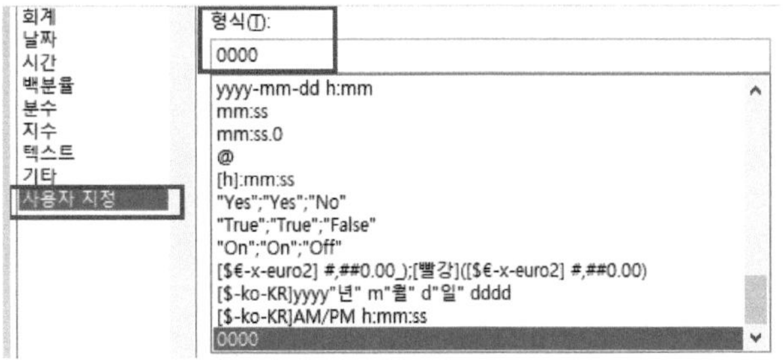

그림 6-30 0000 표시형식

(3) #### 표시형식

표시형식보다 자리수가 크거나 같거나 작거나 모두 입력값 그대로 표시된다. #는 유효하지 않은 0을 표시하지 않으므로 앞자리의 0은 표시되지 않는다.

표시형식

표시형식	입력값	표시값
####	2022	2022
	22	22
	22	22
	202208	202208

(4) 0,000.00 표시형식

쉼표(,)는 천단위 구분기호이며 마침표(.)는 소수점을 표현한다. 천단위 구분기호가 있어 22만 입력해도 앞의 빈 자리가 0으로 채워지며 소수점 두 번째 자리까지 표현한다.

0,000.00

표시형식	입력값	표시값
0,000.00	2022	2,022.00
	22	0,022.00
	22	0,022.00
	2022.08	202,208.00

(5) 쉼표(,)가 있어 천 단위 구분기호가 삽입되었으며 마침표(.)가 있어 소수점이 표현되었으나 #은 유효하지 않은 0을 표시하지 않으므로 마지막에는 2,022., 22., 220, 2,022.8로 표시된다.

표시형식	입력값	표시값
#,###.##	2022	2,022.
	22	22.
	220	220.
	2022.80	2,022.8

(6) 0, 와 #, 표시형식

표시형식 맨 마지막에 콤마(,)가 있으면 천 단위로 값을 표시하며 백의 자리에서 반올림하여 그 값이 표시된다. 0,는 유효하지 않은 0을 표시하지만 #,에서는 유효하지 않은 0은 표지 되지 않는다.

표시형식	입력값	표시값	표시형식	입력값	표시값
0,	2022	2	#,	2022	2
	422	0		422	
	620	1		620	1
	20528	21		20528	21

(7) 날짜와 시간 표시 형식

날짜는 반드시 2022-09-02와 같이 년, 월, 일을 - 로 구분한다.

날짜와 시간 표시

표시형식	입력값	표시값
yy	2022-08-02	22
yyyy	2022-08-02	2022
m	2022-08-02	8
mm	2022-08-02	08
mmm	2022-08-02	Aug
mmmm	2022-08-02	August
mmmmm	2022-08-02	A
d	2022-08-02	2
dd	2022-08-02	02
ddd	2022-08-02	Tue
dddd	2022-08-02	Tuesday
h	18:20	18
hh	4:20	04
h:mm	20:20	20:20
s	20:20:20	20

[8] 주민등록번호와 핸드폰 번호 표시형식

주민등록 번호 13자리는 앞의 6자리와 뒤의 7자리가 하이프 "-"으로 구분되어 있다. 사용자 지정 형식에서 000000-0000000으로 표시형식을 입력한다.

핸드폰 번호 역시 010-XXXX-XXXX로 형식화 되어 있기 때문에 010은 입력하지 않아도 자동으로 입력되게 하며 나머지 8자리는 "-"으로 4자리를 그림 6-31과 같이 "010"-0000-0000으로 구분한다.

주민번호와 핸드폰 번호 표시형식

	표시형식	입력값	표시값
주민번호	000000-0000000	1234567890123	123456-7890123
핸드폰 번호	010-5183-3132	51833132	010-5183-3132

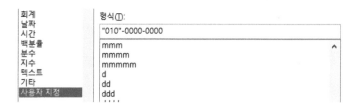

그림 6-31 전화번호 사용자 지정 표시 형식

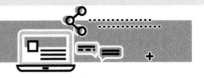

연습 문제

1. 드론의 구성요소에 대해 설명하시오.

2. 헬리곱터의 프로펠러 원리에 대해 설명하시오.

3. 쿼드곱터 드론의 프로펠러 원리는 무엇인가?

4. 드론의 4가지 조종원리에 대해 설명하시오.

5. 드론의 센서의 종류와 기능을 간략히 설명하시오.

6. BLDC 모터란 무엇인가?

7. 드론의 활용분야에 대해 설명하시오.

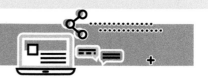

8. 엑셀을 이용하여 다음 표를 완성하시오.

납부 번호	상환금 날짜	시작 잔액	예정된 상환	여분의 상환금	합계 상환금	원금	이자	결과 잔액	누적 이자
1	2022-07-28	₩5,000.00	₩425.75	₩100.00	₩525.75	₩509.08	₩16.67	₩4,490.92	₩16.67
2	2022-08-28	₩4,490.92	₩425.75	₩100.00	₩525.75	₩510.78	₩14.97	₩3,980.14	₩31.64
3	2022-09-28	₩3,980.14	₩425.75	₩100.00	₩525.75	₩512.48	₩13.27	₩3,467.65	₩44.90
4	2022-10-28	₩3,467.65	₩425.75	₩100.00	₩525.75	₩514.19	₩11.56	₩2,953.46	₩56.46
5	2022-11-28	₩2,953.46	₩425.75	₩100.00	₩525.75	₩515.90	₩9.84	₩2,437.56	₩66.31
6	2022-12-28	₩2,437.56	₩425.75	₩100.00	₩525.75	₩517.62	₩8.13	₩1,919.94	₩74.43
7	2023-01-28	₩1,919.94	₩425.75	₩100.00	₩525.75	₩519.35	₩6.40	₩1,400.59	₩80.83
8	2023-02-28	₩1,400.59	₩425.75	₩100.00	₩525.75	₩521.08	₩4.67	₩879.50	₩85.50
9	2023-03-28	₩879.50	₩425.75	₩100.00	₩525.75	₩522.82	₩2.93	₩356.69	₩88.43
10	2023-04-28	₩356.69	₩425.75	₩0.00	₩356.69	₩355.50	₩1.19	₩0.00	₩89.62

9. 엑셀을 이용하여 다음 표를 만드시오.

값 입력

대출 금액	₩5,000.00
연간 이자율	4.00%
대출 기간(년)	1
연간 상환 횟수	12
대출 시작 날짜	2022-07-28

대출 요약

예약 상환	₩425.75
예정된 상환 횟수	12
실제 상환 횟수	10
초기 상환금 합계	₩900.00
총 이자	₩89.62

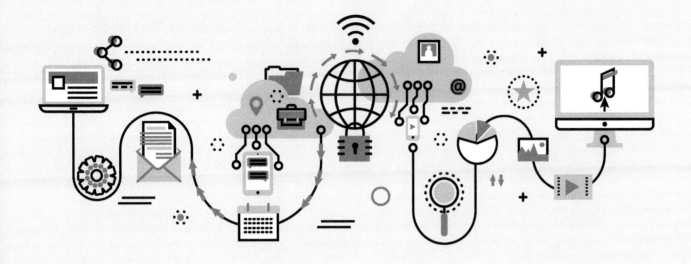

CHAPTER 7

정보보안

7.1 정보 보호

컴퓨터의 정보들은 컴퓨터 내에서 뿐만 아니라 컴퓨터 간의 통신에서도 정보는 보호되어야 한다. 인터넷과 컴퓨터의 발전으로 정보 공유를 통한 편리성은 증대되었으나 정보 관리에 대한 중요성을 인식하지 못한다면 개인 정보유출이나 인터넷 은행 업무에서 해킹의 위협에 직면하게 된다.

정보 보호의 목표는 다음과 같이 3가지가 있다.

- 비밀성(Confidentiality) : 정보에 대한 접근을 제한하여 인가된 사람들에게만 정보를 공개하고 설사 정보가 노출이 되더라도 암호화 등을 적용하여 정보 접근을 어렵게 만드는 것이다.

- 무결성(Integrity) : 정보의 무결성은 허가받지 않은 사람이 임의적으로 정보를 수정 및 변조를 하지 못하도록 하여 정보의 신뢰성을 보장하는 것이다.

- 가용성(Availability) : 정보 접근이 가능한 인가된 사용자가 정보를 언제든지 사용이 가능하도록 제공하는 것이다.

위와 같은 정보의 비밀성, 무결성 그리고 가용성을 보장하기 위해서 요구되는 보안 서비스로는 다음과 같은 3가지 방식이 있다.

- 인증(Authentication) : 정보를 사용하는 사용자가 인가된 사용자인지를 확인하는 방법으로 공인인증서, 공동인증서, 지문 인식 그리고 아이디(IP)와 패스워드(Password)가 있다. 정보를 제공 받는 측에서는 위와 같은 인증을 통하여 정보를 제공하는 자의 신원을 확인할 수 있다.

- 접근제어(Access Control) : 인가된 사용자에게만 정보의 접근을 허락하는 방법으로 인증을 통하여 신원이 확인된 경우에만 접근을 허락한다.

- 부인방지(Non-Reputation) : 정보를 전송할 때 송수신 여부를 확인하도록 하는 것으로 송수신자가 각각 송수신에 대하여 부인하는 것을 방지한다.

위와 같은 정보 보호 서비스가 필요한 이유는 정보 보안의 위협요소가 항시 존재하기 때문이다. 전송된 정보를 유출하기 위한 방법으로 정보 가로막기(Interruption), 정보 가로채기(Interception), 정보

수정(Modification)과 정보 위조(Fabrication)가 있다.

① 정보 가로막기

그림 7-1에서 보는 것처럼 송수신자간의 정상적으로 전송되는 정보의 송수신을 중간에서 방해함으로써 정보의 전송을 방해하고 차단하는 것이다. 송신자가 정당한 수신자에게 정보를 전달하지 못하도록 가로막는다. 송신자가 정상적으로 수신자에게 정보를 전달하고 이를 수신자가 송신자에게 정보를 전달하는 것을 가로막고 송신자에게 정보가 전달하지 못하도록 한다.

이는 정보의 목표 중 가용성을 제한하는 것으로 인가된 정보 접근자가 해당 정보에 대한 송수신을 못하도록 하는 모든 방법을 의미한다.

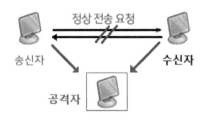

그림 7-1 정보 가로막기

송신자와 수신자 사이의 일반적인 정보 전송은 먼저 송신자가 수신자에게 정보 전송 요청 신호를 보내고 이 신호를 받은 수신자는 정보를 송신자에게 보내게 된다. 그러나 만약 중간에 공격자가 있다면 송신자의 정보 전송 요청을 가로막거나 수신자의 정보 전송을 막음으로서 송수신자의 정보 전송에 제한을 주게 된다.

② 정보 가로채기

정보 가로채기는 정보의 비밀성을 위배시키는 방법이다. 정보의 비밀성은 인가된 사용자만이 정보를 전송하거나 수신할 수 있지만 인가받지 않은 제3의 공격자가 중간에서 정보를 가로채는 행위를 말한다. 이때 송신자가 전혀 수신을 못할 수도 있지만 그림 7-2와 같이 공격자는 도청을 통해 송수신자의 정보를 도청하게 된다. 송수신자는 서로 정상적으로 정보를 전송한 것으로 인식하지만 실질적으로는 공격자가 정보를 도청한 것이 된다.

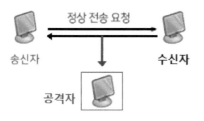

그림 7-2 정보 가로채기

③ 정보 위변조

정보의 위변조는 정보의 가로막기나 가로채기 수준을 넘어서 송수신자가 주고받는 정보를 가공 편집하여 송수신자에게 보냄으로서 정보의 무결성을 위배시키는 행위이다. 송신자의 정상적인 정보에 대해 공격자는 이를 가로채서 정보를 가공 편집하여 위변조된 내용을 수신자에게 전달한다. 혹은 정상적으로 수신된 정보에 대해 공격자는 자신이 수신자인 것처럼 위장하여 정보를 위변조하여 송신자에게 보내게 된다.

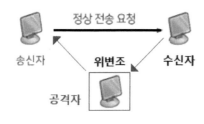

그림 7-3 정보의 위변조

7.2 정보위협 해킹

컴퓨터 간의 통신으로 정보 공유의 편리성과 함께 인가받지 않은 사용자들이 공공의 네트워크를 이용하여 정보를 도청, 위조 , 변조 혹은 서버를 다운시키려는 일련의 행위들을 해킹(Hacking)이라 부르며 이들을 해커(Hacker)라 부른다. 해킹이란 용어는 처음에는 컴퓨터 시스템의 내부 구조나 동작 등에 매우 열성적인 매니아들이 네트워크의 취약점이나 문제점을 해결하고 유익한 방향으로 해결하려는 행위였으나 현재는 인터넷에서 발생하는 모든 불법 행위들을 해킹이라 부르고 있다.

해킹은 국가적으로도 매우 중요하여 전 세계의 국방부에서는 비공식적으로 해커들을 양성하여 적 국가의 국방 네트워크를 해킹하여 정보를 유출하고 있으며 어노니모스(Anonymous)라는 유명한 해킹 단체도 있다. 이들 해커들이 해킹을 위해 사용하는 방법은 매우 다양하나 해킹을 위해 사용하는 일반적인 방법들은 해당 네트워크의 자원을 고갈시키거나 네트워크의 도청 및 정보의 유출 등이다.

(1) DoS(Denial of Service)

DoS란 시스템의 정상적인 서비스를 방해하기 위하여 과도한 트래픽을 해당 네트워크나 서버에 보내 정상적인 동작을 하지 못하게 하는 서비스 거부 공격으로 "Ping of Death"라고도 부른다. 공격자는 공격 대상이 수용할 수 있는 능력이상의 정보를 전송하거나 사용자 또는 네트워크 용량을 초과시켜 정상적으로 작동하지 못하게 하는 공격이다. CPU, 메모리, 디스크의 자원을 고갈시키거나 심지어 네트워크를 마비시킬 수 있다.

네트워크에서 일정한 데이터를 보낼 수 있는 양을 대역폭이라 하며 일정 시간에 데이터가 전송될 수 있는 양을 결정한다. 4차선, 6차선, 8차선 고속도로로 생각한다면 일정 시간동안에는 8차선의 고속도로가 교통흐름이 원활하게 된다.

네트워크마다 최대로 전송이 가능한 패킷의 길이가 달라 최대 전송 가능한 패킷의 길이가 작은 네트워크를 지나면 데이터는 더 작게 분할된다. 이렇게 보낸 패킷은 중간에 다시 합쳐지지 않고, 최종 목적지에 도착해서 합쳐지게 되는데 이러한 패킷을 서버에 지속적으로 전송하게 되면 서버는 불필요한 패킷을 처리하느라 자신의 가용 자원을 낭비하게 된다. 이를 해결하기 위한 방법으로는 반복적으로 일정 수 이상의 패킷이 들어오면 이를 무시하도록 보안설정을 해야 한다.

(2) DDoS(Distributed Denial of Service)

DDoS는 분산 서비스 공격이라 하며 공격자는 다수의 컴퓨터를 좀비(Zombi) 컴퓨터로 만들어 특정한 서버를 집중적으로 접속하게 함으로써 정상적인 사용자들이 해당 서버에 접속하지 못하도록 하는 방식이다.

DDoS 공격을 시작하기 위해 공격자는 멀웨어(Malware)를 사용하거나 보안 취약점을 악용해 악의적으로 컴퓨터와 디바이스를 감염시키고 제어하게 된다. 이러한 컴퓨터를 '봇' 또는 '좀비' 컴퓨터라 부르며 이들은 멀웨어를 더욱 확신시키고 명령에 따라 DDos 공격에 참여하게 된다. 이러한 대역폭과 접속 허용자수를 이용한 공격 방법이 DDoS이며 그림 7-4와 같다.

좀비 컴퓨터란 내 명령대로 움직이는 컴퓨터를 말하며 좀비 컴퓨터를 만드는 방법은 악성 바이러스가 포함된 메일을 불특정 다수의 컴퓨터로 보내고 해당 메일을 사용자가 열어보는 순간 악성 바이러스가 해당 컴퓨터를 장악해서 공격자가 마음대로 조정할 수 있게 한다.

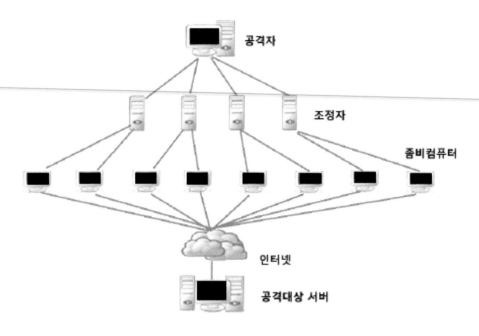

그림 7-4 DDoS 해킹 공격

메일을 이용하여 좀비 컴퓨터로 만드는 방법도 있지만 어떤 특정 사이트를 방문할 경우 해당 사이트에서는 Active X 방식의 프로그램을 통하여 접속한 컴퓨터를 좀비 컴퓨터로 만들 수 있으며 특정 프로그램을 설치할 경우에도 사용자가 모르게 악성 프로그램이 설치될 수 도 있다. 따라서 익명의 메일이나 모르는 프로그램을 함부로 설치해서 악성 프로그램에 노출되지 않도록 하는 것이 중요하다.

(3) 스푸핑(Spoofing)

스푸핑이란 용어는 '속이다'라는 의미로 사용자를 가짜의 사이트, 메일 등을 이용하여 속이는 해킹이다. 스푸핑의 대상은 URL, IP, MAC 주소 그리고 이메일 등이다. MAC 주소란 컴퓨터의 하드웨어 네트워크인 물리적인 주소를 의미한다.

- ARP 스푸핑 : 인터넷을 사용하기 위해선 설정된 IP 주소를 네트워크 장치 주소인 MAC 주소로 변환시켜야 한다. 이 과정에서 ARP는 IP 주소를 MAC 주소로 변환시키는 프로토콜로서 ARP가 전달하는 MAC 주소를 위조하여 접속하는 방식이다. 공격 기법으로는 네트워크에 존재하는 특정 서버의 IP를 공격자 자신의 주소로 연결해 다른 PC에 전달되어야 하는 정보를 중간에서 가로채기한다.

- IP 스푸핑 : IP 스푸핑은 IP 자체의 보안 취약성을 악용한 것으로 해커가 자신의 IP를 변조하고 공격 대상의 사이트나 시스템에 접속하는 방식이다. 변조 대상의 IP 주소를 변조한 후 인가된 사용자 인 것처럼 위장하여 시스템에 접속함으로써 추후 IP 주소에 대한 추적을 회피할 수 있다.

- DNS(Domain Name System) 스푸핑 : DNS는 인터넷 도메인 주소를 실제 IP주소로 대응시키는 시스템으로서 DNS 스푸핑은 잘못된 IP 주소를 알려주어 잘못된 웹사이트에 접속하도록 유인한다. DNS 스푸핑은 은행과 같은 가짜 사이트를 만들어 사용자를 유인하고 해당 은행의 ID, 패스워드 그리고 금융 개인 정보를 얻기 위해 많이 사용하는 방식이다.

(4) 스니핑(Sniffing)

스니핑은 도청 감청의 방법으로 인터넷의 정보를 획득하는 해킹이다. 전자 메일을 훔쳐보거나 채팅에 관련된 내용을 모니터링 하다가 금융정보, 혹인 개인 정보 등을 획득한다. 스니핑의 한 방법으로 사용자의 쿠키(Cookie) 정보를 획득하여 해당 사이트에 아이디나 패스워드를 입력하지 않고도 접속하여 정보를 획득할 수 있다.

그림 7-5의 경우 전송자는 수신자의 MAC 주소로 데이터를 전송한 경우이다. MAC 주소가 일치하는 수신자는 데이터를 전송받고 일반호스트는 패킷을 버리지만 도청자는 패킷을 수신하여 도청하게 된다.

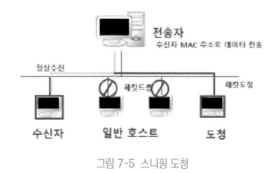

그림 7-5 스니핑 도청

7.3 바이러스와 보안기술

컴퓨터 바이러스는 컴퓨터의 정보나 시스템을 사용하지 못하도록 만든 악성 코드를 의미한다. 컴퓨터 바이러스에 감염되는 경우는 일반적으로 불법 소프트웨어를 설치할 경우가 대부분이며 특정 이메일을 열거나 특정 사이트에 접속만 해도 감염될 수 있다. 대표적인 바이러스 악성 프로그램으로 웜(worm)과 트로이 목마(Trojan Horse) 프로그램이 있다. 바이러스로부터 컴퓨터를 보호하기 위해선 안랩 연구소의 V3나 알약과 같은 바이러스 프로그램을 설치해서 바이러스 감염으로부터 미리 예방해야한다.

(1) 바이러스

컴퓨터 초기의 바이러스는 특정 부분을 바이러스로 감염시켜 컴퓨터의 정상적인 작동을 방해하는 부트 바이러스(Boot Virus) 그리고 파일 감염 바이러스가 있었다. 컴퓨터가 정상적으로 작동하기 위해선 운영체제가 로딩이 되어야 하고 운영체제가 설치된 장소를 부트 영역이라 한다. 부트 바이러스는 부트 영역에 기생하며 컴퓨터가 부팅될 때마다 바이러스가 작동하여 정상적으로 부팅이 되지 못하도록 하였다. 파일의 확장자가 .exe는 execution의 파일로서 실행파일이다. 파일 바이러스는 .exe 파일을 감염시켜 파일을 실행하면 전체 파일 시스템을 비정상적으로 만드는 바이러스이다.

초기 형태의 바이러스는 백신의 등장으로 더 이상 그 명맥을 유지하지 못하였고 해커들은 더욱 진보된 형태의 암호형 바이러스, 은폐형 바이러스, 갑옷형 바이러스 그리고 매크로 바이러스 등을 개발하여 사용자의 컴퓨터를 감염시키려 하고 있으며 이를 막기 위한 V3, 알약과 같은 백신 프로그램 등은 바이러스로부터 사용자의 컴퓨터를 안전하게 지키고 있다.

(2) 웜(Worm)/트로이(trojan)목마 프로그램

웜 프로그램은 한 마리의 벌레가 사과를 갉아 먹듯이 네트워크를 통해 자신을 복제하고 전파하여 네트워크를 무력화 시키는 프로그램이다. 컴퓨터 바이러스는 컴퓨터에 기생하여 실행되지만 웜 프로그램은 스스로 복제하고 독자적으로 실행 가능하므로 컴퓨터 자체 보다는 네트워크 전체를 마비시킬 정도로 파급력은 매우 대단하다. 최근에 발견된 아이폰 전용 바이러스 아이키(Ikee) 역시 웜 프로그램이며 웜 프로그램은 컴퓨터 바이러스와는 구분된다.

웜과 바이러스의 큰 차이점은 감염대상을 가지고 있는가에 따라 구분한다. 컴퓨터 바이러스는 감염대상을 가지고 바이러스를 퍼트리지만, 웜은 감염대상 없이 자기 자신을 복제함으로써 네트워크나 시스템을 무력화시킨다. 한국에서 발견된 대표적인 웜에는 Ⅰ-Worm/Happy99, Ⅰ-Worm/ExploreZip, Ⅰ-Worm/PrettyPark 등이 있다.

트로이목마(trojan) 프로그램은 프로그램 자체적으로는 컴퓨터 파일 시스템에 전혀 해를 끼치지 않을 것처럼 보이면서 자기 복제 능력도 없다. 그러나 트로이목마라는 이름에서처럼 악의적인 목적으로 일부러 특정 컴퓨터에 넣어 놓았다가 특정한 날짜가 되거나 이벤트가 발생하면 컴퓨터시스템을 파괴하거나 해당 컴퓨터내의 자료를 몰래 훔쳐내는데 사용된다.

(3) 스파이웨어(Spyware)

인터넷의 사용자가 급증함에 따라 다양한 상업적 광고들이 서로 다투어 자신들의 회사와 사업을 대중에게 알리기 위한 필사적인 노력은 광고배너, 각종 툴바 등을 통해 사용자의 정상적인 인터넷 활동에 지장을 주고 있다.

스파이웨어는 광고 등에 주로 사용되기 때문에 애드웨어(Adware)라고도 불린다. 특정 회사의 광고, 제품 등이 인터넷을 검색할 때마다 광고창을 사용자의 동의 없이 설치되어 많은 불편을 초래한다. 이역시 백신 프로그램을 통해서 주기적으로 제거하지 않는다면 사용가능한 메모리의 양은 점차 줄어들어 컴퓨터의 처리 속도를 저해하는 요인이 된다.

(4) 랜섬웨어(RansumWare)

컴퓨터 바이러스 중 가장 악성적이며 악의적인 바이러스 프로그램이다. 랜섬웨어에 감염된 컴퓨터는 시스템 자체에 접근하지 못하거나, 저장한 파일 사진 등을 열 수 없게 된다. PC의 하드 디스크 뿐만 아니라 외장디스크, 네트워크 드라이브 자체가 잠겨 버려 사용자는 더 이상 시스템을 사용할 수 없도록 모든 데이터를 암호화 시켜버린다. 랜섬웨어로 가장 악명을 떨친 바이러스로 크립토락커(CryptoLocker)가 있다,

랜섬웨어가 악의적이며 악명이 높은 이유는 이름에서 알 수 있듯이 몸값(Ransum)을 요구하기 때문이다. 시스템에 접근하지 못하도록 만들거나 시스템 내의 파일들을 암호화시켜 사용하지 못하도록 만든 뒤에 이에 대한 해결책으로 몸값을 요구하기 때문이다. 랜섬웨어는 공공기관, 기업들에게는 매

우 치명적인 바이러스이며 대부분의 백신 소프트웨어에서 가장 위험한 바이러스로 취급하고 있다. 그림 7-6은 알약 백신프로그램이 랜섬웨어 공격에 대한 위험을 차단하는 기능을 나타내고 있다.

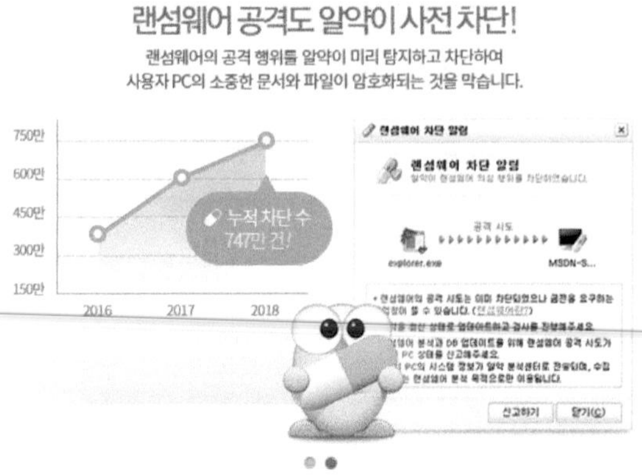

그림 7-6 알약 프로그램의 랜섬웨어 차단

(5) 백신 소프트웨어

백신 소프트웨어는 컴퓨터 내의 악성 소프트웨어를 찾아서 제거하거나 네트워크에서 비정상적으로 접근하는 프로그램을 차단한다. 우리나라에서는 현재 안랩(AhnLab.)에서 개발한 V3와 알약 소프트웨어가 가장 대표적인 백신 소프트웨어이며 윈도우 자체적으로 보안 프로그램 Window Defense를 갖고 있다. 그림 7-7은 윈도우 보안 프로그램의 메뉴로서 실시간으로 시스템을 보호하고 필요에 따라 "빠른검사" 메뉴를 클릭하여 바이러스 감염여부를 확인할 수 있다.

대부분의 백신 소프트웨어가 악성 바이러스 코드를 탐지하고 제거하는 원리에는 다음과 같은 두 가지 기술을 사용하여 수행한다.

- 현재 알려진 바이러스 데이터베이스를 정의하고 이 정의와 일치하는 바이러스를 확인하기 위해 저장된 파일의 내용들을 살핀다.

- 감염으로 표시될 가능성이 있는 프로그램에서 의심스러운 행동을 탐지한다.

예를 들어 바이러스 데이터베이스에는 해당 바이러스의 특징에 관련된 정보가 있고 이 정보와 유사한 특정위치에 있는 특정 명령어를 비교하여 바이러스 감염여부를 파악하게 된다. 또는 현재 파일의 상태를 기록해 두었다가 바이러스 검사 시 파일의 변형 여부를 비교하여 바이러스를 감지하기도 한다.

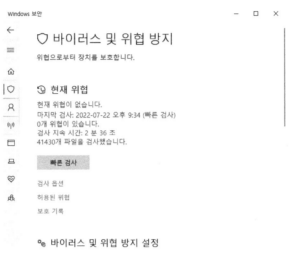

그림 7-7 윈도우 보안 프로그램

(6) 방화벽(Firewall)

방화벽은 화재가 더 이상 번지지 못하도록 불을 막는 역할을 한다. 이와 유사하게 인터넷의 방화벽은 네트워크를 통해 들어오는 데이터를 선별해서 못 들어오도록 막는 역할을 한다. 서버나 컴퓨터의 시스템을 보호하기 위해서 문을 만들어 두고 인증되지 않은 데이터의 유입을 차단한다. 즉 허가된 곳에서 보내온 데이터는 들어올 수 있으나 허가받지 않은 IP에서 보내는 데이터는 출입이 금지된다.

방화벽은 데이터의 유입만 방지하는 것이 아니고 내부 정부가 밖으로 유출되는 것을 막는 역할도 한다. 방화벽은 특정 ID와 암호를 이용하여 제어하는 방법이 있으며 네트워크의 입출입 포트(Port)를 제어하는 방법 그리고 VPN(Virtual Private Network)와 같은 통신 포트를 제어하는 방법을 사용한다.

방화벽은 가장 기본적인 방어시스템으로 1차 저지선으로 강력한 방어 시스템이 아니므로 해커들은 우회를 통하거나 메일 시스템 등을 이용하여 침입할 수 있다.

(7) 침입 탐지 시스템(IDS: Intrusion Detection System)

방화벽을 통하여 침입을 탐지 하지 못하는 모든 종류의 네트워크 해킹은 IDS를 통하여 네트워크 트래픽 및 컴퓨터 침입을 방지할 수 있다. 침입 탐지 시스템은 네트워크를 모니터링 하여 실시간으로 침입여부를 탐지하는 기능을 갖고 있다. 실시간으로 계속해서 탐지한다는 것은 시스템에 부하를 주어 속도를 저하시키는 요인이기도 한다.

침입 탐지 시스템은 정보의 기반에 따라 호스트, 네트워크, 어플리케이션 그리고 하이브리드 형태의 탐지 시스템으로 분류할 수 있다. 호스트 기반은 시스템에 직접 설치하여 운영체제 내에서 의심 가는 작업을 모니터링하고 수집하는 작업과 시스템 로그를 감시한다. 대부분의 상업용 네트워크는 네트워크 기반으로 패킷을 감시한다. 애플리케이션 기반은 사용자의 암호화 된 패킷이 복호화 되는 과정에서 패킷을 모니터링하며 이러한 방법들을 조합하여 하이브리드 형태의 탐지 시스템을 사용한다.

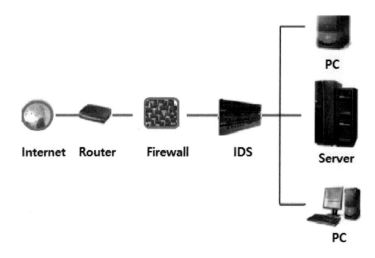

그림 7-8 침입탐지 시스템

7.4 네트워크와 인터넷

7.4.1 네트워크의 분류

컴퓨터는 네트워크를 통하여 여러 정보의 데이터를 서로 공유하며 작업을 수행한다. 컴퓨터 네트워크라 하면 대부분 인터넷을 생각하지만 네트워크의 접속 형태에 따라 인터넷(Internet), 인트라넷(Intranet), 엑스트라넷(Extranet)으로 분류하고 네트워크의 규모에 따라 그림 7-9와 같이 LAN(Local Area Network), MAN(Metropolitan Area Network) 그리고 WAN(Wide Area Network)로 분류한다.

[1] 인터넷

전 세계 각지의 네트워크의 종류는 서로 다르지만 인터넷을 통하여 서로 다른 네트워크를 공유할 수 있다. 즉 인터넷은 일정 단위의 네트워크를 연결하여 하나의 방대한 네트워크를 말한다.

서로 다른 국가 단위의 방대한 네트워크를 연결하기 위해서는 통신 방식을 결정하기 위한 통신규약(Protocol)이 필요하다. 통신 규약에는 컴퓨터의 주소를 결정하기 위한 IP(Internet Protocol)와 데이터 전송을 위한 TCP(Transfer Control Protocol) 그리고 크롬(Chrome)이나 에지(Edge)와 같은 브라우저를 통한 데이터 전송을하기 위한 HTTP(Hyper Text Transfer Protocol) 등이 필요하다.

[2] 인트라넷

인트라넷은 폐쇄적인 네트워크로 인가된 회원들만 통신이 가능한 네트워크이다. 회사의 경우 보안성이 뛰어나 인트라넷을 이용하여 업무를 추진한다. 인트라넷의 가장 큰 특징은 폐쇄망을 사용하기 때문에 외부로의 정보 유출을 방지하기 용이하며 관련된 회원들만 정보를 이용한 다는 것이다.

[3] 엑스트라넷

인트라넷이 인가된 회원들만을 위한 네트워크라면 엑스트라넷은 특별히 승인된 외부인원을 위한 네트워크이다. 회사의 경우 내부 직원들과 외부의 인원이 같이 공동 작업할 경우가 필요하며 경우에 따라서 고객들을 지원하기 위한 서버운용에 해당한다.

(4) LAN

LAN은 네트워크의 규모에 따른 분류에서 가장 작은 형태의 네트워크이다. 근거리 통신망이라 부르며 제한된 영역인 회사, 학교 등과 같이 한 구역 내의 네트워크 구성을 말한다. LAN의 특징은 적은 비용으로 고속의 네트워크 구성이 가능하다.

(5) MAN

MAN은 여러 개의 LAN을 확장한 개념으로 여러 개의 LAN을 상호 접속하여 도시 크기 규모의 네트워크이다. 다수의 LAN을 연결하기 위해서는 브릿지(Bridge), 라우터(Router)와 같은 연결 장비들이 필요하다. 속도는 LAN보다는 느려진다.

(6) WAN

MAN의 확장으로 가장 큰 규모의 네트워크로서 도시와 국가 그리고 국가와 국가를 연결한 네트워크이다. 넓은 지역을 서로 연결해야 하므로 통신 규약과 기술이 절대적으로 필요하다. 넓은 지역으로 인한 느린 속도를 개선하기 위한 네트워크 레이아웃 설계 등이 요구된다.

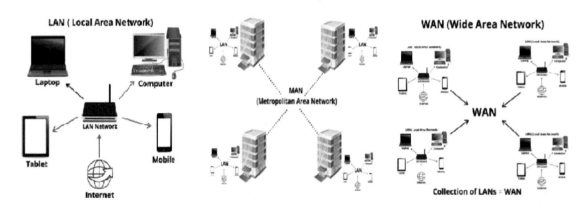

그림 7-9 LAN, MAN, WAN (Digitalworld839.com)

7.4.2 통신 프로토콜

서로 다른 이기종간의 통신 및 대화를 하기 위해선 서로 약속된 공통된 언어가 있어야 한다. 프로토콜(Protocol)이란 서로 다른 시스템간에 통신을 하기 위한 약속된 언어이다. 참고적으로 우리나라에선 날짜 표기를 년/월/일/시간으로 하지만 미국의 경우는 월/일/년/시간 순으로 한다. 만약 공통된 표기를 사용하지 않는다면 두 나라에선 당연히 의사소통에 문제가 생길 것은 자명한 일이다.

서로 다른 시스템 간에 통신을 위한 프로토콜을 우리말로는 통신규약이라 하며 통신규약에는 신호의 체계, 인증, 오류 감지 기능 등이 포함된다. 통신규약의 종류에는 IP(Internet Protocol), TCP(Transfer Control Protocol), HTTP(Hyper Text Transfer Protocol) 등이 있다. 통신규약은 대부분이 Protocol을 의미하는 P로 끝남을 알 수 있다. 이번 절에서는 IP와 TCP에 대해 알아보고 다음 절에서 HTTP에 대해 알아본다.

(1) IP

IP는 인터넷 프로토콜(Internet Protocol)의 약어로서 인터넷 주소를 정하기 위한 규칙을 의미한다. 전 세계적으로 널리 퍼진 컴퓨터에 정확한 정보를 송수신하기 위해서는 각 컴퓨터는 고유한 자신만의 주소를 가지고 있어야 한다. IP는 현실세계의 우편 주소와 같다고 생각하면 된다. 우체부가 편지를 전달하기 위해서는 주소를 포함한 우편 번호가 필요하듯이 컴퓨터간의 통신을 위해선 체계적인 주소 체계가 요구된다.

2010년대 초반 까지도 전 세계의 컴퓨터는 12자리의 IP주소를 사용하여 컴퓨터에 주소를 할당한

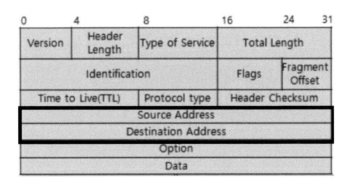

그림 7-10 IPv4 헤더

IPv4를 사용하였다. 그림 7-10에서와 같이 송신지 주소(Source Address)와 수신지 주소(Destination Address)는 A.B.C.D와 같은 주소를 사용하였으며 이것을 정보 전달 단위인 패킷(Packet)이라 한다. 각 A, B, C, D는 각 자리수를 8비트를 사용하여 총 32비트로 0~255 사이의 숫자로 해당 컴퓨터의 주소를 할당한다. 내 컴퓨터의 주소를 확인하고 싶다면 cmd(도스명령창)에서 ipconfig를 입력하면 그림 7-11과 같이 192.168.219.108 주소를 확인할 수 있다. 그러나 IPv4의 경우는 전 세계의 컴퓨터 증가로 인하여 더 이상 컴퓨터에 주소를 할당하는 것이 어렵게 되었다.

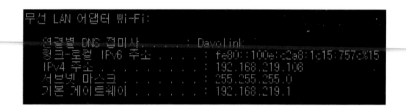

그림 7-11 내 IP 확인 방법

IPv4의 주소 부족 문제를 해결하기 위해 제안된 주소할당 체계를 IPv6라 한다. IP의 6번째 버전인 IPv6는 IPv4에서 32비트를 할당하던 것을 128비트로 증가시켜 컴퓨터의 주소를 할당하는 방식이다. 2^{128}은 지구상에 존재하는 거의 모든 생물에 주소를 할당할 수 있는 양으로 IPv4에서 부족한 주소문제를 해결하기 충분한 주소할당 방식이다. 그림 7-12는 IPV6의 헤더를 나타낸 것으로 IPv6 기본헤더는 40바이트로 구성되어 있으며 IPv6 확장헤더 그리고 상위계층 데이터로 65,536 바이트를 사용하고 있는 것을 볼 수 있다.

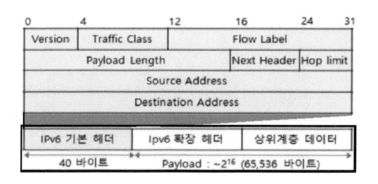

그림 7-12 IPv6 헤더

IPv6는 IPv4의 복잡한 헤더를 간단히 구성하였고 IPv4의 주소를 여러 계층으로 나누어 다양한 방법으로 사용가능하게 하였다. 또한 보안 기능을 추가하여 인증절차, 데이터 무결성 보호, 선택적인 메시지 발신자 확인 기능을 지원하였다.

(2) TCP

TCP(Transmission Control Protocol)은 그림 에서와 같이 응용 계층(Application Layer)에서 보낸 데이터를 신뢰성 있게 수신 측에 전송을 보장하는 프로토콜이다.

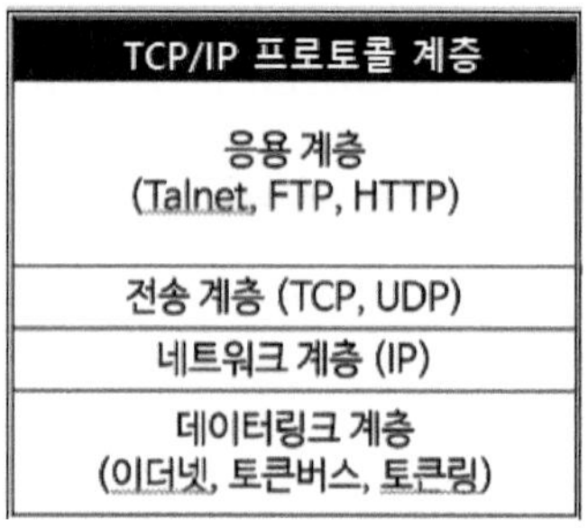

TCP 계층은 다음과 같은 특징이 있다.

TCP/IP 프로토콜 계층
응용 계층 (Talnet, FTP, HTTP)
전송 계층 (TCP, UDP)
네트워크 계층 (IP)
데이터링크 계층 (이더넷, 토큰버스, 토큰링)

그림 7-13 TCP/IP 모델

- 한 개의 송신측과 한 개의 수신측이 통신하는 1:1 통신이다.

- 신뢰성 있는 데이터 전송을 보장한다.

- TCP는 혼잡제어와 흐름제어가 가능하다.

- 쌍방향 통신으로 송수신 측이 각각 데이터를 주고받을 수 있다.

- 연결 지향적이다. 송신 측과 수신측이 데이터를 교환하기 직전 handshaking을 한다.

7.5 이동통신 기술과 5G

이동통신 시스템은 사용자가 스마트폰과 같은 단말기를 통해 장소에 구애받지 않고 자유롭게 이동하면서 통화를 할 수 있고 데이터를 전송할 수 있다. 이동통신의 시초는 1980년대에 아날로그 방식의 음성 통화이며 이를 1G(Generation)이라 부르며 2019년 5G 이동통신을 사용하고 있다. 이동통신의 역사를 세대별 간략한 특징으로 알아보자

■ 1G(Generation) : 아날로그 음성 통신

1984년 SK 텔레콤의 전신인 한국이동통신이 AMPS(Advanced Mobile Phone System)을 통하여 이

동통신서비스가 개시되었다. 아날로그 방식의 음성통화이며 잡음과 혼선이 심했으며 많은 지역에서 서비스가 이루어지지 않는 문제점이 있었다.

▪ 2G : 디지털 기술

1990년대 중반 아날로그 통화방식에서 디지털 방식으로 전환한 2G가 등장하면서 음성통화뿐만 아닌 문자메시지와 이메일 등이 가능해 졌다. 2G에서는 CDMA(Code Division Multiple Access), GSM(Global System for Mobile communication) 등의 기술을 적용하였고 1996년 세계 최초로 국내에서 CDMA를 상용화 하였다.

▪ 3G : 스마트폰

2000년에 접어들면서 애플의 아이폰(I-Phone)의 등장과 함께 삼성의 갤럭시 스마트폰이 대중화 대면서 영상통화, 인터넷의 이동통신이 가능해 졌다. 이전까진 글로벌 이동통신사들은 각자의 규격에 맞추어 이동통신 시스템을 개발하였으나 3G 부터는 국제표준인 'IMT-2000'을 제정하였다. 그림 7-14는 초기 국내의 PCS 디지털 이동전화와 IMT-2000의 특징을 비교한 것이다.

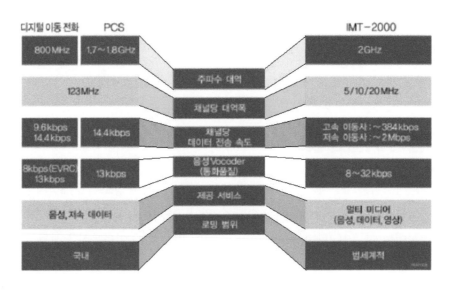

그림 7-14 IMT-2000과 PCS 디지털 이동전화 비교

▪ 4G : LTE(Long Term Evolution)

스마트폰의 대중화로 이동통신은 소비자들에게 매우 필수적인 장비가 되었으며 통신의 속도가 매우 큰 이슈로 자리매김하였다. 이러한 흐름에 발맞추어 빠른 이동 속에서도 더 빠른 전송속도를 자랑하는 4G가 등장하였으며 최대 1Gbps의 전송속도가 가능해졌다. 또한 기존의 그림 7-15는 LTE의 로고이며 LTE보다 2배 빠른 성능을 자랑하는 LTE-A(Advanced)와 WiBro-advanced를 국제 표준으로 채택하였다. 이후 빠른 전송속도로 다양한 멀티미디어 서비스가 본격적으로 시작되었다.

그림 7-15 LTE 로고

▪ 5G : 4차 산업혁명

2019년에는 우리나라에서 최초로 상용화된 5G가 등장하였으며 최대 전송속도가 4G의 20배인 20Gbps에 달하며 초저지연성과 초연결성으로 4차 산업혁명의 핵심기술인 인공지능(AI), 가상현실(VR) 그리고 사물인터넷(IoT)이 가능하게 되었다. 5G를 이용하면 사물인터넷의 경우 $1Km^2$이내에 백만개 이상을 연결할 수 있으며 연결 시간도 10^{-3}sec에 이른다. 4G에 비하면 10 이상의 성능을 나타낸다. 표 7-1은 이동통신의 세대별 특징을 접속방식, 전송속도, 전송형태에 따라 요약한 것이다.

표 7-1 이동통신의 세대별 특징

	1G	2G	3G	4G	5G
접속방식	아날로그	GSM/CDMA	WCDMA CDMA 2000 와이브로	LTE/LTE-A 와이브로- 에볼루션	5G
전송속도	-	14.4~64kbps	144kbps~ 2Mbps	100Mbps~ 1Gbps	100Mbps~ 20Gbps
전송형태	음성	음성/문자	음성/문자/동영상	음성/문자/동영상	사물인터넷, 3D
다운로드 속도 (800MB 동영상)	-	약 6시간	약 10분	약 85초~6초	LTE보다 최대 20배

출처: 용어로 보는 IT

7.6 사물인터넷 (IoT: Internet of Things)

7.6.1 사물인터넷 개념

사물인터넷 IoT는 각종 사물에 센서와 통신 기능을 내장하여 인터넷에 연결하는 기술을 통해 각종 사물을 연결하는 기술을 의미한다. 각종 사물에는 그림 7-16에서 보는 것처럼 우리가 일상생활에서 사용하는 웨어러블(wareable) 디바이스, 가전제품, 비행기, 시계 등 우리가 일상생활에서 사용하는 모든 사물들을 총망라한다. 기존의 컴퓨터와 스마트폰 등 일부 기기들만이 인터넷 연결이 되었으나 5G 이동통신 기술의 상업화와 센서기술의 발달 그리고 IPv6 등의 개발로 세상에 존재하는 모든 사물이 서로 연결되어 정보를 주고받을 수 있게 되었다.

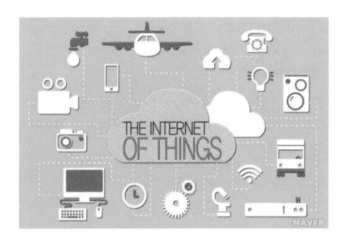

그림 7-16 사물 인터넷
출처: 네이버(국립중앙과학관)

사물인터넷이라는 용어는 1999년 미국의 P&G라는 회사에서 비누, 샴푸 등의 제품에 RFID(Radio Frequency Identification) 태그를 부착하고 제품에 대한 정보를 효율적으로 획득할 수 있다는 개념에 착안하여 세상의 모든 사물이 연결될 수 있을 것이라 생각한데서부터 출발한다. RFID란 주파수를 이용해 대상 ID를 식별하는 방식으로 전자태그라 부른다. 이러한 개념은 단순히 RFID 뿐만 아니라 다양한 센서 및 무선 센서기술들과 결합하면서 발전하기 시작하였다.

7.6.2 사물인터넷 기술

사물인터넷은 센서기술, 무선통신기술 그리고 데이터 처리 기술 등을 서로 융합하여 만들어진 4차 산업혁명 분야이다. 사물인터넷이 나오기까지 소자 및 무선 통신 관련 기술의 표준화, 소형화 및 저전력화 등 그림 7-17과 같이 표준화가 완료된 근거리 무선 통신 기술들의 영향으로 지속적인 발전이 가능할 수 있었다.

그림 7-17 표준화가 완료된 근거리 무선통신 기술들

사물인터넷이 활용되기 위해서는 먼저 데이터의 생성→ 데이터 전달 → 데이터 처리 → 서비스 및 활용 단계를 거친다. 각 단계에서 필요한 과정은 다음과 같다.

(1) 데이터 생성

■ 센서

사물인터넷에서 데이터를 생성하기 위해서는 센서 관련 기술이 필수적이다. 센서는 물리적인 온도, 압력, 속도 등의 값을 전기적 장치로 감지하는 장치이다. 현대인이 필수적으로 사용하는 스마트폰에도 그림 7-18에서 보는 것처럼 다양한 센서들이 내장되어 있다. 스마트폰의 대표적인 센서에는 가속도 센서, 자기계 센서, 자이로 센서, 온도 센서 이미지 센서, 근접 센서, 모션 센서, 지문 센서 그리고 터치 센서 등이 내장되어 있으며 자동차나 항공기의 경우는 더욱 많은 센서들이 데이터 생성에 활용되고 있다.

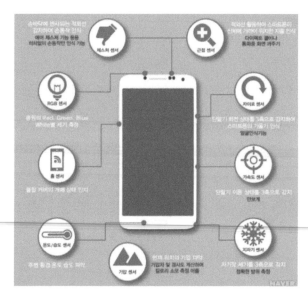

그림 7-18 스마트폰에 활용된 다양한 센서

출처:네이버

■ 엑추에이터(Actuator)

센서는 물리적인 상태를 감지하여 전기적 신호로 변환해 주지만 액추에이터는 전기적인 신호에 반응하여 물리적인 상태로 변환해 준다. 예를 들어 전자식 도어락(Door Lock)의 경우 사용자가 입력한 비밀 번호를 인식하여 문을 열어주겠 된다. 이와 유사하게 드론에 사용되는 모터는 사용자의 조정기 입력에 따라 프로펠러의 회전수를 조절하여 드론을 제어하게 된다. 그림 7-19에서는 보는 스마트펫 로봇은 주변의 상태나 사용자의 동작 등을 감지하고 이에 반응하는 엑추에이터 제품이라 할 수 있다.

이처럼 사물인터넷에서 데이터를 생성하는 방법은 센서를 이용하여 생성하기도 하지만 반대로 엑추에이터처럼 전기적 신호를 해석하여 물리적 상태에 영향을 주기도 한다.

그림 7-19 엑추에이터 스마트펫

■ 음성인식기술

음성인식기술은 사용자의 아날로그 음향 신호를 추출한 후 잡음을 제거하는 작업을 거쳐 디지털 신호로 변화하게 된다. 사람의 음성에는 지문과 같이 독특한 특징이 있으며 이 음성 신호의 특징을 추출하여 저장되어 있는 음성 데이터베이스(Database)와 비교하여 음성인식을 하게 된다. 음성 인식 기술은 다른 4차 산업 분야 보다는 단순하여 현재 많은 사물에서 음성인식 기술이 폭넓게 적용되고 있다.

(2) 데이터 전달

사물들을 통해 생성된 데이터는 다양한 무선 통신기술들을 통해 전달된다.

• 와이파이는 무선통신의 대표적인 통신 방법으로 모르는 사람이 없을 정도로 집, 회사, 공공장소 심지어 대중교통 수단인 버스, 지하철에도 설치되어 있고 이를 활용하고 있다. `

• 블루투스(Bluetooth)는 가까운 거리에서 데이터, 음성, 영상 등을 교환할 때 사용하는 무선 기술 (2.4 GHz)로 1994년 에릭슨이 개발하였으며, 스마트폰, 노트북, PC 주변장치, 이어폰 등에 널리 이용되고 있는 저전력의 기술이다.

• RFID와 NFC : RFID는 리더기가 전파를 방사하면 태그는 수신한 에너지를 이용하여 칩에 저장된 데이터를 리더기로 반환하여 정보를 전달한다. NFC는 RFID 기술을 발전시킨 것으로 비접촉식 양방향 근접 통신 기술이다.

• IPv6 : 인터넷 무선 디바이스들이 저 전력 무선 통신 기술을 적용하기 위해서 IPv6 패킷을 수용하기 위한 기술을 개발하였다. IPv6 헤더 가운데 여러 패킷들이 공동으로 사용하는 필드인 Version, Traffic, Class, Flow Label은 고정된 값이므로 전송할 필요가 없으며 디바이스 네트워크 안에서 복수개의 홉을 통한 IP 라우팅이 일어날 경우 기본적으로 40Byte의 IPv6헤드는 7 bytes로 압축 가능하다.

(3) 데이터 처리

데이터 처리 부분은 사물인터넷의 핵심 부분으로 데이터 생성을 통해 전달 받은 데이터들을 상호 연결하여 사람과 사물, 사물과 사물끼리 시간 장소에 구애받지 않고 사물들에 대한 제어방법을 제공한 후 수집한 데이터를 이용하여 지능적인 서비스를 제공하기 위한 플랫폼 기술이다. 사물인터넷을 위한 데이터 처리에 있어서 대표적으로 요구되는 기능들은 디바이스 관리, 디스커버리, 로케이션, 등록으로서 사물인터넷 디바이스들을 관리하고 찾아주고 등록하기이다.

데이터 처리 부분에 대한 하드웨어 구현은 오픈소스 하드웨어, 소프트웨어, 아두이노(Arduino) 그리고 라스베리 파이와 같은 하드웨어로 구현한다. 오픈 소스 하드웨어의 특징은 사물인터넷의 하드웨어 회로도, PCB 도면을 무료로 공개함으로써 다수에 의해 공유되고 발전해 나가는 방식이다.

대표적으로 아두이노는 현재 가장 널리 보급된 ICT 기술로서 공학도가 아닌 일반인들도 쉽게 결과물을 만들어 낼 수 있는 오픈소스 하드웨어이다. 보통 하드웨어 개발을 위해선 임베디드와 같은 전문적인 지식이 필요하지만 아두이노는 초등학생 조차도 쉽게 접근할 수 있는 개발도구와 회로도를 제공하고 있다. 사물인터넷 개발을 위한 그림 7-20과 같은 각종 센서/엑츄에이터 및 통신 모듈을 포함한 다양한 호환 보드들이 있으며 이를 쉽게 확장할 수 있다. 이러한 보드를 이용하여 만든 디바이스로는 가속도계, 두발 로봇, RC 모형 자동차 등 생활에서 적용되는 거의 모든 분야이다.

라즈베리 파이는 기초 컴퓨터 과학 교육 목적으로 만들어진 초소형의 PC이다. 아두이노는 보드와 모듈만 제공하지만 라즈베리 파이는 키보드, 마우스, 모니터만 연결하면 PC가 된다. Linux OS를 기반으로 하며 초보 프로그래머도 쉽게 이용가능하며 동영상 카메라를 쉽게 적용할 수 있다.

그림 7-21은 라즈베리파이 B+ 모델이며 이를 응용한 개발에는 스마트폰, 카메라, 게임기 등 분야가 아두이노처럼 매우 다양하다.

그림 7-20 아두이노 보드

그림 7-21 라즈베리파이 모델 B+

(4) 서비스 활용

■ 클라우드(Cloud) 서비스

사물인터넷의 서비스 활용을 위해서 클라우딩 서비스가 필요하다. 클라우딩 서비스는 인터넷 연결이 가능하다면 언제 어디서나 시간과 장소에 구분 없이 인터넷을 통한 모든 일이 가능한 서비스이다. 즉 과거에는 개인의 컴퓨터를 이용하여 개인의 컴퓨터 자원만을 이용하였다면 클라우드는 컴퓨터의 모든 자원이 인터넷 클라우드에 존재하게 된다. 각종 관리기능을 서비스 제공자가 제공하기 때문에 관리하기도 쉬우며 웹서비스 운영 환경을 구축할 경우 사용자 수에 따라 사용할 리소스를 쉽게 조정할 수 있으므로 확장성이 뛰어난 장점을 갖고 있다.

그림 7-22 클라우딩 서비스
출처: 국립중앙과학관

■ 기기 관리 기술

사물인터넷 서비스에 이용되는 다양한 장치들을 관리해야 한다. 이 장치들은 모두 네트워크에 의존하기 때문에 일반적으로 복수 표준을 수용하고 각 장치들간에 연동될 수 있는 인터페이스를 정의해야 한다.

장치나 네트워크의 보안 취약점을 이용하여 장치의 동작이나 각종 서비스를 방해하는 다양한 해킹에 대처하기 위한 보안 기술이 필요하다. 보안 위협에 해당되는 요소로서 장치/센서 부분, 네트워크 부분 그리고 서비스 부분이 있다.

■ 실생활 서비스

사물인터넷을 통한 인공지능, 가상현실과 증강현실, 3D 프린팅 그리고 암호화 기술 등 서비스 분야는 클라우딩 서비스와 함께 우리의 일상생활 어느 부분에서도 가능하다.

7.7 인공지능 (AI : Artificial Intelligence)

인공지능은 사물인터넷과 더불어 4차 산업혁명에서 가장 핵심 적인 분야이다. 가상현실 구현이 인간의 오감을 시스템으로 구현하듯이 인공지능은 인지하고 판단하는 인간의 뇌 기능을 구현하는 것을 목표로 한다. 오늘날의 인공지능 기술이 실현되기 까지는 여러 우여곡절이 있었으며 구현방법에 따라 전문가 시스템과 기계학습 시스템으로 분류할 수 있지만 최근에는 빅데이터와 연계된 기계학습이 주목을 받고 있다.

인공지능의 산업화와 활용은 시장에서 매우 큰 이슈이며 앞으로 가파른 성장을 보일 것이며 전 세계 모든 국가가 국가의 운명을 맡길 정도로 인공지능 기술과 시장을 육성하고 있다. 인공지능의 개념과 역사를 알아보고 그에 따른 시스템의 발전 방향과 향후 인공지능의 활용분야에 대해 알아본다.

7.7.1 인공지능 개념과 역사

인공지능은 기계가 많은 정보를 획득하고 이 정보를 이용하여 마치 인간의 뇌처럼 인지하고 추론하는 능력을 부여하는 것이다. 인간의 뇌는 사물을 바라보고 주변에서 들려오는 소리에 따른 인지능력(시각, 청각)과 인지에 따른 추론능력(추리, 결정 등)이 있다. 이러한 능력은 이미 기계적으로 이미지 식별(시각), 음성인식(청각), 수치예측(추리) 그리고 명령어처리 등이 구현되어 있다.

인공지능의 역사는 사람마다 기준이 다소 모호하지만 처음 인공지능의 개념을 도입한 사람은 앨러튜닝으로서 1950년 '계산 기계와 지능(Computing Machinery and Intelligence)'이라는 논문에서 지능

적 기계의 개발 가능성에 대해 기술하였으며 이를 인공지능의 역사의 시작으로 보고 있다. 인공지능
이라는 용어는 1956년 미국 다트머스 회의에서 존 메카시(Jhon McCathy) 교수가 "지능적 기계를 만
드는 과학과 공학"으로 정의 내리면서 처음 등장하였다.

1950년데 인공지능의 개념과 정의가 내려지면서 인공지능은 1차 전성기를 맞이하였다. 그러나 그림
7-23에서 보는 바와 같이 인공지능은 두 번의 침체기를 거치면서 현재 3차 인공지능 전성기를 맞이
하고 있다.

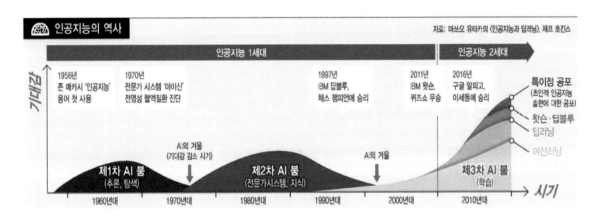

그림 7-23 인공지능의 역사
출처: 인공지능과 딥러닝(2015)

1차 전성기를 거치면서 1970년대에는 기대감 감소로 1차 침체기를 거쳤으나 1980년대에 전문가 시
스템의 등장으로 2차 전성기를 맞이하였다. 전문가 시스템이란 기업의 전문가의 전문지식을 활용해
만든 시스템으로서 한때 기업에서 비용을 절감하는 성과를 냄으로써 부흥을 이끌기도 하였다. 이때
까지의 인공지능은 1세대라 부르며 1997년 IBM 딥블루와 인공지능이 체스 챔피언에 승리를 거두었
지만 또 다시 인공지능에 대한 기대감 감소와 함께 컴퓨터 성능과 데이터의 부족 그리고 인공신경망
의 한계점이 나타나면서 2차 침체기를 맞이하였다.

2010년대를 맞이하면서 IBM의 왓슨이 퀴즈쇼에서 우승하고 2016년 구글의 알파고와 이세돌의 바
둑은 전 세계에 생중계되며 알파고가 압도적인 승리를 거두자 전 세계가 인공지능 및 딥러닝에 분야
에 주목을 하고 3차 전성기를 맞이하며 제2세대 인공지능의 시대를 맞이하였다. 초기의 인공지능은
인간의 인지능력이나 추리능력을 기계적 계산과정으로 풀이하는 단계에서 인공 신경망, 기계학습 등
이 제시되었다. 이러한 연구들은 2세대 인공지능 시대에 인공신경망의 한계점을 극복하고 이를 기반

으로 딥러닝 알고리즘이 여러 분야에서 성과를 내면서 더욱 발전하는 계기가 되었다.

인공지능은 그림 7-24와 같이 머신러닝(Machine Learning)과 딥러닝(Deep Learning)으로 구별할 수 있다. 인공지능은 이 둘을 포함하는 포괄적 개념으로서 사고방식이나 학습 등 인간이 가지는 지적능력을 컴퓨터를 통해 구현하는 기술이다. 머신러닝은 기계학습이라고도 하며 컴퓨터가 스스로 학습하여 인공지능의 성능을 향상시키는 방법을 말한다. 딥러닝은 머신러닝을 구현하는 여러 방법 중 인공신경망(Artificial Neural Network)의 한 종류이다. 인공신경망이란 인간의 뇌신경이 정보를 처리하는 방식으로 시스템을 구현한 시스템을 말한다. 따라서 인공지능은 머신러닝을 포함하고 인공신경망은 머신러닝에 포함되며 딥러닝은 인공신경망의 한 종류가 된다.

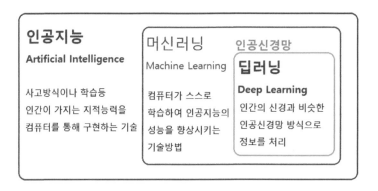

그림 7-24 인공지능의 관계

7.7.2 인공지능 시스템의 분류

인공지능은 구현 방법에 따라 전문가가 직접 정보를 입력하여 처리하는 전문가 시스템과 기계에게 방대한 양의 정보를 입력하고 스스로 학습하여 인공지능을 구현하는 기계학습으로 분류할 수 있으며 최근에는 빅 데이터를 활용할 수 있는 기계학습 중에서도 인간의 신경망 신호처리 구조를 모방하는 딥 러닝 방식이 많이 사용되고 있다. 특히 각 산업에서 발생하는 다양하고 엄청난 데이터를 사물인터넷을 통해 실시간으로 수집, 저장되고 인터넷 및 클라우드 시스템을 통하여 시공간에 제약 없이 데이터를 처리할 수 있다는 점에서 딥 러닝이 매우 주목받고 있다.

(1) 전문가 시스템(Expert System)

전문가 시스템은 전문가가 직접 판단기준 및 데이터를 기계에게 입력하여 처리하는 방식으로 일상적인 분야에서 전문가들의 판단과정과 유사하게 동작한다. 전문가들이 판단을 내리는 기준을 기계에게도 규칙을 만들고 인공지능은 설정된 규칙에 따라 주어진 내용에 대해 추론하고 최종 판단을 내린다.

그림 7-25는 전문가 시스템을 이용하여 은행에서 고객의 신용도를 평가하는 의사결정을 나타낸 것으로 정해진 기준에 따라 참(Yes)과 거짓(No)을 따라가며 최종 의사결정을 내린다.

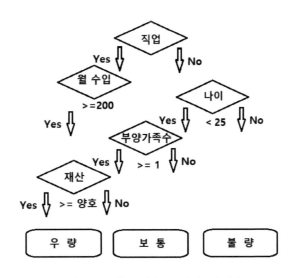

그림 7-25 신용도 평가 전문가 시스템 예시

위의 예제에서 고객이 직업이 있고 월 수입이 200이상이며 부양가족 수는 1명이상이고 재산이 양호하면 고객의 신용도는 우량으로 판단한다. 이처럼 전문가 시스템은 전문가가 고객의 신용을 판단하는 방법과 매우 유사하며 전문가가 직접 위와 같은 규칙을 입력한다. 은행과 같은 금융권이외에도 화학물질 분석, 약물처방, 지식재산권 그리고 컴퓨터의 부품 설정 등과 같은 사례가 있다. 그러나 전문가 시스템은 새로운 규칙이 생성되거나 예외사례가 발생할 때마다 시스템의 업데이트가 요구되고 매우 복잡한 논리적인 사고가 요구시에는 구현의 복잡도가 증가하게 된다.

(2) 기계 학습

기계학습은 방대한 양의 데이터를 활용하여 기계가 스스로 판단기준을 학습하고 지능을 구축하는 방식으로 스스로 학습할 수 있기 때문에 예외적인 발생에도 적용할 수 있는 장점이 있다. 인간의 신경망이 연결된 것과 같이 딥 러닝도 신경망의 연결 형태와 작동 원리를 모방하여 인공지능을 구현한 것이다. 기계학습은 데이터를 활용하는 특징으로 인해 빅 데이터 시대에 적합한 방법이며 다양한 산업 분야에서 응용되고 있다.

기계학습은 학습하는 데이터의 특성에 따라 지도학습(Supervised Learning), 비지도학습(Unsupervised Learning) 그리고 강화학습(Reinforcement Learing)으로 구분된다.

① 지도학습

입력 데이터와 각 데이터에 대한 상응하는 정답을 주는 방식으로 학습을 시켜 새로운 입력데이터를 주었을 때 올바른 답을 내도록 설계하는 방법이다. 그림 7-26에서는 입력 데이터로서 개와 고양이 사진 등을 입력 데이터로 주고 개와 고양이를 학습시킨다. 학습된 시스템에 새로운 이미지를 입력했을 때 시스템은 학습한 결과를 토대로 개인지 고양이 인지를 학습하도록 시스템을 구성한다.

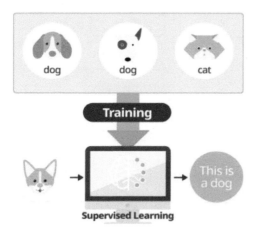

그림 7-26 지도학습 개념
출처: 한국정보통신기술협회

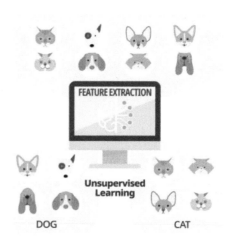

그림 7-27 비지도 학습 개념
출처: https://terms.tta.or.kr

② 비지도 학습

입력 데이터만을 가지고 입력된 데이터의 특징을 파악하고 입력된 데이터들에 대해 유사한 그룹으로 구분하도록 설계한다. 최종적으로 결과물에 대한 특징을 파악하여 학습에 유용한 정보를 추출하게 된다. 그림 7-27에서 보는 바와 같이 입력된 다양한 데이터에 대해 특징별로 그룹화하여 개와 고양이로 분류하고 개와 고양이의 특징을 스스로 학습하게 된다.

③ 강화학습

지도학습 또는 비지도 학습과 달리 데이터가 처음에는 주어지지 않는다. 데이터와 보상을 획득하기 위한 기계의 행동을 부여하고 기계 스스로 더 나은 데이터와 보상을 얻기 위해 적절히 행동을 학습하도록 설계된 시스템이다. 강화학습에 대한 좋은 예는 미로 출구에 치즈를 놓고 쥐로 하여금 미로를 탈출하게 함으로써 쥐는 치즈(보상과 데이터)를 얻기 위해 미로 탈출을 위한 학습을 더 강화하게 된다.

그림 7-28은 강화학습에 대한 개념도로서 학습대상인 에이전트가 미로, 체스 또는 바둑 등과 같이 특정한 환경에서 어떤 행동을 했을 때 그 결정에 대해 보상 또는 벌칙을 주는 것이다. 보상 또는 벌칙은 행동 즉시 결정을 하지 않고 여러 번의 행동을 취하고 나서 한꺼번에 보상하는 것이 일반적이다. 강화학습은 인공신경망을 적용하여 환경과 에이전트의 상태 등의 입력에 대해 행동을 결정하고 보상이 있으면 이전의 입력값과 행동들을 긍정적으로 학습하게 된다.

강화학습 알고리즘은 크게 시스템의 구조와 법칙을 알 수 있는 경우(바둑, 게임 등)에 적용하는 모델 기반 알고리즘과 시스템의 구조와 법칙을 알 수 없는 경우(주식, 자율 주행차)에 적용하는 자유 모델 알고리즘이 있다.

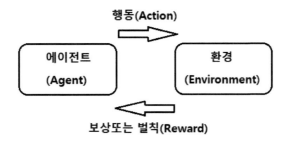

그림 7-28 강화학습 개념

④ 심층강화 학습

인공신경망을 사용하는 강화학습과 유사하게 심층신경망을 활용하여 강화학습 기법의 성능을 개선함으로써 바둑, 자율주행차 또는 로봇의 제어와 같은 복잡한 문제도 심층적으로 강화학습을 적용할 수 있도록 한다. 대표적인 심층강화학습 기법으로는 DQN(Deep Q-Network)이 있으며 심층신경망을 적용하여 Q 학습을 진행하는 방식이다. 심층강화 학습의 대표적인 예는 그림 7-29에서 보는 것처럼 2016년에 일어났던 알파고와 이세돌의 바둑 대국이다. 바둑의 경우 체스와 달리 강화학습 방법으로는 학습이 되지 않았지만 심층강화 학습을 적용하여 이세돌과 대국에서 첫판은 졌으나 이후 내리 3판을 불계승을 거두었다. 심층강화학습 기법은 다른 학습 방법보다 성능이 우월한 관계로 광범위한 산업 현장에 적용될 것으로 생각된다.

그림 7-29 알파고와 이세돌 바둑 대국
출처: 문화일보

7.7.3 인공지능 활용 분야

인공지능의 파급효과는 매우 크기 때문에 전 세계 모든 국가는 자국의 역량을 총 동원하여 인공지능 기술과 시장을 육성 중에 있으며 향후 가파른 성장을 보일 것이다. 2020년 소프트웨어정책연구소의 조사에 의하면 세계 인공지능 관련 시장규모는 2018년 약 22조원에서 2019년 29조원으로 증가하였고 향후 5년 동안 평균적으로 약 40% 성장하여 약 211조원의 시장을 형성할 것으로 전망하였다.

인공지능의 산업분야별 적용사례는 다음과 같다.

(1) 제조 분야

제조에서 AI란 기계가 인간과 같은 작업을 수행할 수 있는 지능을 가진 시스템으로서 실시간 감시 및 운영의 최적화를 위한 스마트 팩토리와 스마트 가전 등에 응용되고 있으며 신제품 설계에도 적용이 되고 있다.

제조분야의 인공지능 활용 사례는 다음과 같으며 확산 방안은 그림 7-30과 같다.

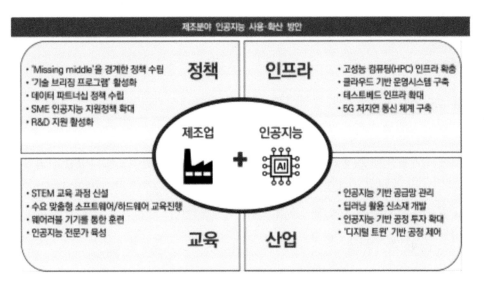

그림 7-30 제조 분야에서 인공지능 확산 방안
출처: The AI_Report_2022_7

- 산업 연구 : 비행기 제조사 보잉(Boeing)사는 제트기 부품제작에 있어 인공지능 시스템을 활용해 금속 분말 합금 과정에 대한 천만가지 제조법 스캔과 수십 년간의 실험 결과를 분석해 몇 년이 걸릴 재료의 발견을 며칠로 단축하였다.

- 제품 디자인 : 에어버스(Airbus)사의 3D 프린터와 결합된 인공지능 기반 소프트웨어는 많은 사이클에 걸쳐 디자인을 폐기/개선하는 시스템을 활용하여 강도는 높고 무게는 경량화된 A320 항공기 격벽 제조에 성공하였다.

- 제작 및 조립 : 인공지능이 탑재된 검출기는 반도체 공정회로에서 불규칙한 형상의 칩 등 결합 발생 시 이를 자동으로 탐지한다.

- 공정 제어 : 기계내부 센서에서 출력된 실시간 데이터를 활용한 '디지털 트윈' 기술 기반의 제조 공정제어는 제조 공정 생산 모니터링, 변수의 최적화, 유지 보수 예측 등의 역할을 수행한다.

- 공급망 관리 : BMW 사는 차량용 핵심 부품을 생산하는 주요 생산 장비의 실시간 현황을 파악하기 위해 인공지능을 활용하여 유통을 효율적으로 관리하고 있다.

- 교육 지원 : 에어버스사는A360 항공기 제작시 초보 제작자들이 문제에 직면할 경우 과거 데이터를 분석하여 해결책을 제시함으로써 교육 지원에 활용

(2) 금융

금융 분야에서는 유망 주식 발굴, 투자 권고를 위한 자산관리와 은행에서의 상담 문의 등 금융 전반에 활용되고 있으며 점차 확대될 것으로 전망된다.

IBM에서 개발한 왓슨(Watson)은 자연어 처리 인공지능 플랫폼으로 다양한 산업별 데이터로 학습하여 각 분야에 특화된 형태로 서비스를 제공하며 유망 주식을 추천하고 있다. 신한 금융 그룹은 국내 금융권 최초로 왓슨을 은행 자산관리 서비스에 활용한 '보물섬 프로젝트'를 진행하고 강화학습을 통하여 투자성과를 나타내었다.

(3) 헬스케어

헬스케어 분야에서 인공지능은 크게 병리학, 영상의학, 개인건강관리, 의약품개발 분야에 주로 응용되고 있으며 수술용 로봇 및 디지털치료제 등 다양한 분야에서도 적용되고 있다.

캘리포니아 대학 교수팀은 딥러닝을 활용한 AI에 의해 95%의 정확도로 암세포를 진단하는 데 성공하였으며 미국의 IBM 연구소에서도 딥러닝 AI을 이용해 3,000건이나 되는 피부암을 분석하였고 그 결과 95%라는 매누 높은 확률로 피부암 암을 검출하는 데 성공하였다. 나아가 대량의 이미지를 학습함으로써 정밀도를 더 높이는 것이 가능할 것으로 기대된다.

구글 산하의 DeepMind에서는 의사가 진단하는 데 많은 시간을 필요로 하는 2가지 눈 질환을 신속하게 진단할 수 있는 AI의 개발을 추진하고 있으며 신속한 진단이 가능하게 되면 눈 질환의 조기발견이

나 조기치료로 연결될 수 있을 것으로 전망하고 있다. 또한 알파고(AlphaGo)를 응용하여 두경부 암에 걸린 환자들에 대해 최적의 방사선 치료를 할 수 있도록 연구개발을 진행하고 있다. 인공지능을 활용하면 방사선의 방향이나 양을 빨리 산출할 수 있고 원활하게 치료 방침을 세워 환자 한 사람 한 사람에게 맞춤형의 치료법을 선택할 수 있게 된다.

국내에서도 다양한 의료기관이 인공지능을 활용한 영상의학 및 휴먼케어 서비스를 제공하고 있다. 특히 과학기술정보통신부에서 진행한 의료 인공지능 소프트웨어 개발에 국내의 수많은 의료 기관과 ICT 기업이 참가하여 그림 7-31에서 보는 것처럼 12대 질환을 위한 맞춤형 AI 의료서비스인 닥터앤서(Doctor Answer)를 개발하였다.

그림 7-31 닥터앤서 2.0

출처: https://www.dranswer.kr/business/introduce

(4) 자동차 산업

자동차와 관련된 대표적인 인공지능 적용사례는 자율 주행차로서 국내의 현대/기아뿐만 아니라 전 세계의 자동차 주요 기업들은 자율주행차 개발에 사활을 걸고 점차 상용화 단계에 이르고 있다. 또한, 자동차 관련 산업에도 응용되어 자동차 스마트 팩토리, 타이어 마모 탐지 등 자동차 관련 산업에 인공지능이 적용되어 성과를 도출하고 있다.

그림 7-32는 Frost & Sullivan의 자율주행차에 대하여 5단계로 정의하고 있으며 2025 이후에나 자율주행차가 상용화될 것으로 예상하고 있다. 2016년 이전에는 AI가 적용된 사례 없이 운전자가 운전하는 동안 차선 유지시스템이나 혼잡구간에서 주행 지원 정도에 불과하였다. 자율주행 3단계부터는 특정 동작 조건하에서 시스템이 차량을 제어하며 운전자의 요청이 있을 때 인공지능이 개입한다. 4단계에서는 모든 도로표지판과 신호등을 감지하여 진보된 경로계획과 복잡한 교차로를 탐색하여 가능

한 모든 상황을 구별하고 올바른 추론을 세우게 된다. 5단계는 완전한 자율주행으로 전체적으로 인공지능이 자동차는 도어투도어(Door To Door) 운송 서비스를 제공한다. 5단계에서는 운전자가 운전석에서 벗어나 있어도 시스템을 차량을 적절하게 제어가 가능하게 된다.

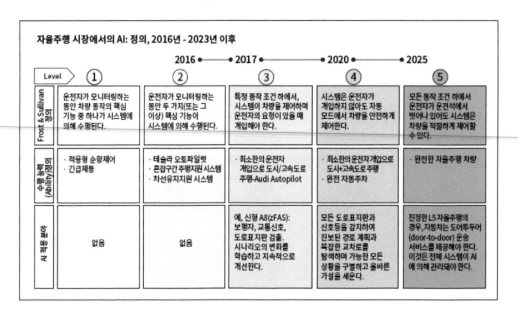

그림 7-32 자율주행차 정의

출처:Frost &Sullivan

자율주행차 이외의 분야에서도 현대자동차 그룹은 2019년 인공지능 전담조직 AIRS(Artificial Intelligence Research & Service)을 만들어 자동차와 관련 산업 분야의 다양한 사업을 계획하고 운영하고 있다. 자동차 생산에 인공지능을 접목한 스마트 팩토리는 컴퓨터 비전 기술을 통해 자동차 부품의 연결과 조립상태를 확인하며 도장 과정과 타이어 정비 및 휠 얼라인먼트(Alignment)에서의 불량을 신속하게 파악하여 차량의 품질 향상에 기여하고 있다.

(5) 환경 및 사회 안전

인공지능은 기후변화와 같은 예측과 야생동물 보호를 통한 환경문제나 지능형 CCTV의 확대로 사회복지 문제를 해결할 수 있다.

구글은 약 5~10분 만에 최대 6시간까지의 기상변화를 예측할 수 있는 일기예보 인공지능 'NowCast'를 2020년 1월에 공개하였고, IBM은 그림 7-33과 같은 기상 데이터, 기후변화 위험 분석 기능 등을 통합한 AI 친환경 솔루션 'Environmental Intelligence Suite'를 2021년 10월에 출시했다. 이러한 솔루션들은 고객들의 자연재해 저감 계획 수립을 지원해 피해를 최소화 시켜주며 동시에 회복탄력성(Resilience)을 높여주고 있다. IBM이 서비스 중인 AI 친환경 솔루션은 산불, 홍수, 대기오염 같은 기후 변화를 모니터링하고 예측 경보를 발송해 갑작스러운 비즈니스 중단 위험을 예방해준다. (출처: 한경닷컴 2022.08.04)

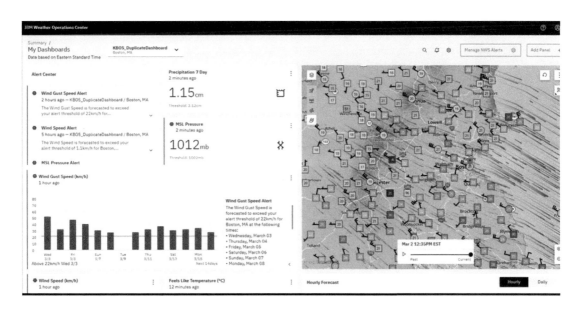

그림 7-33 IBM 'Environmental Intelligence Suite'

스마트 선별관제시스템은 CCTV 영상분석기술을 활용하여 사람, 차량 등 객체를 식별하는 기능과 탐지된 사람의 이상행동(배회, 침입, 쓰러짐 등) 분석 기능을 보유함으로써 관제센터에서 사고예방을 위해 미리 대응 할 수 있게 해준다. 그림 7-34는 군포시의 스마트플랫폼 기반의 통합관제 시스템을 나타낸 것이다.

그림 7-34 군포시의 스마트안전 플랫폼
출처: 안양지역도시기록연구소

7.8 실습 - 차트작성과 데이터베이스

7.8.1 차트 만들기

■ 막대 차트

막대 차트는 비교하고자 하는 수량을 막대의 길이로 표시하여 그 길이를 비교하고 각 수량간의 대소 관계를 나타내는 그래프이다. 자료의 내역, 비교, 경과, 도수 등을 표시하는 용도로 활용하고자 할 때 막대 차트를 사용한다. 그림 7-35와 같이 막대가 세로로 놓여 있을 경우에는 세로 막대형 차트, 가로로 놓여 있을 경우에는 막대형 차트라 부른다.

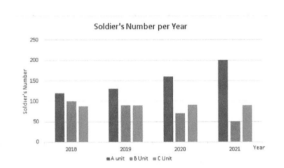
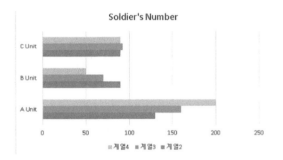

그림 7-35 막대형 차트

■ 선(절선)형 차트

선(절선) 차트는 그림 7-36과 같이 시간의 경과에 따른 수량의 변화를 절선의 기울기로 나타내는 차트로 경과, 비교분포를 비롯하여 상관관계를 나타내기 위해 사용한다. 이 차트의 가장 기본적인 활용은 연도별 자료의 변화와 같은 시간적 추이를 표시하는데 적합하다. 선 그래프를 작성할 때에는 세로축에 수량, 가로축에 명칭구분(연, 장소, 형태 등)을 제시하며, 축의 모양은 L자형으로 하는 것이 일반적이다. 또한, 선의 높이에 따라 수치를 파악하는 경우가 많으므로 세로축의 눈금을 가로축의 눈금보다 크게 하는 것이 효과적이다.

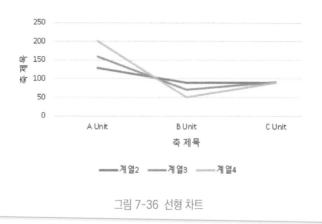

그림 7-36 선형 차트

■ 원형 차트

원형 차트는 그림 7-37과 같이 내역이나 내용의 구성비를 원을 분할하여 작성하는 차트이다. 전체 100%에 대한 구성비를 표현할 때 다양하게 활용할 수 있다. 일반적으로 원형 그래프를 만들 때는 12

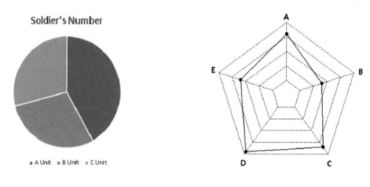

그림 7-37 원형차트와 방사형 차트

시 정각에 있는 선을 출발선으로 사용하며, 이때부터 오른쪽으로 그리는 것이 일반적이다. 또한 구분선은 구성비율이 큰 순서대로 그어져 있지만, 구성비율의 크기에 상관없이 마지막에 '기타' 항목을 그리는 것이 좋다.

■ 방사형 차트

방사형 차트는 거미줄 차트라고도 하며 비교하는 수량을 직경 또는 반경으로 나누어 원의 중심에서의 거리에 따라 각 수량의 관계를 나타내는 그래프로서 각 요소를 비교하거나 경과를 나타낼 때 활용할 수 있다.

■ 점 차트

점 차트는 그림 7-38과 같이 가로축과 세로축에 2요소를 두고, 알고자 하는 것이 어떤 위치에 있는가

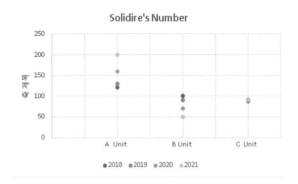

그림 7-38 점 차트

를 알고자 할 때 작성하는 차트이다. 점 차트는 지역분포를 비롯하여 도시, 지방, 기업, 상품 등의 평가나 위치, 성격을 표시하는 용도로 활용한다.

(1) 블록지정

그림 7-39의 표를 차트로 만들기 위하여 그림 7-40과 같이 A3:F14를 블록으로 지정한다.

	A	B	C	D	E	F	G
1	산업별 취업자						
2							(기준:2022년)
3	산업별	1월	2월	3월	4월	평균	비고
4	농업	1,246	1,276	1,408	1,545	1,368.75	증가
5	광업	13	12	13	13	12.75	증가
6	제조업	4,467	4,450	4,512	4,518	4,486.75	증가
7	전기업	78	77	73	76	76	유지
8	재생업	173	176	171	157	169.25	감소
9	건설업	2,055	2,044	2,115	2,123	2,084.25	증가
10	금융업	781	788	768	756	773.25	감소
11	부동산업	530	554	552	545	545.25	감소
12	서비스업	1,426	1,406	1,417	1,459	1,427.00	증가
13	보건업	2,369	2,619	2,682	2,721	2,597.75	증가
14	합계	13,138	3,402	13,711	13,913	13,541.00	증가

그림 7-39 산업별 취업자 표

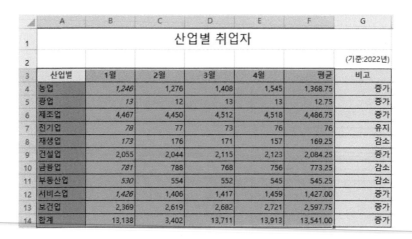

	A	B	C	D	E	F	G
1				산업별 취업자			
2							(기준:2022년)
3	산업별	1월	2월	3월	4월	평균	비고
4	농업	1,246	1,276	1,408	1,545	1,368.75	증가
5	광업	13	12	13	13	12.75	증가
6	제조업	4,467	4,450	4,512	4,518	4,486.75	증가
7	전기업	78	77	73	76	76	유지
8	재생업	173	176	171	157	169.25	감소
9	건설업	2,055	2,044	2,115	2,123	2,084.25	증가
10	금융업	781	788	768	756	773.25	감소
11	부동산업	530	554	552	545	545.25	감소
12	서비스업	1,426	1,406	1,417	1,459	1,427.00	증가
13	보건업	2,369	2,619	2,682	2,721	2,597.75	증가
14	합계	13,138	3,402	13,711	13,913	13,541.00	증가

그림 7-40 차트를 위한 블록지정

(2) 차트 종류와 스타일 지정

블록으로 지정 후 그림 7-41과 같이 삽입-차트를 선택하면 원하는 형태의 차트를 삽입할 수 있고 모든 차트를 보려면 그림 7-42와 같이 모든 차트 탭을 클릭한다.

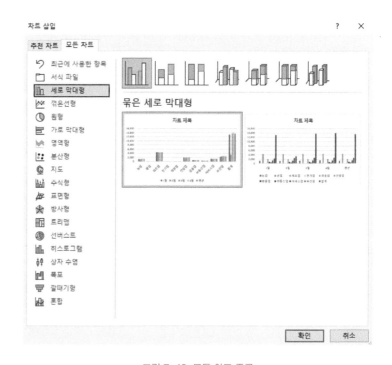

그림 7-41 차트 메뉴   그림 7-42 모든 차트 종류

원하는 차트를 선택하면 워크시트에 차트가 바로 나타난다. 3차원 세로막대형 차트를 작성하기 위하여 그림 7-43과 같이 삽입 - 탭 - 3차원 세로막대형 - 3차원 묶은 세로 막대형을 선택한다.

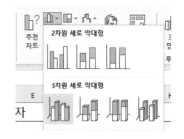

그림 7-43 3차원 세로 막대형

(3) 스타일 지정

3차원 묶은 세로 막대형 차트가 워크시트에 표시되면 그림 7-44와 같이 차트가 선택된 상태에서 차트도구 - 디자인 - 차트 스타일 - 스타일 1을 선택한다.

현재 차트는 표와 중첩되어 표시되어 있으므로 차트 도구 - 디자인 - 위치 - 차트 이동 단추를 클릭하여 차트를 이동 단추를 클릭한 후 그림 7-45와 같은 차트 이동 대화상자에서 새 시트(S)를 선택하고 시트 명에 '산업별 취업자'를 입력하고 확인 단추를 클릭하면 차트 시트가 새롭게 추가되면서 그림 7-46과 같이 'sheet1' 앞에 차트가 삽입된다.

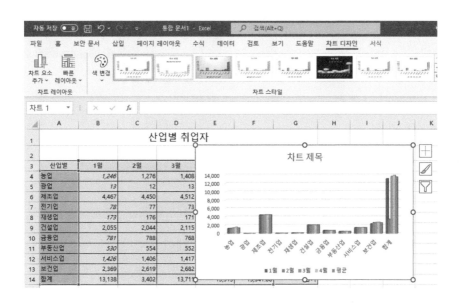

그림 7-44 차트 스타일 선택

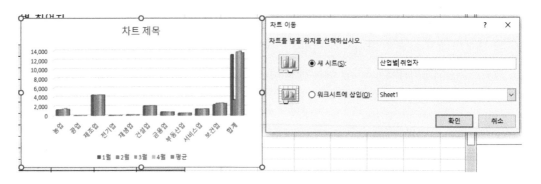

그림 7-45 차트 이동

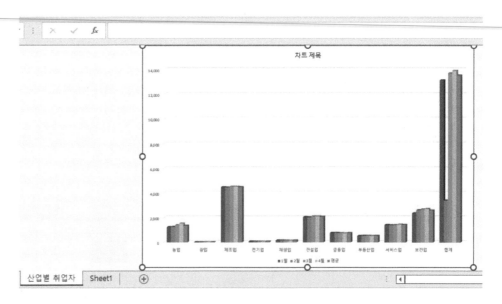

그림 7-46 새 시트 '산업별 취업자'

(4) 차트 제목 및 서식 지정

차트가 선택된 상태에서 그림 7-47과 같이 차트 도구 - 디자인 - 빠른 레이아웃 - 레이아웃 1을 선택한다. 차트 레이아웃을 변경하면 차트 제목, 축 제목, 데이터 레이블 등이 자동으로 표시되거나 삭제되므로 차트 레이아웃을 먼저 선택하는 것이 좋다.

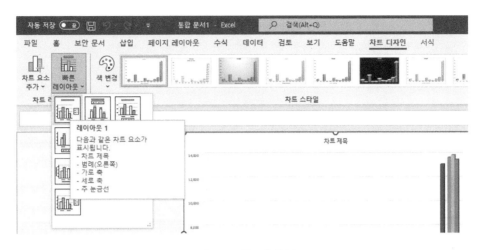

그림 7-47 차트 레이아웃

차트 제목 항목에 그림 7-48과 같이 '산업별 취업자'라고 입력한다. 차트 제목이 보이지 않을 경우 차트를 선택하고 차트 도구 - 레이아웃 - 레이블 - 차트 제목 - 차트 위를 선택하면 된다.

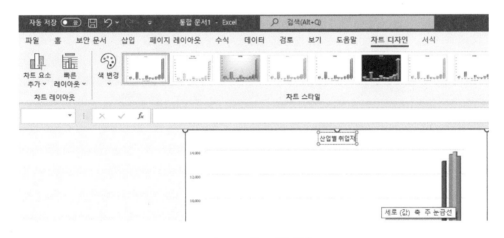

그림 7-48 차트 제목 입력

그림 7-49와 같이 차트도구 - 디자인 - 차트 레이아웃 - 차트 요소 추가 - 차트 제목 - 기타 제목 옵션을 선택한다. 차트 제목 서식의 테두리를 실선으로 처리하고 제목의 그림자를 삽입하기 위해서 바깥쪽, 오프셋 대각선 오른쪽 아래를 선택하고 닫기 단추를 누른다.

그림 7-49 기타 제목 옵션

(5) 차트 축 서식 지정

그림 7-50과 같이 차트의 축 값을 선택하고 축
서식 - 축 옵션을 선택한다. 축 옵션에 따라 최
소, 최대값의 경계 그리고 사용되는 기본과 보
조 단위 등을 적절하게 선택할 수 있다.

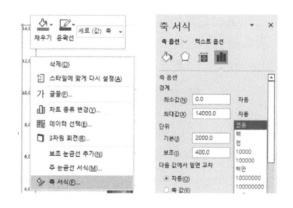

그림 7-50 축 서식

(6) 차트 데이터 계열 서식 지정

임의의 데이터 계열을 선택한 후 마우스 오른쪽 단추를 눌러 데이터 계열 서식 메뉴를 선택한다. 그
림 7-51과 같이 데이터 계열 서식 대화 상자의 계열 옵션 탭에서 간격 깊이를 지정하고 닫기 단추를
클릭한다. 그림 7-52와 같이 차트 영역을 선택하고 차트 영역 서식 - 차트 옵션 - 3차원 회전을 선택한
다. 차트 영역 서식 대화 상자의 3차원 회전 탭에서 3차원 회전을 'X 40', 'Y 40'으로 지정 후 닫기 단
추를 클릭한다.

그림 7-53과 같이 각 계열의 레이블 값을 표시하기 위해 각 데이터 계열을 선택하고 마우스 오른쪽
버튼을 누르면 데이터 레이블 추가 메뉴가 나온다. 데이터 레이블 추가를 선택하고 오른쪽 버튼을 눌
러 레이블 옵션 - 값을 선택하면 된다. 그림 7-54에 데이터레이블 추가 결과된 화면을 볼 수 있다.

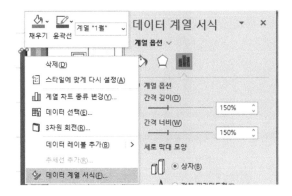

그림 7-51 데이터 계열 서식

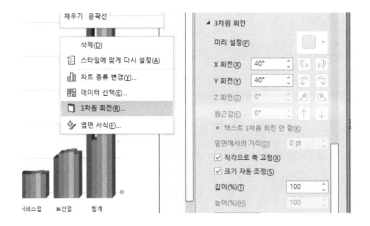

그림 7-52 3차원 회전

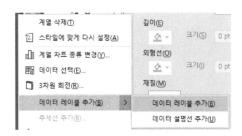

그림 7-53 데이터 레이블 추가

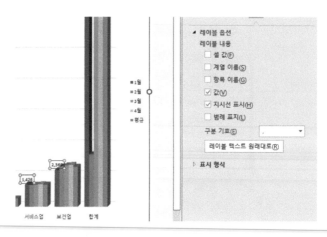

그림 7-54 데이터 레이블 추가 결과

7.8.2 자동필터를 이용한 자료 추출

(1) 자동필터

표 안의 자료를 추출하고 이를 차트로 작성하기 위해 필터를 사용하며 자동필터는 특정조건에 맞는
자료를 검색하여 표시하는 기능이다. 그림 7-55와 같이 4월의 데이터를 모두 선택하고 데이터 - 정렬
및 필터 - 필터를 선택한다.

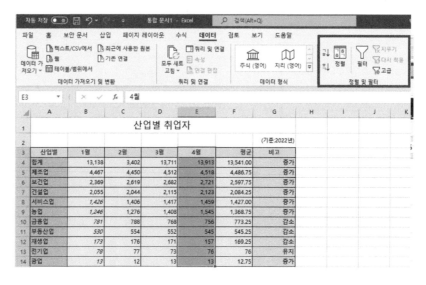

그림 7-55 필터 적용

(2) 정렬과 필터

블록으로 지정된 곳에 필터를 적용하면 그림 7-44와 같이 드롭다운 단추가 생기고 드롭다운 단추를 클릭하면 숫자 오름차순, 내림차순 그리고 숫자 필터 대화 상자를 볼 수 있다.

숫자 오름차순 정렬을 선택하면 데이터 값이 작은 순서대로 변경되고 숫자 내림차순 정렬을 선택하면 데이터 값이 큰 순서대로 변경된다.

숫자 필터는 숫자의 크기나 상하위 값 또는 평균값으로 정렬하기 위해 사용한다. 그림 7-56에서는 숫자 필터를 적용하기 위해서 상위 10을 선택하고 하위 5개 값으로 정렬한 것을 나타낸다.

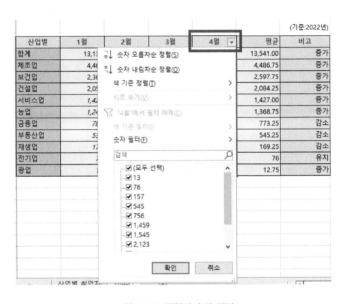

그림 7-56 정렬과 숫자 필터

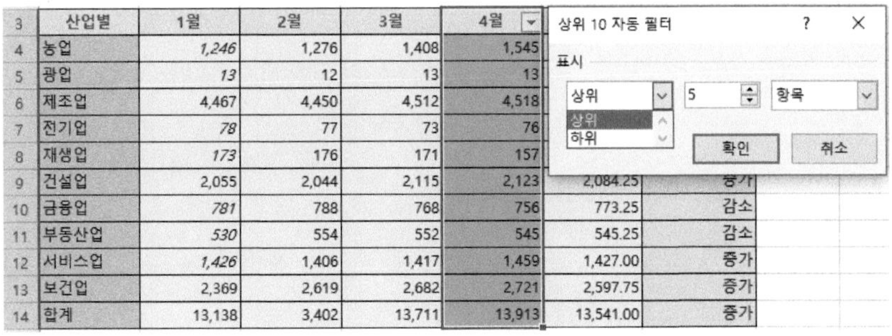

3	산업별	1월	2월	3월	4월	평균	비고
4	농업	1,246	1,276	1,408	1,545		
5	광업	13	12	13	13		
6	제조업	4,467	4,450	4,512	4,518		
7	전기업	78	77	73	76		
8	재생업	173	176	171	157		
9	건설업	2,055	2,044	2,115	2,123	2,084.25	증가
10	금융업	781	788	768	756	773.25	감소
11	부동산업	530	554	552	545	545.25	감소
12	서비스업	1,426	1,406	1,417	1,459	1,427.00	증가
13	보건업	2,369	2,619	2,682	2,721	2,597.75	증가
14	합계	13,138	3,402	13,711	13,913	13,541.00	증가

그림 7-57 숫자 필터

그림 7-58 하위 숫자 필터를 적용한 결과

(3) 차트 만들기

자동 필터를 이용하여 추출된 7-58 데이터에 대해 차트를 만들기 위해서는 A3:F11을 블록으로 지정하고 삽입 - 차트 - 2차원 세로 막대형 차트를 선택하여 그림 7-59과 같이 만들어 보자

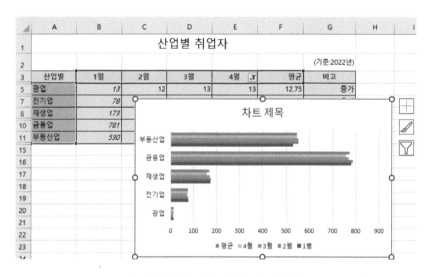

그림 7-59 필터 적용 데이터 차트 만들기

(4) 스타일 지정과 차트 이동

2차원 세로 막대형 차트가 워크시트에 표시되면 차트가 선택된 상태에서 차트도구 - 디자인 - 차트 스타일 - 스타일 1을 선택한다. 현재 차트는 표와 중첩되어 표시되어 있으므로 차트 도구 - 디자인 - 위치 - 차트 이동 단추를 클릭하여 차트를 이동 단추를 클릭한 후 차트 이동 대화상자에서 새 시트(S)를 선택하고 시트 명에 '필터 차트'를 입력하고 확인 단추를 클릭하면 그림 7-60과 같이 차트 시트가 새롭게 추가되면서 'sheet1' 앞에 차트가 삽입된다.

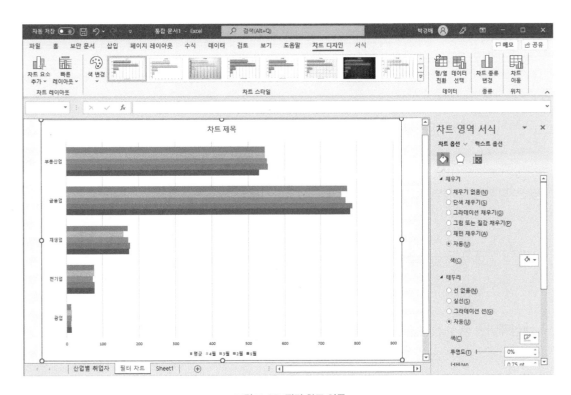

그림 7-60 필터 차트 이동

(5) 앞서 배운 바와 같이 차트 제목 및 서식 지정, 차트 축 서식, 데이터 계열 서식 등을 설정하면 된다.

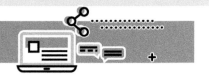
1. 정보 보호의 3가지 목표는 무엇인가?

2. 정보 보호를 보장하기 위한 3가지 보안 서비스에 대해 설명하시오.

3. 정보 보안의 위협 요소 3가지에 대해 설명하시오.

4. DDoS(Distributed Denial of Service)는 어떠한 방식의 해킹인지 설명하시오.

5. 스푸핑에 대해 정의하고 스푸핑의 종류를 설명하시오.

6. 바이러스와 웜/트로이목마 프로그램의 차이를 설명하시오.

7. 랜섬웨어가 왜 위협적인지 설명하시오.

8. 백신 소프트웨어가 바이러스 코드를 감지하고 제거하는 원리는 무엇인가?

9. TCP/IP 프로토콜에 대해 설명하시오.

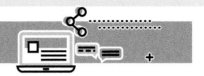

10. 5G에 대해 설명하시오.

11. 사물인터넷이란 무엇인가?

12. 다음 표에서 평균에 숫자 필터를 적용하여 상위 5개의 데이터 값을 축출하고 이를 2차원 가로 막대형 차트로 만드시오.

산업별 취업자

(기준:2022년)

산업별	1월	2월	3월	4월	평균	비고
농업	1,246	1,276	1,408	1,545	1,368.75	증가
광업	13	12	13	13	12.75	증가
제조업	4,467	4,450	4,512	4,518	4,486.75	증가
전기업	78	77	73	76	76	유지
재생업	173	176	171	157	169.25	감소
건설업	2,055	2,044	2,115	2,123	2,084.25	증가
금융업	781	788	768	756	773.25	감소
부동산업	530	554	552	545	545.25	감소
서비스업	1,426	1,406	1,417	1,459	1,427.00	증가
보건업	2,369	2,619	2,682	2,721	2,597.75	증가
합계	13,138	3,402	13,711	13,913	13,541.00	증가

CHAPTER 8

인터넷

8.1 인터넷의 원리와 역사

인터넷은 TCP/IP 모델을 적용하여 컴퓨터 간에 데이터를 주고받으며 응용계층은 구글의 크롬 (Chrome)이나 마이크로소프트사의 에지(Edge)를 사용하여 인터넷 문서들에 대한 정보를 얻을 수 있다. 인터넷을 이용하여 웹 브라우저에 정보를 표시하고 정보를 얻기 위해서는 특정한 형식의 문서로 작성되어야 한다. 인터넷 문서는 HTML의 형식을 이용하여 만들어지고 서버에 저장되며 클라이언트가 해당 문서를 요청하면 서버는 요청된 문서 또는 정보를 제공하는 서비스를 하고 있다.

인터넷 서비스가 가능하기 위해서는 정보를 저장하고 제공하는 서버(Server)가 필요하며 사용자가 서버에 접속하기 위해서는 서버의 위치를 알려주는 인터넷 주소(IP:Internet Protocol)가 있어야 한다. 서버의 정보를 이용하는 사용자를 클라이언트(Client)라 하며 클라이언트들이 인터넷 문서 형태로 이루어진 정보를 얻기 위해서는 웹 브라우저(Browser)를 이용해야 한다. 서버는 HTML(HyperText Markup Language)로 이루어진 웹문서를 통하여 클라이언트의 웹브라우저에 정보를 제공한다. 웹문서의 정보교환을 위한 프로토콜을 HTTP(HyperText Transfer Protocol)이라 하며 통신 프로토콜과 인터넷 주소를 총칭하여 URL(Uniform Resouce Location)이라 부른다.

다음은 인터넷과 관련된 용어를 간략히 정의한 것이다.

- 서버(Server) : 정보의 제공자로서 유일한 주소 URL(Uniform Resource Location)을 가진다.

- 클라이언트(Client) : 서버의 정보를 요구하는 일반 사용자의 컴퓨터이다.

- IP(Internet Protocol) : 주소(address) 서버의 유일한 주소로서 IPv4와 IPv6가 있다. 현실세계의 주소로서 우편물 배송을 위해서 반드시 주소가 필요하듯이 클라이언트가 서버로부터 정보를 얻기 위해서 서버는 반드시 IP 주소가 있어야 한다.

- IPv4 형식 : 124.107.35.12와 같이 0~255 사이의 숫자로 나타내며 4개의 부분으로 분리된다. 주소 할당을 위해 32비트를 할당하였으나 서버의 증대로 주소가 부족해지자 IPv6를 사용하여 주소의 부족 문제를 해결할 수 있다.

- IPv6 형식 : 2001:0db8:85a3:08d3:1319:8a2e:0370:7334 형식으로 128비트를 사용하여 주소 부족 문제를 해결하였다.

- 도메인(Domain) : IP 주소 형식의 숫자는 사람이 인식하기 어렵다. 즉 숫자로만 이루어진 주소를

보고 해당 서버가 어떤 종류의 서버인지 이해하기 어렵다. 이를 위해 주소를 사람이 인식하기 쉬운 문자로 변환된 형태의 주소를 도메인이라 부른다.(예: http:\\www.web3d.org)

- HTTP(HyperText Transform Protocol) : 인터넷 네트워크를 통해 html 문서를 전송하는 통신규약. Protocol은 컴퓨터 간에 데이터를 주고받기 위한 통신규약을 말한다.

- HTML(HYperText Markup Language) : 인터넷 문서의 형식으로 HTTP를 사용하여 서버에서 클라이언트에 전송되는 문서이다.

- URL : 프로토콜://도메인/html문서로 이루어진 구조를 URL이라한다. 즉 유일하게 자원이 위치하고 있는 주소의 문서이다. 예) http://swyit.dothome.co.kr/index.html

- 호스팅(hosting) : 도메인을 html 문서로 구조화하는 작업

인터넷이 작동하는 절차는 그림 8-1과 같이 4단계로 이루어진다.

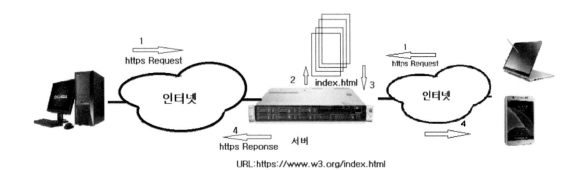

그림 8-1 인터넷 작동 방식
출처: html5 중심의 CSS3

① 클라이언트가 도메인 주소를 통하여 서버에 정보요구를 하는데 이를 https Request(요구)라 한다. http에 s를 붙여 https라 하는 것은 보안(Security)이 설정된 웹사이트임을 나타낸다.

② https Request를 받은 서버는 클라이언트가 요구한 문서 예를 들어 자신의 데이터베이스에 index.html 문서가 있는지 찾아본다.

③ 서버는 요구한 문서 index.html이 있다면 이를 https Response로 이를 클라이언트에게 보내준다.

④ 서버로부터 전송받은 html 문서가 클라이언트의 웹 브라우저에 나타난다. 만약 서버로부터 요구된 문서를 받지 못한다면 클라이언트의 웹브라어저에는 error.html 문서가 보여 지며 요청한 문서를 찾을 수 없다는 메시지를 받게 된다.

일반적으로 클라이언트들은 https://www.w3.org와 같이 인터넷 주소만 웹 브라우저에 입력을 한다. 그 이유는 대부분의 서버들이 index.html을 첫 페이지 이름으로 설정하였기 때문에 클라이언트들이 해당 문서를 생략해도 디폴트(default) 문서로서 index.html을 보내준다.

인터넷의 개념을 처음 도입한 사람은 인터넷의 아버지 혹은 효시라 불리는 팀 버너스리(Tim Berners-Lee)이다. 1989년 유럽의 핵물리학 기구인 CERN에서 팀 버너스리는 연구자들 간에 문서 공유의 목적으로 월드 와이드 웹(World Wide Web: 간단히 W3라 부름)개념과 신조어를 만들었다. WWW의 핵심은 서버(httpd)와 최초의 클라이언트 웹브라우저(WorldWideWeb) 프로그램이며 웹 문서를 생성하기 위해 1991년에 하이퍼텍스트 링크 기능을 가진 문서 형식인 HTML를 사용하였다. 이는 현재 사용하는 인터넷(Internet)의 근간이 되었으며 HTML ver1.0이 되었다.

인터넷 개념인 WWW가 개발되기 전에는 컴퓨터는 단순히 과학적인 연구 목적 혹은 사무용의 독립적인 형태로 사용되었지만 인터넷의 개발로 시간과 공간의 제약을 받지 않고 정보를 이용한다는 점에서 그 파급효과는 엄청난 것이었다. 사회적으로 상업적인 효과가 매우 컸기 때문에 많은 회사들은 인터넷 시장을 선점하기 위한 웹브라우저 및 HTML 개발에 앞 다투어 뛰어들기 시작하였으며 2000년 까지는 꾸준히 발전하게 되었다.

1991년부터 꾸준히 논의되었던 브라우저는 1993년 그래픽 형태의 최초의 웹브라우저 넷스케이프 브라우저가 출시되면서 시장의 관심은 뜨거워졌으며 이에 경각심을 가진 마이크로소프트사는 인터넷 익스플로러를 1993년 출시하였다. 이외에도 구글과 애플사가 독립적인 웹브라우저를 만들면서 W3C의 위상은 약해지고 각 대기업들은 독자 노선들을 걷기 시작했다. 거대한 인터넷 망이 구축되면서 엄청난 양의 데이터를 처리하기 위해서 HTML의 새로운 기능이 추가되어 성능향상이 되기 시작하였으나 W3C의 표준방향이 아니라 각 기업의 웹브라우저는 독립적인 길을 걷기 시작하였다.

표 8-1에서 보듯이 1999년 HTML4.01 이후에는 2000년에 XHTML1.0이 발표되고 2012년까지 표준으로 공표되지 못하였다. 다양하고 많은 양의 자료를 처리하기 위해서는 HTML의 표준이 지속적으로 개발되었어야 했음에도 불구하고 각 웹브라우저 회사들은 자신들에게 유리한 부분들을 고집하면서 브라우저 간에 호환되지 않는 문제점이 발생하였다. 약 10여년 간의 공백을 거치며 2008년 비공

식적인 그룹인 WHATWG(Web Hypertext Application Technical Working Group)을 중심으로 HTML5의 개발이 이루어졌다.

표 8-1 HTML의 버전과 특징

년도	버전	특징
1989	팀버너스-리 WWW 제안	HTML을 적용한 웹 제안
1991	HTML	HTML 개발
1993	HTML+	W3Consortium 창시 넷스케이프 브라우저(Netscape) 출시
1995	HTML2.0/3.0	인터넷 익스플로러 브라우저 출시
1997	HTML3.2	W3C(Consortium) 공식 승인
1999	HTML4.01	W3C(Consortium) 공식 승인
2000	XHTML1.0	W3C(Consortium) 공식 승인
2008	HTML5 Draft	WHATWG
2012	HTML5 Living 표준	WHATWG
2014	HTML5 표준	W3C 표준안 확정

참조: https://www.w3.org/History.html

2015년 말에서 2022년 까지 전 세계의 웹브라우저의 사용률은 그림 8-2에서 보는 바와 같이 구글의 크롬이 54.82%로 과반 이상을 차지하고 있다. 구글의 크롬은 2012년 이후 점유율이 30%정도였던 것을 감안하면 매우 가파른 증가세를 나타낸 것이다. 파란색의 Edge Legacy는 과거 65% 이상에 달했지만 현재 점유율은 우리가 잘 사용하지 않는 다른 미명의 웹브라우저 점유율 보다 낮은 1.25%에 머물고 있다. 마이크로소프트사는 20015년부터 익스플로러의 개발을 포기하였고 차기 버전으로 Edge 브라우저를 출시하였으나 아직도 1% 초반 정도로 사용률이 미비하다할 수 있다.

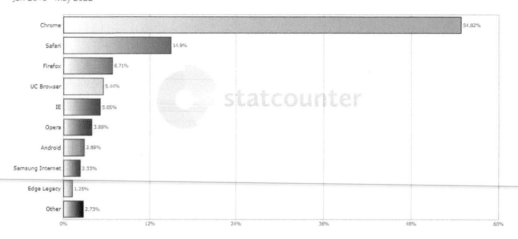

그림 8-2 세계시장 웹브라우저 점유율

출처: gs.statcounter.com

그림 8-3은 2020년 국내 사용자의 웹브라우저 종류에 따른 시장 점유율을 나타낸 것이다. 세계시장에서의 웹브라우저 점유율과 마찬가지로 구글의 크롬 브라우저 사용이 70%이상을 차지하고 있다. 이러한 이유 중에 하나는 구글의 크롬이 HTML5의 표준을 가장 적극적으로 적용하고 있고 동영상을 포함한 다양한 미디어를 적극적으로 지원하고 있다. 익스플로러 브라우저의 경우 마이크로소프트사에서 개발을 포기하였음에도 불구하고 국내에서는 14.4%가 사용하고 있다. 국내에서 아직 익스플로러를 사용하는 이유는 정부 기관의 서버나 은행권의 홈페이지가 익스플로러를 기준으로 만들어 졌기 때문에 쉽게 익스플로러를 포기하지 못하고 있다. 그러나 익스플로러는 2015년 개발을 포기한 상태이기 때문에 보안상의 문제점뿐만 아니라 html5를 지원하지 않기 때문에 지원하지 않는 기능들이 많이 존재한다.

표 8-2는 표준 HTML5를 얼마나 수용하였는가를 웹브라우저의 종류에 따라 테스트하여 점수를 나타낸 것이다. 같은 브라우저라도 각기 다른 버전이 있기 때문에 버전에 따라 점수는 달라질 수 있다. 555점 만점에 크롬 브라우저는 528점을 획득하였으며 초기에 HTML5를 적용하였기 때문에 다른 브라우저들 보다 수용도가 가장 높다. 다음 순위로는 오페라(Opera) 브라우저가 518점을 기록하였다. 마이크로소프트사의 Edge는 492점으로 나타나고 있다. 얼마 전까지만 해도 377점을 기록한 것으로 보아 마이크로소프트사는 Edge의 HTML5 수용도를 높이는 것에 집중한 것으로 보인다. 아쉽게도 애플의

사파리(Safari)는 다섯 개의 웹브라우저 중 가장 낮은 점수를 기록하고 있다. 애플 운영체제를 사용하는 컴퓨터는 어쩔 수 없이 사파리를 사용하겠지만 HTML5의 수용 도를 좀 더 높여야 할 것이다.

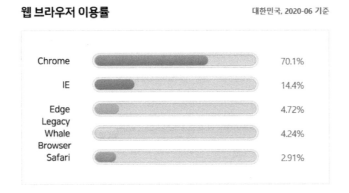

그림 8-3 한국의 웹 브라우저 이용률
출처: 한국인터넷진흥원

표 8-2 웹브라우저 별 HTML 수용점수(555점 만점:버전)

웹브라우저	Chrom(66)	Opera(45)	FireFox(59)	Edge(492)	Safari(11.1)
HTML 수용점수	528	518	491	492	471

출처: html5test.com

8.2 HTML 문서 작성 실습

인터넷의 동작원리와 함께 인터넷 문서를 작성하려면 편집기를 이용하여 html 문서를 만들어야 한다. 한글 작성을 위해 한글 편집기가 필요하듯이 html 문서 전용편집기가 필요하다. Notepad++ 편집기는 html 문서를 작성하는데 유용하므로 설치와 사용방법에 대해 알아보자.

8.2.1 NotePad++ 다운로드 및 설치

① 그림 8-4와 같이 https://notepad-plus-plus.org/ 사이트에 접속한 후 Download 메뉴를 클릭한다.

그림 8-4 https://notepad-plus-plus.org/ 사이트에 접속

② 그림 8-5와 같이 최신 버전을 선택하여 클릭한다.

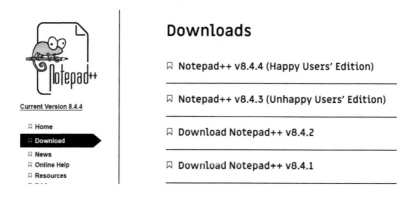

그림 8-5 버전 8.4.4 다운로드

③ 본인의 컴퓨터가 32비트이면 32 비트를 다운로드 받고 64비트이면 64비트 installer를 클릭한다.

그림 8-6은 64비트인 경우 다운로드 받는 예를 나타낸 것이다.

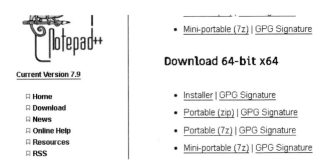

그림 8-6 64비트 installer 클릭하여 다운로드

④ 다운로드 받았다면 다음과 그림 8-7과 같이 설치 초기화면을 볼 수 있으며 한국어를 선택하고 OK
  버튼을 클릭하면 된다.

그림 8-7 언어설정

⑤ 그림 8-8과 같이 화면 안내에 따라 설치 → 확인 버튼을 누르면 자동으로 설치된다.

그림 8-8 설치 시작

8.2.2 Notepad++ 사용법

① NotePad++ 실행하기

바탕화면에 있는 Notepad++ 아이콘을 더블 클릭하거나 C 드라이브의 Program File폴더로 이동 후 Notepad++ 폴더를 찾아 Notepad++ 실행파일을 클릭하면 그림 8-9와 같이 초기 실행화면을 볼 수 있다.

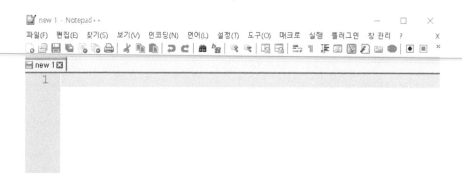

그림 8-9 Notepad+= 실행화면

② 환경설정

Notepad++ 편집기는 다양한 소프트웨어 프로그래밍을 구현할 수 있는 편집기이다. 기본은 문서 편집기로서 txt 파일 형식을 지원한다. html 문서를 효율적으로 작성하기 위하여 설정 메뉴를 클릭하면 그림 8-10과 같이 설정화면이 나타난다.

③ 기본언어 설정

그림 8-10의 화면에서 새문서 탭을 누르면 현재 기본언어가 Normal Text로 설정되어 있다. html 문서 작성을 위해 Normal Text에서 html 로 변경한다. 기본언어를 html로 변경하면 문서를 작성할 때마다 html 문서를 효율적으로 작성할 수 있고 파일을 저장할 때마다 .html 확장자를 가진다.

기본 설정

그림 8-10 기본설정

④ 자동완성 설정

html 문서는 태그(◇)의 쌍으로 이루어진 문서이다. 시작 태그와 끝 태그를 매번 작성하는 것은 매우 번거롭다. 이를 효율적으로 처리하기 위하여 자동설정 탭을 클릭하고 html/xml 태그 등 자동 삽입으로 설정된 항목을 그림 8-11과 같이 체크한다.

기본 설정

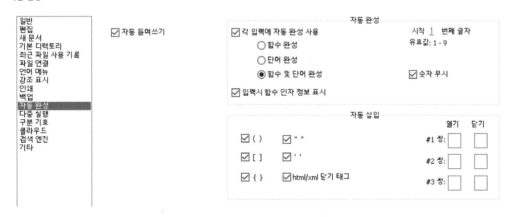

그림 8-11 자동완성 설정

⑤ HTML 문서 편집

그림 8-12와 같이 html 문서를 우선 작성하고 저장해 보자. 현재 문서는 new1 으로 되어 있으며 디스크의 색상이 빨강색이다. 편집만 되었고 아직 저장하지 않은 상태는 빨강색으로 나타나며 저장한 후에는 파랑색으로 변하게 된다.

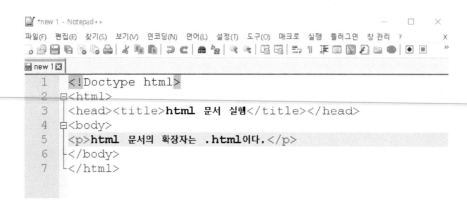

그림 8-12 html 문서 작성

⑥ html 문서 저장

html 문서를 편집하고 파일 메뉴를 클릭하여 다른 이름으로 저장하기를 클릭하면 그림 8-13과 같이 파일 형식이 html이며 파일이름을 입력하도록 한다. 저장할 폴더를 선택하고 saveHtml.html로 파일을 저장하면 그림 8-14와 같이 빨강색의 디스크 색은 파랑색으로 변경되면 파일이름도 new1 에서 saveHtml로 변경된다.

⑦ 파일 실행

saveHtml 문서를 실행시키기 위하여 실행 메뉴를 클릭하면 실행할 웹브리우저를 선택할 수 있다. 만약 웹브라우저가 나타나지 않는다면 saveHtml.html 문서를 더블클릭하면 문서는 실행되며 예제 프로그램은 크롬(Chrome) 웹브라우저를 선택하여 실행하려는 화면이다.

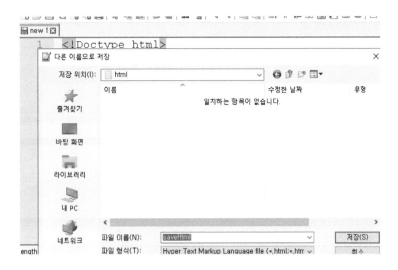

그림 8-13 html 문서 저장하기

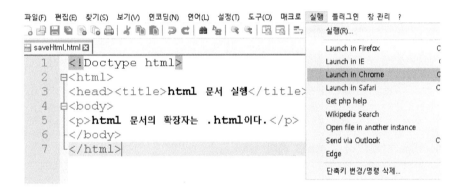

그림 8-14 html 문서 실행

8.3 HTML 문서의 구조

HTML 문서 구조를 이해하기 위해서 다음을 Notepad++ 편집기로 작성하고 structure.html파일로 저장하자. html문서의 확장자는 .html이다.

예제 : HTML 문서의 구조

```
<!Doctype html> <!-- html5 헤더 -->
<html> <!-- 문서시작 -->
<head> <!-- 문서 정보 -->
<title> html 문서의 구조</title>
</head>
<body> <!-- 본문 시작 -->
        <p>이 문서는 Html 문서의 구조를 나타낸 것입니다.</p>
</body>
</html>
```

html 현재 버전은 html5이고 html 문서는 html5 버전임을 나타내는 <!Doctype html>을 제외하고는 <html></html>.<head></head>,<title></title> 그리고 <body></body> 태그의 쌍으로 이루어져 있다. 이 태그들은 html5의 핵심 태그들로서 웹문서를 만들기 위해서는 반드시 사용해야하는 태그들이다. 따라서 위의 기본 태그들을 기본 틀로 구성하여 예제들을 만들면 효율적으로 문서를 만들 수 있다. 위 프로그램을 실행한 결과는 그림 8-15에 나타내었으며 각 부분에 대한 의미를 살펴보자.

```
<!Doctype html> <!-- html5 헤더 -->
```

<!Doctype html>은 Html 문서의 타입 종류가 html5임을 나타내며 이전의 버전들과 구분하기 위한 html5 헤더가 된다. html 문서에서 <!-- --> 부분은 html 코드의 설명문을 나타낸다. 웹브라우저는 설명문에 대해서는 실행하지 않는 부분이다.

```
<!-- 설명문 다른 태그 요소와 유사하게  태그(<)로 시작하여 !--를 사용-->
```

```
<html> <!-- 문서시작 -->
```

<html>태그는 html문서의 시작을 알리며 문서의 끝에 </html> 끝 태그가 놓인다.

```
<head> <!-- 문서 정보 -->
<title> html 문서의 구조</title>
```

<head>태그는 html문서의 정보를 담고 있다. 자식 태그로서 <title>태그 하나만을 사용했지만 <meta>태그를 사용하여 문서 작성자, 문서의 언어, 문서의 키워드 등을 포함하여 웹문서의 정보를 나타낸다. <title>태그는 웹브라우저의 탭(tab) 제목을 나타낸다.

```
<body> <!-- 본문 시작 -->
        <p>이 문서는 Html 문서의 구조를 나타낸 것입니다.</p>
</body>
</html>
```

<body>태그는 웹브라우저의 작업창에 표시될 내용을 포함한다. 작업창에 사용자들이 볼 수 있는 정보를 표현하기 위해서는 다양한 html 태그들이 사용된다. 예제에서는 <p>태그를 사용하여 웹 브라우저에 문자를 표시하도록 하였다. html 태그들은 대소문자를 구분하지 않는다. 따라서 대소문자를 구분하지 않아도 에러가 발생하지 않는다.

문서를 실행하면 그림 8-15와 같은 브라우저에서 실행된 결과화면을 볼 수 있다. 그림에서 브라우저 탭 제목에 나타난 문자는 <title>..</title> 태그 안의 내용이다.

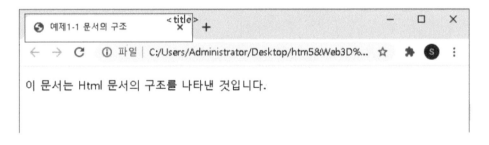

그림 8-15 html 문서의 구조

8.4 html 기본 태그

8.4.1 문자 문단 태그

html 문서의 문단관련 태그와 문자관련 태그는 표 8-3과 표 8-4와 같다. 문단 태그를 이용하여 줄 바꿈 효과를 나타낼 수 있으며 문자 관련 태그를 이용하여 문자의 글자체 등을 나타낼 수 있다.

표 8-3 문단태그

태그종류	기능
\<p\>	한 줄 띄는 기능. Pharagraph
\<br\>	줄바꿈 기능. Break
\<pre\>	편집기에서 표현한 그대로 웹문서에 표현. Pre-formatted.
\<hr\>	수평선을 표시. Horizontal

표 8-4 문자태그

태그종류	기능
\<i\>	흘림체. italic
\<b\>	강조체. bold
\<code\>	프로그램 코드체
\<strong\>	강조체
\<em\>	강조체. emphsized
\<sup\>	윗첨자. superscript
\<sub\>	아래첨자 subscript
\<h1~h6\>	문서의 제목을 표시. h1이 가장 크고 굵은 글씨제. Heading

문단, 문자 관련 태그에 대해서 다음과 같이 예제 프로그램을 구현하였으며 그림 8-16에 결과를 나타내었다.

```
<p>p태그는 Pharagraph를 뜻하며 한줄 띄고 줄바꿈</p>   // 문단 나누기 한줄 띄고 줄바꿈 효과
<br>br태그는 Break를 의미하며 줄바꿈                    //줄 바꿈 효과가 있다.
<pre>Pre태그는
    pre-formatted를 의미하며
        편집기에서 표현한 그대로 표시


</pre>   //pre 태그는 형식 그대로 문서에 표현된다.
<hr>hr태그는 horizontal로서 줄 긋기 표시        // 수평선 표시
<h1>h1태그는 문자의 헤딩 </h1>                   //문자의 헤딩 표현 h1이 가장 큰 문자이다.
<h2>이부분은 헤딩 h2</h2>
<h3>이부분은 헤딩 h3   </h3>
<h4>이부분은 헤딩 h4</h4>
<h5>이부분은 헤딩 h5</h5>
<h6>이부분은 헤딩 h6</h6>                        //  가장작은 헤딩 크기 h6
<i> 흘림체 italic </i>                          //흘림체
<b>강조체 bold</b>                              //강조체
<strong> Strong 강조체</strong>
<em> 흘림체 emphasized</em>
<code>프로그램 코드 code</code>
100<sup>superscript</sup>                        //위첨자
Log<sub>10superscript</sub>                      //아래첨자
```

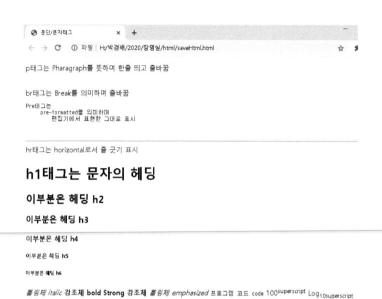

그림 8-16 문단/문자 관련 태그

예제 : 문단/문자태그

```
<!Doctype html>
<html>
<head>
<title>문단/문자태그</title>
<meta charset="utf-8">
</head>
<body>
<p>p태그는 Pharagraph를 뜻하며 한줄 띄고 줄바꿈</p>
<br>br태그는 Break를 의미하며 줄바꿈
<pre>Pre태그는
     pre-formatted를 의미하며
          편집기에서 표현한 그대로 표시

  </pre>
  <hr>hr태그는 horizontal로서 줄 긋기 표시
<h1>h1태그는 문자의 헤딩 </h1>
```

```
<h2>이부분은 헤딩 h2</h2>
<h3>이부분은 헤딩 h3  </h3>
<h4>이부분은 헤딩 h4</h4>
<h5>이부분은 헤딩 h5</h5>
<h6>이부분은 헤딩 h6</h6>


<i> 흘림체 italic </i>  <b>강조체 bold</b>
<strong> Strong 강조체</strong>   <em> 흘림체 emphasized</em>
<code>프로그램 코드 code</code>
100<sup>superscript</sup>
Log<sub>10superscript</sub>
</body>
</html>
```

8.4.2 이미지 태그

웹 문서에 이미지를 표현하기 위해선 <img> 태그를 사용한다. <img>의 속성에는 이미지의 위치와 크기 등 이미지를 표현하기 위한 속성이 표 8-5와 같다. 이미지는 문자와 비교하여 많은 용량을 차지하므로 웹문서를 만들때 이미지 형식을 잘 선택해야한다. 과거 대다수의 이미지는 BMP(BitMap Pixel)형식으로 제작되었으나 파일의 용량이 커 인터넷 문서에 포함할 경우 속도의 저하를 초래하였다. 이에 JEPG(Jointed Expert Picture Group)에서 JPG 압축 이미지를 만들어 사용하고 있다. JPG 이미지는 BMP파일보다 약 1/20정도의 크기를 갖는다. 일반적으로 웹 문서에 사용되는 이미지 파일 형식으로 JPG, PNG 그리고 GIF가 있다.

이미지의 경로를 정확히 선택해야만 웹 문서에 표현된다. 이미지의 경로에는 다음과 같이 현재폴더, 상위폴더 그리고 하위폴더의 위치가 있다.

- 현재폴더 : sample.jpg
- 상위폴더 : ../sample.jpg   //상위폴더에 sample.jpg가 있을 경우
- 하위폴더 :   img/sample.jpg   //하위 img 폴더에 sample.jpg가 있을 경우

표 8-5 이미지태그

태그종류	속성	기능
<img>	src	이미지 경로 표시
	alt	이미지 설명문 (이미지가 표시 되지 않으면 출력되는 문자)
	width	이미지의 가로크기
	height	이미지의 세로크기
	loading	이미지 로딩 방식 eager:모든 이미지표시 lazy: 사용자가 볼 수 있는 일정 이미지만 표시(속도증가)

<img>요소를 이용한 이미지 표현 예제를 다음과 같이 구현할 수 있으며 실행결과를 그림 8-17에서 확인할 수 있다.

예제 : 이미지태그

```
<!Doctype html>
<html>
<head>
<title> 이미지태그</title>
<meta charset="utf-8">
</head>
<body>
<!-- 현재폴더 -->
<img src="4차산업혁명.png" alt="현재폴더" width="150px"  height="100px" loading="eager">
<!-- 하위폴더 -->
<img src="img/4차산업혁명.png" alt="하위폴더" width="150px" height="100px" loading="lazy">
<!-- 상위 폴더 -->
<img src="../4차산업혁명.png" alt="상위폴더" width="150px" height="100px"  loading="eager">
<!-- 이미지 로딩 실패시 alt 값 출력 -->
<img src="../img/4차산업혁명.png" alt="상위폴더" width="150px" height="100px"  loading="eager">
```

```
</body>
</html>
```

```
<!-- 현재폴더 -->
<img src="4차산업혁명.png" alt="현재폴더" width="150px"  height="100px" loading="eager">
<!-- 하위폴더 -->
<img src="img/4차산업혁명.png" alt="하위폴더" width="150px" height="100px" loading="lazy">
<!-- 상위 폴더 -->
<img src="../4차산업혁명.png" alt="상위폴더" width="150px" height="100px"  loading="eager">
<!-- 이미지 로딩 실패시 alt 값 출력 -->
<img src="../img/4차산업혁명.png" alt="상위폴더" width="150px" height="100px"  loading="eager">
```

그림 8-17에서 네 번째 그림이 나타나지 않은 이유는 다른 위치에 있는 img 폴더에 해당 그림이 없기 때문에 이미지가 표현되지 않았다. 이미지의 경로가 잘못되었거나 없을 경우에는 alt 속성에 표현되어 있는 문자가 웹 문서에 표현된다.

그림 8-17 이미지 표현하기

8.4.3 하이퍼링크

하이퍼링크는 HTML 문서의 핵심으로 웹 문서라면 반드시 포함되어야 할 태그이다. 하이퍼링크의 태그는 anchor의 약어로서 <a>를 사용하며 <a>태그 역시 이미지 태그에서 이미지의 경로를 지정한 것과 마찬가지로 하이퍼링크 속성을 정의한 후 연결된 문서의 경로를 값을 부여해야만 의미가 있다.

표 8-6은 하이퍼링크의 속성을 표현 것이다.

표 8-6 하이퍼링크태그

태그종류	속성	기능
`<a>`	href	외부 사이트 링크 `<a href="https://www.w3.org">`
		내부 파일 링크 `<a href="web.html">`
		같은 문서내에서의 특정 위치 링크`<a href="#web3d">`
		이메일 링크 `<a href="mailto:gbpark@yit.ac.kr">`
	target	_self : 기본값으로 현재 창에서 링크처리
		_blank : 새창 또는 새탭에서 링크처리
		name : iframe에 할당된 이름(name)의 창으로 처리
	download	웹브라우저의 설정에 상관없이 링크된 대상을 다운로드

하이퍼링크 된 문서를 표현하는 방법은 이미지와 유사하게 외부 사이트 링크, 같은 폴더의 문서, 같은 문서내의 링크 그리고 이메일을 링크하는 방법이 있다.

예제 : 하이퍼링크

```
<!Doctype html>
<html>
<head>
<title>예제 하이퍼링크</title>
<meta charset="utf-8">
</head>
<body>
<p id="top">외부 사이트 하이퍼링크</p>
<a href="https://www.web3d.org" target="_self">Web3D</a>
<p>내부 문서 하이퍼링크</p>
<a href="saveHtml.html" target="_blank">내부문서 링크</a>
```

```
<p>메일보내기</p>
<a href="mailto:gbpark@yit.ac.kr">메일보내기</a>
<pre>
.

.


.
</pre>
<p>내부 문서에서의 북마크</p>
<a href="#top">맨 위로</a>
</body>
</html>
```

① 첫 번째 외부 사이트를 하이퍼링크

```
<a href="https://www.web3d.org" target="_self">Web3D</a>
```

실행화면에서 "Web3d" 문자를 클릭하면 하이퍼링크 된 "https://www.web3d.org" 사이트로 연결이 되며 **target="_self"**이므로 현재창의 화면이 바뀌게 된다. 하이퍼링크 된 문자의 특징은 파랑색 문자에 밑줄로 표시된다.

② 내 컴퓨터 내의 문서 하이퍼링크

```
<a href="saveHtml.html" target="_blank">내부문서 링크</a>
```

내 컴퓨터내의 문서 "saveHtml.html"가 **target="_blank"**에 의해 새로운 탭이 열리며 새로운 문서가 표시된다. 이미지의 표현 방식과 마찬가지로 내 컴퓨터 내에서 파일의 경로를 정확히 입력해야 표시된다. 그렇지 않다면 "페이지를 찾을 수 없다"라는 메시지를 보게 될 것이다.

③ 이메일(email) 하이퍼링크

```
<a href="mailto:gbpark@yit.ac.kr">메일보내기</a>
```

"메일보내기" 문자를 클릭하면 메일 주소 gbpark@yit.ac.kr로 연결이 되는데 이때 컴퓨터 내에 메일 전송 프로그램이 지정되어 있어야 한다.

④ 현 페이지 내의 특정 위치 하이퍼링크

현 페이지 내의 특정 위치로 이동하기 위해서는 **`<a href="#top">`**의 형식으로 지정한다. 특정 위치는 "#"을 이용하여 top이름을 가진 위치로 이동하라는 명령이다. 예제 프로그램의 상단에 **`<p id="top">`**

이 있을 것이다. id="top"으로 위치를 설정했기 때문에 "맨 위로" 문자를 클릭하면 id=top인 위치로 이동하게 된다. 이러한 방법을 책갈피(bookmark)라 하는데 책갈피의 효과를 이해하기 위해서는 한 페이지의 내용이 길수록 그 효과를 알 수 있다.

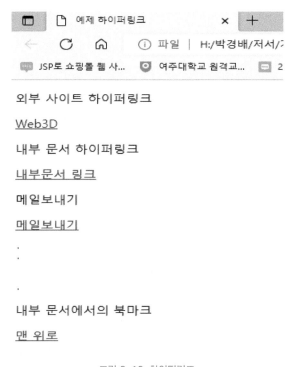

그림 8-18 하이퍼링크

8.4.4 테이블 만들기

html 문서에 테이블을 삽입하기 위해서는 <table>태그를 사용한다. <table>의 자식 태그로는 테이블의 타이틀을 표시하기 위한 <caption>태그가 있으며 테이블의 줄(row)을 만들기 위한 <tr></tr>이 있다. <tr>의 수에 따라 줄의 개수가 만들어진다. <tr>의 하위 태그로 <th>와 <td>가 있으며 줄의 칸(column)의 수를 정의할 수 있다. <th>는 table header를 의미하며 테이블 최상단의 헤더를 표시하기 위해 사용되고 강조체로 표시된다. <td>는 칸을 수를 만드는데 경우에 따라 아랫줄과 병합(rowspan)하거나 다음 칸과 병합(colspan)할 수도 있다. 표 8-7은 테이블 태그에서 사용되는 태그의 종류와 기능에 대해 설명한 것이다.

표 8-7 테이블태그

태그종류	기능
<table>	테이블 태그 border의 속성으로 테이블 경계선 설정
<caption>	테이블 제목 만들기
<tr>	테이블 줄 만들기
<td>	데이블 칸 만들기 colspan, rowsapn 속성
<th>	테이블 헤더로서 강조체로 표시됨

예제에 테이블 태그를 이용하여 테이블을 만들 결과를 그림 8-19에 나타내었다. <table>의 경계선의 속성으로 border=1을 표시하였는데 border의 속성을 지정하지 않으면 테이블 경계선이 보이지 않게 된다. <caption>은 테이블 제목을 표시한다. Table1.인터넷과 가상현실이 캡션으로 사용되었다. 4개의 줄을 만들기 위해 4개의 <tr>을 사용했다. 가장 윗줄의 <tr>에서는 3개의 칸을 만들기 위해 3개의 <th>를 사용했으며 <th>는 굵은 강조체로 표기되는 특징이 있다.

```
<table border="1">
    <caption>Table1.인터넷과 가상현실</caption>
        <tr><th>HTML5</th><th>CSS3</th><th>인터넷</th></tr>
        <tr><td>Contents</td><td>가상현실</td><td>Scene</td>
        <tr ><td colspan="2">colspan</td><td rowspan="2">rowspan</td></tr>
        <tr><td>1</td><td>2</td></tr>
</table>
```

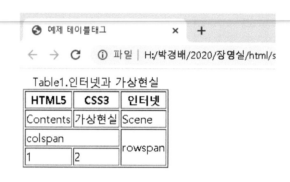

그림 8-19 테이블 만들기

예제 : 테이블 태그

```
<!Doctype html>
<html>
<head>
<title>예제 테이블태그</title>
<meta charset="utf-8">
<meta name="keyword" content="HTML CSS Web3D">
<meta name="author" content="박경배">
<meta name="description" content="인터넷과 가상현실강좌">
</head>
<body>
<table border="1">
    <caption>Table1.인터넷과 가상현실</caption>
```

```
        <tr><th>HTML5</th><th>CSS3</th><th>인터넷</th></tr>
        <tr><td>Contents</td><td>가상현실</td><td>Scene</td>
        <tr ><td colspan="2">colspan</td><td rowspan="2">rowspan</td></tr>
        <tr><td>1</td><td>2</td></tr>
    </table>
    </body>
    </html>
```

8.5 CSS

8.5.1 CSS 문법

CSS3는 HTML5과 같이 사용하지만 HTML5 언어는 아니다. CSS3는 문서의 스타일을 지정하는 분야에 추가로 사용될 수 있으며 기존 태그로 콘텐츠를 보여주는 방식을 재정의함으로서 HTML5을 디자인하기 위한 스타일시트다. CSS를 사용하면 복잡하고 방대한 양을 가진 서버를 관리할 때 매우 효율적이다. 많은 html 문서에 동일한 CSS를 공유함으로써 모든 html문서에 동일한 스타일의 문서 디자인을 할 수 있기 때문이다. 만약 CSS가 없다면 html문서의 스타일을 변경하기 위해 모든 html문서를 수정해야 되지만 CSS의 스타일 변경으로 모든 html문서에 효율적으로 영향을 줄 수 있다.

CSS3의 문법은 단순하다. html의 <head>태그 사이에 문서의 스타일을 지정하기 위한 <style> 요소를 이용하여 다음과 같이 선택자(p)를 선언하고 {} 사이에 속성과 값을 ":"으로 분리하여 삽입하면 된다. 속성과 값은 다수가 될 수 있다. 하나의 속성과 값을 정의하였으면 ";"으로 종료되었음을 알려야 한다. 주석문의 형식은 /* 주석문 */을 따른다.

```
p { Background-color; cyan;}   /*선택자{속성:값;}*/
        html 요소타입 {   속성 : 값 ;   } /* 문법 형식 */
```

css의 속성 중 일부를 표 8-8에 나타내었으며 이외에도 사용방법에 따라 다양한 속성들이 존재한다.

표 8-8 CSS의 다양한 속성

속성	기능
Background-color	문자나 문서의 배경색을 설정
Background-img	문자나 문서의 배경이미지 설정
color	문자 색상 설정
margin	콘텐츠 외부의 여백설정
padding	콘텐츠 내부의 여백설정
font	문자의 크기(font-size), 글자체(font-style) 등을 설정
border	박스(Box)의 경계선 설정. 선의 굵기, 색상, 종류
text-align	문자의 정렬. 왼쪽, 가운데, 오른쪽 정렬이 있다.
list-style	list의 스타일 설정(1,2,3... a,b,c, i, ii, iii)
text-decoration	문자의 효과를 설정. 밑줄 취소선, 윗줄
width, height	박스(Box) 등의 크기를 설정

css의 위치에 따라 외부스타일시트, 내부스타일시트 그리고 인라인스타일시트로 구분할 수 있다.

■ 외부스타일시트

외부스타일시트로 CSS를 적용하기 위해선 Notepad++ 편집기를 이용하고 사용언어를 CSS로 선택한 후 외부파일로 확장자 css를 갖는 attrCss파일을 다음과 같이 만들어야 한다.

예제 : attrCss.css

```
p { color: orange;}   /*선택자{속성:값;}*/
div { text-align :center; }
h1,p { background-color: cyan;    }
h2 { border: 2px solid yellow ; }
```

attrCss파일을 이용하여 외부스타일 시트를 적용하기 위해 다음 예제와 같이 <head> 태그 내에 <link> 요소를 이용하여 attrCss.css 파일을 링크하며 attrCss 파일에는 p, div, h1,h2에 대한 CSS 속성이 정의되어 있다.

```
<link type="text/css" rel="stylesheet" href="attrCss.css">
```

예제 : 외부스타일시트

```
<!Doctype html>
<html>
<head>
<title>예제) 외부스타일시트</title>
<meta charset="utf-8">
<link type="text/css" rel="stylesheet" href="attrCss.css">
</head>
<body>
        <h1>외부스타일시트 </h1>
        <div id="menu">
        <p><a href="hyperlink.html" target="ifr">하이퍼링크</a>
         <a href="formattr.html" target="ifr">폼추가속성</a>
         <a href="video.html" target="ifr">동영상</a>
        </p></div>
    <h1>Welcome to 인터넷과 가상현실</h1>
    <p> HTML5에 CSS3를 외부파일로 연동하기 rel="stylesheet" href="attrCss.css"
    <h2>메뉴</h2>
    <p> 외부, 내부, 인라인 스타일 시트</p>
</body>
</html>
```

그림 8-20은 예제 외부스타일시트를 실행한 결과로서 각 태그에 설정된 속성으로 html 문서가 스타일되어 나타난 것을 볼 수 있다.

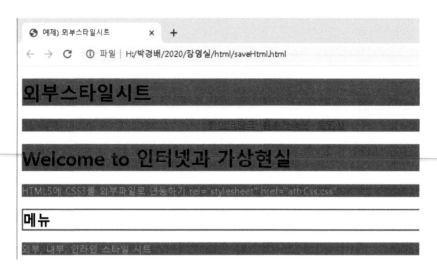

그림 8-20 외부스타일시트

■ 내부스타일시트

내부스타일시트는 html 문서의 <head>태그사이에 <style>..</style>요소를 삽입하고 <style> 내에 적용할 css코드를 삽입한다. 예제에서는 외부스타일시트 attrCss.css 역시 참조하고 있으므로 h1,p 요소의 속성이 겹치게 된다. 그러나 우선순위는 내부스타일시트의 속성이 우위이기 때문에 그림 8-21과 같이 내부스타일시트의 속성 값으로 나타난다.

예제

```
<style>  h1,p{color:black;}        h1 {background-color:gray;}        </style>
```

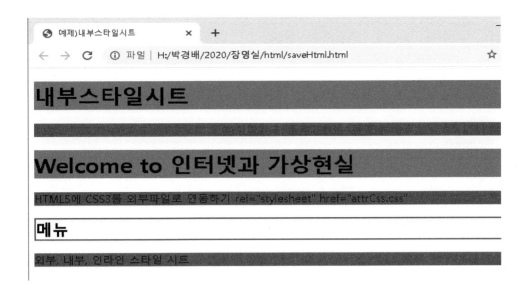

그림 8-21 내부스타일 시트

예제 : 내부스타일시트

```
<!Doctype html>
<html>
<head>
<title>예제2-3 내부스타일시트</title>
<meta charset="utf-8">
<link type="text/css" rel="stylesheet" href="ex2-1color.css">
<style> h1,p{color:black;}
        h1 {background-color:gray;}
</style>
</head>
<body>
        <h1>외부스타일시트 </h1>
        <div id="menu">
        <p><a href="hyperlink.html" target="ifr">하이퍼링크</a>
         <a href="formattr.html" target="ifr">폼추가속성</a>
         <a href="video.html" target="ifr">동영상</a>
        </p></div>
```

```
        <h1>Welcome to 인터넷과 가상현실</h1>
        <p> HTML5에 CSS3를 외부파일로 연동하기 rel="stylesheet" href="attrCss.css"
        <h2>메뉴</h2>
        <p> 외부, 내부, 인라인 스타일 시트</p>
    </body>
    </html>
```

■ 인라인스타일시트

인라인스타일시트는 <body>안에 있는 태그 요소들에 직접 속성과 값을 부여한다. 외부나 내부의 문법과 다른 점은 {}대신에 이중따옴표의 쌍 " "를 사용한다.

예제 :

```
<h1 style="color:gold">div와 iframe </h1>
<p style="background-color:cyan;"></p>
```

예제에서는 첫 번째 h1태그의 문자 색상을 gold로 설정하였으며 첫 번째 p태그의 문자 배경색을 청록색(cyan)으로 설정하였다.

예제는 외부스타일시트 color.css와 <head>사이에 내부스타일시트를 동시에 설정하였지만 인라인스타일시트의 우선순위가 가장 높기 때문에 그림 8-22에서처럼 중복된 스타일에 대해선 인라인스타일시트의 스타일이 적용된다.

```
<link type="text/css" rel="stylesheet" href="color.css"> // 3순위
<style> h1,p{color:black;} p {Background-color:gray;}</style> // 2순위
```

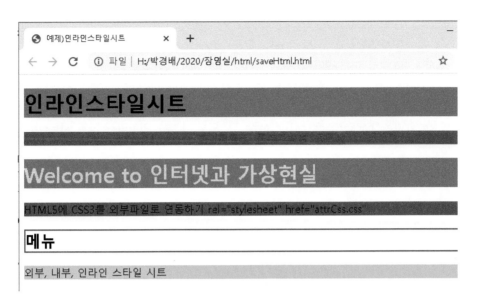

그림 8-22 인라인스타일시트

예제 : 인라인스타일시트

```
<!Doctype html>
<html>
<head>
<title>예제)인라인스타일시트</title>
<meta charset="utf-8">
<link type="text/css" rel="stylesheet" href="attrCss.css">
<style> h1,p{color:black;}
        h1 {background-color:gray;}
</style>
</head>
<body>
        <h1>인라인스타일시트 </h1>
        <div id="menu">
        <p ><a href="hyperlink.html" target="ifr">하이퍼링크</a>
         <a href="formattr.html" target="ifr">폼추가속성</a>
         <a href="video.html" target="ifr">동영상</a>
```

```
          </p></div>
    <h1 style="color:gold">Welcome to 인터넷과 가상현실</h1>
    <p>HTML5에 CSS3를 외부파일로 연동하기 rel="stylesheet" href="attrCss.css"
    <h2>메뉴</h2>
    <p style="background-color:cyan;"> 외부, 내부, 인라인 스타일 시트</p>
  </body>
  </html>
```

8.5.2 CSS 선택자

css 문법을 적용하기 위한 방법에는 html 요소타입을 선택하는 것에 따라 다음과 같이 6종류의 선택자를 사용할 수 있다.

(1) 타입 선택자(type selector)

타입 선택자는 문서내부의 같은 요소의 타입에 대해 모두 같은 스타일을 적용한다. 가장 일반적으로 사용되는 간단한 스타일 선택자이다. html 문서 내에 다음과 같이 <p>의 스타일을 적용하였다면 <p>의 문자들은 모두 배경이 회색(gray)으로 표현된다. 예제에 대한 실행결과를 그림 8-23에서 확인할 수 있다.

```
p {background-color:gray;}
```

예제 : 타입선택자

```
<!Doctype html>
<html>
<head><title>예제)타입선택자</title>
<meta charset="utf-8">
<link type="text/css" rel="stylesheet" href="attrCss.css">
```

```
<style>
 p {Background-color:gray;}
 h1.second {color : green;}
 </style>
</head>
<body>
    <h1>타입선택자</h1>
    <div><p style="Background-color:cyan;">하이퍼링크</p></div>
    <h1>Welcome to World Wide Web</h1>
    <p> HTML5에 CSS3를 연동하기 rel="stylesheet" href="color.css"</p>
    <h2>메뉴</h2>
    <p> 외부, 내부, 인라인 스타일 시트</p>
</body>
</html>
```

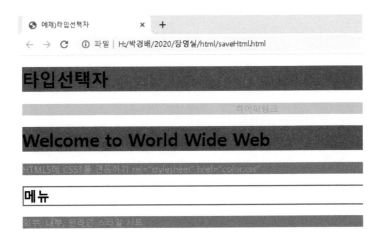

그림 8-23 타입선택자

(2) 클래스 선택자(class selector)

클래스 선택자는 아이디 선택자와 유사하게 특정한 요소에만 스타일 적용할 때 사용한다. 클래스 선택자는 .을 이름 앞에 삽입한다. 예제에 대한 실행결과를 그림 8-24에 나타내었다.

```
.first { color: cyan;}
h1.second {color : green;}
```

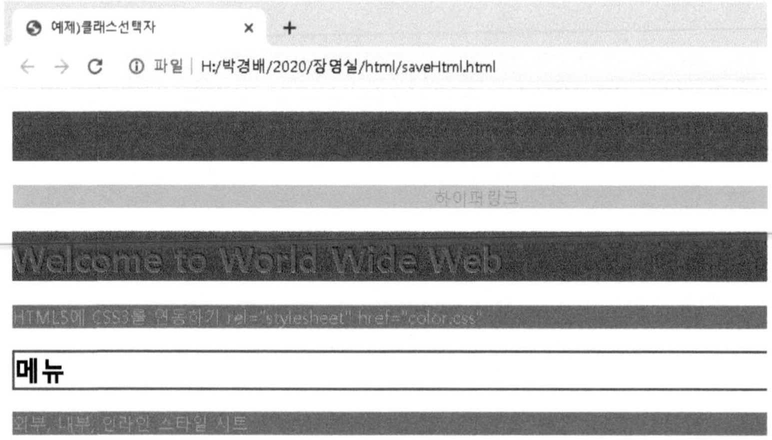

그림 8-24 클래스선택자

예제 : 클래스선택자

```
<!Doctype html>
<html>
<head><title>예제)클래스선택자</title>
<meta charset="utf-8">
<link type="text/css" rel="stylesheet" href="attrCss.css">
<style>
 p {Background-color:gray;}
 .first { color: cyan;}
 h1.second {color : green;}
 </style>
</head>
<body>
    <h1 class="first">클래스선택자</h1>
    <div><p style="Background-color:cyan;">하이퍼링크</p></div>
```

```
        <h1 class="second">Welcome to World Wide Web</h1>
        <p> HTML5에 CSS3를 연동하기 rel="stylesheet" href="color.css"</p>
        <h2>메뉴</h2>
        <p> 외부, 내부, 인라인 스타일 시트</p>
    </body>
</html>
```

(3) 아이디 선택자(id selector)

아이디 선택자는 태그요소가 id="menu"와 같이 id 속성과 값 "menu"를 가져야 한다. 다음은 <div>
에 대해 id를 menu로 선언한 것이다. id를 선언하였다면 외부/내부 스타일을 통해 태그요소 이름 대
신에 "#"을 id앞에 붙여야 한다. #menu는 <div>타입요소 대신에 아이디를 사용함으로써 menu아이
디를 갖는 요소만 스타일이 적용된다.

```
<div id="menu">
#menu {Background-color:yellow;}
```

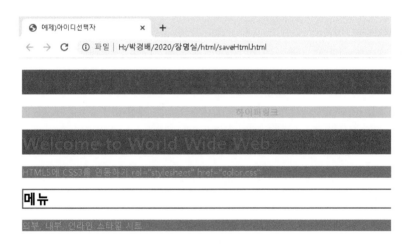

그림 8-25 아이디선택자

예제 : 아이디선택자

```
<!Doctype html>
<html><head>
<title>예제)인라인스타일시트</title>
<meta charset="utf-8">
<link type="text/css" rel="stylesheet" href="attrCss.css">
<style> h1,p{color:black;}
        h1 {background-color:gray;}
</style>
</head>
<body>
        <h1>인라인스타일시트 </h1>
        <div id="menu">
        <p ><a href="hyperlink.html" target="ifr">하이퍼링크a</a>
         <a href="formattr.html" target="ifr">폼추가속성a</a>
         <a href="video.html" target="ifr">동영상a</a>
        </p></div>
    <h1 style="color:gold">Welcome to 인터넷과 가상현실</h1>
    <p>HTML5에 CSS3를 외부파일로 연동하기 rel="stylesheet" href="attrCss.css"
    <h2>메뉴</h2>
        <p style="background-color:cyan;"> 외부, 내부, 인라인 스타일 시트</p>
</body></html>
```

(4) 의사 선택자(pseudo class selector)

의사 선택자는 <a>요소와 같이 단일 요소가 href, target 등 다수의 속성을 갖는 선택자에 대해 마치 클래스가 정의된 것처럼 간주하여 스타일을 적용한다.

```
a:link {color: silver; }   하이퍼링크 요소의 색상을 골드(gold)로 설정
a:visited {background-color: gold;} 한번 방문한 링크에 대해 배경색을 실버 설정
a:hover { font-size:30px; } 하이퍼링크에 마우스를 올려놓으면 문자크기를 25px 변경
```

예제 프로그램을 실행하면 하이퍼링크 된 문자는 회색으로 나타난다. 사용자가 마우스로 해당 하이퍼링크 문자를 클릭하면 해당 사이트를 방문한 것으로 판단하고 색상을 골드로 변경한다. hover 속성에 의해 마우스를 올려놓으면 문자의 크기가 커지게 된다.

예제 : 의사선택자

```
<!Doctype html><html><head>
<title>예제)의사선택자</title>
<meta charset="utf-8">
<link type="text/css" rel="stylesheet" href="attrCss.css">
<style>
 a:link {color: yellow; }  a:visited {background-color: goldr;}
 a:hover { font-size:30px; }
 </style>
</head>
<body>
        <h1>의사선택자 </h1>        <div id="menu">
        <a href="#">하이퍼링크a</a><br> <a href="#">의사선택자a</a><Br>
        <a href="#">CSSa</a><Br>
    <h1 style="color:gold">Welcome to 인터넷과 가상현실</h1>
    <p>HTML5에 CSS3를 외부파일로 연동하기 rel="stylesheet" href="attrCss.css"
    <h2>메뉴</h2>
</body> </html>
```

그림 8-26 의사선택자

8.6 실습 - 파워포인트 문서 작성하기

8.6.1 파워포인트 화면 구성

그림 8-27에서 보는 것과 같이 파워포인트 화면의 구성은 다음과 같다.

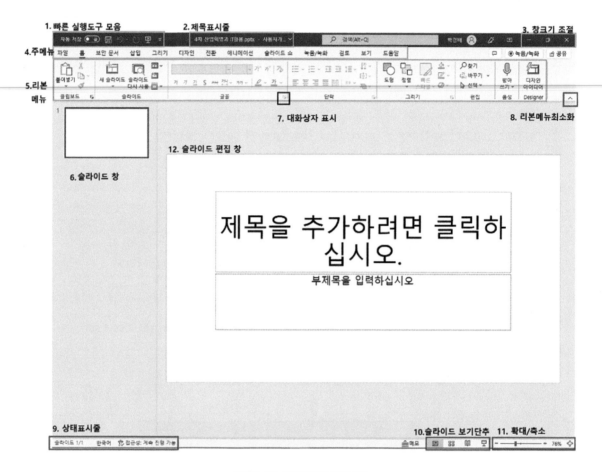

그림 8-27 파워포인트 화면구성

- 빠른 실행도구 모음 : 파일 저장과 같이 자주 사용되는 명령을 실행하기 위한 도구 모음

- 제목 표시줄 : 작성 중인 파일 이름

- 창크기조절 : 화면 축소, 확대, 창 끄기

- 주 메뉴 : 파워포인트의 주 메뉴 모음

- 리본 메뉴 : 파워포인트의 기능들을 그룹화하여 탭으로 분류된 빠른 실행 메뉴

- 슬라이드 창 : 슬라이드를 썸네일(Thumbnail)로 표시

- 대화상자표시/리본메뉴 최소화 : 기능별 세부 메뉴를 표시하거나 리본메뉴를 최소화 함

- 상태표시줄 슬라이드 보기단추 및 확대 축소 : 슬라이드의 확대 축소 단추

- 슬라이드 편집 창 : 슬라이드 작성을 위한 작업 창

8.5.2 디자인 서식 및 마스터 편집

① 전체 슬라이드에 테마 설정을 위해 그림 8-28과 같이 디자인 - 테마 - 자세히 클릭한다.

그림 8-28 디자인 테마 적용하기

② 다양한 디자인 테마에 마우스 포인트를 올리면 해당 테마의 제목과 함께 테마가 적용된 슬라이드를 그림 8-29와 같이 슬라이드 창에서 확인할 수 있다.

그림 8-29 테마 선택

③ 슬라이드 마스터를 적용하기 위하여 보기 메뉴를 클릭하고 그림과 같이 슬라이드 마스터를 선택한다.

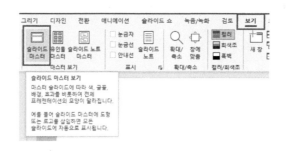

그림 8-30 슬라이드 마스터 선택하기

④ 그림 8-31과 같이 두 번째 슬라이드 "제목 및 내용 레이아웃"을 선택하고 삽입 - 텍스트 - 텍스트 상자에서 가로 텍스트 상자를 선택하여 본인의 이름을 작성한다.

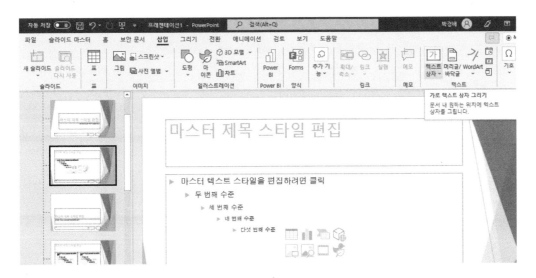

그림 8-31 슬라이드 마스크 적용 후 텍스트 입력하기

⑤ 슬라이드 번호 삽입하기 : 슬라이드 번호 입력창 글꼴크기를 '20pt'로 설정하고 슬라이드 번호 삽입을 위해 삽입 - 텍스트 - 머리글/바닥글을 선택하고 그림 8-33처럼 '슬라이드 번호'를 체크한다.

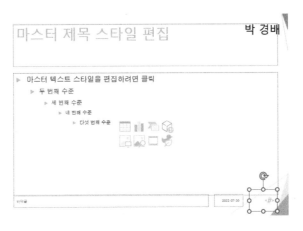

그림 8-32 슬라이드 번호 설정

그림 8-33 슬라이드 번호

⑥ 시작번호 지정을 위해 슬라이드 마스터 - 크기 - 슬라이드 크기 - 사용자 지정 슬라이드 크기를 선택하고 슬라이드 대화상자에서 그림 8-34와 같이 '슬라이드 시작번호를 0'으로 지정한 후 확인 단추를 클릭한다.

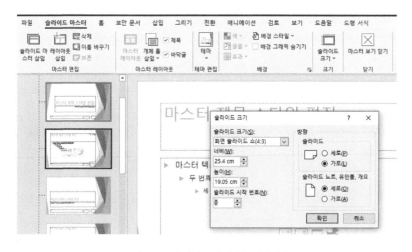

그림 8-34 슬라이드 시작번호 지정하기

8.5.3 슬라이드 작성하기 예제

① 제목 슬라이드 지정하기 : 그림 8-35와 같이 홈 - 슬라이드 - 레이아웃 - 제목 슬라이드를 선택한다.

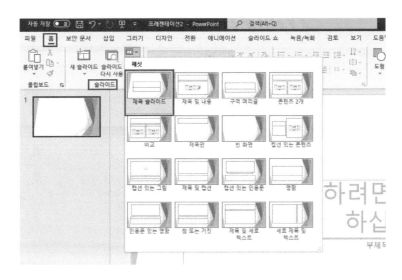

그림 8-35 제목 슬라이드 지정

② 제목 작성하기 : 제목 슬라이드에서 "제목을 입력 하려면 클릭하십시오." 글상자 개체를 선택 후 "Delete" 버튼을 누르거나 Ctrl+X를 눌러 삭제한다. 또는 그림 8-36과 같이 글상자 개체 선택 후 오른쪽 마우스 버튼을 클릭 후 "잘라내기"를 선택한다.

그림 8-36 제목 글상자 삭제하기

삽입 - 텍스트 - WordArt의 목록에서 그림 8-37과 같이 무늬 채우기 – 검정, 텍스트 1, 윤곽선, 흰색 배경색, 진한 그림자, 흰색 배경색 1을 선택하고 "산업체 별 취업자"를 입력한다. 홈 - 글꼴을 선택하고 "굴림체" 크기는 66pt로 지정한다.

그림 8-37 WordArt 텍스트 입력하기

워드아트의 크기를 지정하기 위해 워드아트가 선택된 상태에서 그림 8-38 과 같이 그리기 도구 - 서식 - 크기 그룹에서 높이 3.5cm, 너비 20cm로 지정하고 마우스로 드래그하여 상단에 위치하도록 한다. Shift를 누른 채로 드래그하면 수평, 수직방향으로 이동하고 Alt를 누른 채로 드래그하면 위치를 세밀하게 조절할 수 있다.

그림 8-38 WordArt 글꼴 크기

③ 부 제목 작성하기 : 부 제목 창을 선택하고 "참고사항"을 입력한다. 글꼴은 굴림체, 크기는 20pt이다. 참고사항 문자에 하이퍼링크를 연결하기 위해 삽입 - 링크를 선택하고 주소 창에 " https://www.web3d.org"를 입력하면 텍스트에 밑줄이 표시되고 글꼴 색이 변경된다.

④ 슬라이드 추가하기 : 그림 8-39와 같이 슬라이드를 추가하기 위해 홈 - 슬라이드 - 새 슬라이드 - 콘텐츠 2개를 선택한다.

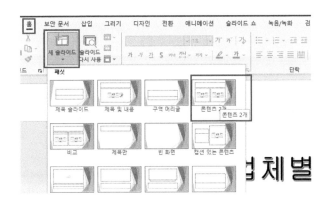

그림 8-39 슬라이드 추가

⑤ 제목 입력 후 서식지정하기 : 슬라이드를 추가하였으면 2번째 슬라이드에 제목을 입력하고 글꼴은 "맑은 고딕", 크기는 40pt로 설정한다. 왼쪽 컨텐츠 입력란은 그림 8-40 과 같이 입력하고 Tab 키를 이용하여 단락 수준을 한 단계 내린다. 글꼴은 맑은 고딕, 글꼴크기는 20pt로 지정한다.

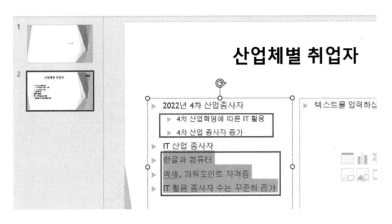

그림 8-40 콘텐츠 서식 지정하기

⑥ 줄 간격, 글머리 기호 및 번호 설정 : 왼쪽 컨텐츠의 줄 간격을 설정하기 위하여 홈 - 단락 - 줄 간격 - 줄 간격 옵션을 선택하고 그림 8-41과 같이 단락 대화상자에서 줄 간격을 배수, 값은 1.2로 지정하고 확인 단추를 누른다.

첫째 수준의 글머리 기호를 변경하기 위해 "2022년 4차"와 "IT 산업 종사자에"에 커서를 이동한 후 그림 8-42와 같이 홈 - 단락 - 글머리 기호 목록을 선택하여 글머리 기호 및 번호 매기기를 선택하고 ☞ 기호로 설정한다.

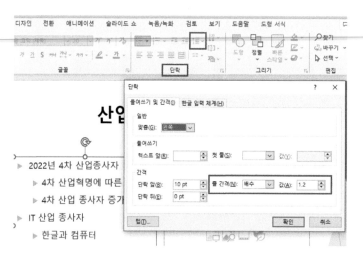

그림 8-41 줄 간격 설정하기

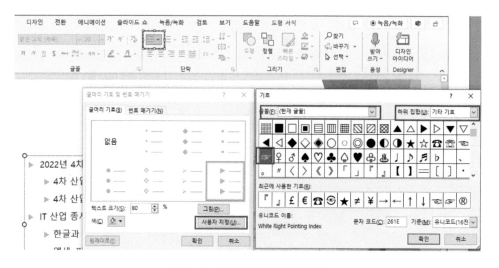

그림 8-42 글머리 기호 및 번호 매기기

⑦ 그림 삽입하기 : 오른쪽 콘텐츠 상자에 그림 삽입을 위해 삽입 - 그림을 선택하거나 그림 8-43과 같이 콘텐츠 안의 그림 아이콘을 클릭한다.

그림의 삽입 경로에서 해당 이미지 파일을 선택하면 그림 8-44와 같이 선택되어진 이미지가 우측 콘텐츠 안에 삽입된다. 이미지의 크기 조정 및 이동은 마우스를 드래그 하여 이미지를 조절할 수 있으며 세부적인 조정 사항은 그림 스타일을 통하여 다양한 그림의 스타일을 조절할 수 있으며 그림 서식을 통하여 그림의 레이아웃 및 크기 조절 등이 가능하다.

그림 8-43 그림 삽입

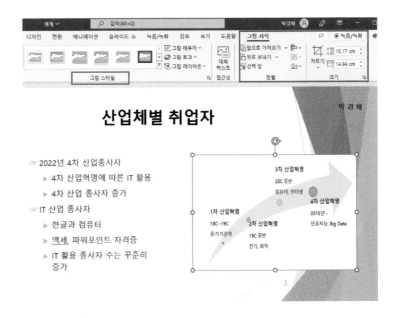

그림 8-44 그림 스타일 서식 지정

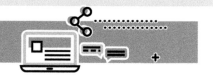

1. 다음 용어에 대해 설명하시오.
   - 서버
   - IP(Internet Protocol)
   - 도메인
   - 호스팅

2. 인터넷 동작 과정을 브라우저 중심으로 설명하시오.

3. HTML 문서의 기본 구조에 대해 설명하시오.

4. HTML 문자/문단 태그에는 무엇이 있는가?

5. 이미지 태그의 속성에 대해 설명하시오.

6. 하이퍼링크의 속성에는 무엇이 있는가?

8. 위치에 따른 하이퍼링크의 설정 방법에 대해 설명하시오.

CHAPTER 9

Web 3D

9.1 VRML과 X3D

Web3D는 X3D라 부르며 X3D는 eXtensible 3 Dimension의 약자로 2004년 국제표준(ISO/IEC 19775:2004)으로 지정된 3차원 모델링 언어이다. 그러나 X3D는 2004년에 처음으로 표준으로 지정된 것은 아니라 1994년에 제안된 VRML을 모체로 하고 있다.

VRML은 Virtual Reality Modeling Language의 약자로 1997년 국제표준(ISO/IEC 14772-1)으로 지정된 3차원 모델링 언어이다. VRML에는 기본적인 입체도형들이 정의되어 있으며 입체도형들을 조합하여 현실의 물체와 가상공간을 만들 수 있다. 가상공간에서는 애니메이션, 사운드 등을 삽입하여 사용자와 상호작용이 가능하다. 그러나 VRML은 주변 환경과 기술적인 요소들로 인해 상업적으로 성공하지 못하고 다음 버전인 X3D로 발전하였으며 HTML5에서 X3D를 표현하기 위한 X3DOM(Document Object Model)의 형태로 발전하였다.

X3D와 X3DOM은 VRML의 스펙(Specification)을 따르기 때문에 VRML의 사용법을 습득하면 HTML5와 X3DOM을 이용하여 가상공간을 웹에서 구현하기가 보다 수월할 것이다.

현재 VRML은 Cortona3D(http://cortona3d.com) 회사에서 3D 물체의 모델링 프로그램으로 지원하고 있다. 표 9-1은 VRML의 역사와 특징에 대해 간단히 나타내었다.

표 9-1 VRML의 역사와 특징

VRML 버전		특징
VRML1.0	특징	1. 1994년 Tim Berners-Lee와 Dave Raggette가 3차원 환경의 필요성을 주장하면서 HTML 개념과 유사한 VRML을 사용. Markup은 3차원 개념에 맞게 Modeling으로 변경. 2. VRML 1.0 규약은 이미 널리 사용되고 있던 실리콘 그래픽스의 오픈 인벤터(Open Inventor) ASCII 파일포맷을 기초로 제정. 3. 실리콘 그래픽에서 대중화를 위한 CosmoPlayer라는 VRML 뷰어를 제작.
	문제점	1. 상호작용이 지원되지 않음으로서 웹에서 중요한 애니메이션과 사운드가 제공되지 않음. 2. 당시 HTML은 문자위주의 정보를 표현하였고 네트워크의 최적화가 VRML보다 정교하지 못함으로 인해 인터넷에서 VRML을 표현하기에는 많은 한계성이 표출.

VRML 버전		특징
VRML2.0	특징	1. VAG(VRML Architecture Group)는 1996년 실리콘 그래픽스의 "Moving Worlds" 제안을 받아 1996년 VRML2.0 규약을 제정. 2. 표 1-2에서와 같이 다양한 기능을 추가로 지원하며 VRML 1.0과는 차별성을 표출. 3. Web3D 기반의 초석을 다짐.
	문제점	1. 국제 표준으로 제정되지는 못한 상태.
VRML97	특징	1. VRML2.0의 스펙(Specification)과 관련한 문서와 기능의 수정을 통해 3차원 그래픽 언어의 국제표준(ISO/IEC DIS 14772-1)으로 VRML97이 제안. 2. Web3D의 국제적 표준으로서 다양한 응용프로그램을 지원. 3. 자체적으로 수정하고 보완하여 2002년 새로운 표준안을 제정.
	문제점	1. 방대한 스펙으로 인하여 인터넷에서 3D 물체를 기술하는데 많은 문제점이 발생. 2. 당시의 컴퓨터 시스템과 네트워크 문제점으로 VRML 형식의 3D를 인터넷으로 표현하는데 한계성 표출. 3. 2004년 VRML97을 대체할 X3D가 국제 표준으로 제정.

출처 : 가상현실 증강현실과 VRML

X3D는 XML을 기반으로 웹상에서 3차원 물체를 모델링하고 정보를 제공하는 것을 목적으로 하고 있으며 VRML을 모체로 하기 때문에 VRML의 모든 특징을 공통으로 포함하고 있으며 표 9-2에 VRML과 X3D의 특징을 나타내었다.

표 9-2 VRML과 X3D의 특징

특징	설명
독립적인 전용 브라우저	1. VRML/X3D는 웹을 기반으로 하는 언어이기 때문에 3D를 보기 위해선 전용뷰어가 필요. 2. 전용뷰어는 물체의 이동, 회전 등을 기본적으로 제공하며 웹브라우저에서 독립적인 플랫폼으로 존재.
아바타의 탐색기능/상호작용 (Navigation and Interaction)	1. 가상공간의 주체는 관찰자로서 가상공간을 탐색하는 기본 기능을 제공. 2. 가상공간에서 사용자와 상호작용을 지원.

특징	설명
Web 3D 그래픽 국제 표준 (ISO Specification)	1. 3D 국제표준 언어. 3DMax와 같이 비표준 언어로 만들어진 3D 물체는 VRML/X3D 파일형태로 변경사용. 2. VRML/X3D 관련 기술은 모두 공개 3. 실시간을 전제로 하기 때문에 파일의 크기는 작아 ASCII 형태의 파일로 구성. 4. 별도의 비용 없이 웹에서 표현 가능.
SAI (Scene Authoring Interface) 외부 프로그램 연동	1. X3D는 외부 프로그램과 X3D 프로그램간의 상호작용을 위하여 SAI를 지원. 2. JAVA나 JavaScript와 같은 외부의 다른 응용프로그램과 결합 가능. 3. 외부 프로그램과 연동 가능하므로 단순한 상호작용뿐만 아니라 복잡한 기술도 효과적으로 표현.
다른 프로그램과의 호환성	1. 3차원 그래픽 툴인 3DMax 등 다른 응용프로그램과의 호환 가능. 2. C, Visual Basic 그리고 JAVA 등과 같은 프로그램의 인터페이스를 지원하며 게임과 같은 역동적인 프로그램에 적합.

출처: 가상현실 증강현실과 VRML

X3D는 VRML 기반의 확장된 개념이므로 HTML을 이용하여 구현이 가능하기도 하지만 XML을 기반으로 구성되는 것이 가장 큰 특징이다. 따라서 X3D는 VRML의 특징뿐만 아니라 XML의 특징도 포함하고 있다. 이러한 특징은 HTML5와 직접적으로 호환되지 않는다.

VRML과 X3D로 이루어진 웹문서에서 3D 물체를 보기 위해선 Cortona3d 회사에서 지원하는 3D 전용뷰어나 JAVA 가상머신(Virtual Machine)을 이용한 뷰어를 설치해야 한다. 이러한 문제점을 극복하기 위해서 X3D에서는 HTML5 기반에서 Web3D를 구현하고 볼 수 있는 X3Dom을 지원한다.

X3Dom을 HTML5 문서에서 사용하기 위해선 <body>내에 <X3D>....</X3D> 삽입하여 3D 물체를 직접 렌더링(rendering)할 수 있다. <audio>나<video>와 마찬가지로 <X3D>태그는 CSS와 javascript 코드로 기술되어 HTML5내에 표현 가능함으로 VRML이나 X3D와 같이 독립적인 전용뷰어를 설치할 필요가 없다.

9.2 X3Dom

9.2.1 X3Dom 구조

X3Dom은 HTML5와 완벽히 호환된다. 비록 HTML5가 국제표준이긴 하지만 지속적으로 확장되고 있는 것과 마찬가지로 X3Dom 역시 표준이기에 계속하여 기능을 업데이트하고 있으므로 아직 지원되지 않는 3D 물체들이 있다. 가상공간 장면 내에 포함된 많은 노드들은 트리(tree) 혹은 그래프(graph) 구조로서 표현된다.

다음 예제는 가장 단순한 X3Dom구조의 HTML코드를 나타낸 것으로 실행결과를 그림 9-1에 나타내었다. HTML 코드와 거의 유사하며 추가된 코드는 <head>..</head>사이에 다음과 같다.

예제 : HTML5에서 Web3D 구현

```
<!DOCTYPE html>
<html>
<head>
    <meta charset='utf-8'></meta>
    <title>Web3D,VR,가상현실,X3D,Box 만들기</title>
<link rel='stylesheet' type='text/css' href="http://www.x3dom.org/x3dom/release/x3dom.css"/>
<script type="text/javascript" src="http://code.jquery.com/jquery-1.7.2.js"></script>
<script type='text/javascript' src="http://www.x3dom.org/x3dom/release/x3dom.js"></script>
</head>
<body id='main'>
<h1>HTML5에서 Web3D 구현</h1>
<X3D> <!--showStat='true' showLog='true' -->
    <Scene>
        <Shape>
            <Box size='2 2 2'></Box>
            <Appearance>
            <Material diffuseColor='1 0 0'></Material>
            </Appearance>
        </Shape>
```

```
    </Scene>
</X3D>
</body>
</html>
```

```
<link rel='stylesheet' type='text/css'
href="http://www.x3dom.org/x3dom/release/x3dom.css"/>
<script type="text/javascript" src="http://code.jquery.com/jquery-1.7.2.js"></script>
<script type='text/javascript'
src="http://www.x3dom.org/x3dom/release/x3dom.js"></script>
```

X3Dom의 태그는 HTML5의 표준 코드가 아니기에 X3Dom에서 사용하는 태그의 행동 방식을 웹브라우저에게 알려주어야 한다. x3Dom.css는 CSS파일로서 외부스타일로서 X3Dom 태그의 표현방식을 나타낸다. 따라서 프로그램을 실행하기 위해서는 `href='http://www.x3dom.org/x3dom/release/x3dom.css'` 사이트의 x3com.css 파일을 참조해야 한다. 모든 X3Dom 문서는 위의 스타일을 반드시 삽입해서 참조해야하는 필수 조건이다.

x3dom.css 스타일이 X3Dom 태그의 표현 방식이라면 jquery-1.7.2.js와 ,X3Dom.js는 x3dom 태그의 행동방식을 나타내는 javascript 코드이다. javascript 코드는 후반에 메소드 중심으로 배울 예정이지만 javascript 코드는 html문서를 능동적으로 사용자와 상호작용하는 기능을 담당한다. 모든 X3Dom 문서는 위의 3가지 코드를 <head>...</head> 사이에 반드시 포함되어야 한다.

그림 9-1 Web3D 표현

```
<X3D><Scene>...</Scene></X3D>
```

html문서와 마찬가지로 태그의 쌍으로 이루어져 있으며 <body>처럼 3차원 공간의 시작을 나타내는 헤더의 표현이다. <Scene>과 </Scene>안에 기술되는 내용은 3차원 물체를 기술하기 위한 코드가 되며 가상공간에서 표현되는 물체들은 반드시 이 안에 위치해야 된다. <X3D>와 <Scene> 요소는 3D 공간을 제어하기 위한 여러 속성을 갖고 있다.

```
<Shape>
        <Box size='2 2 2'></Box>
        <Appearance>
            <Material diffuseColor='1 0 0'></Material>
        </Appearance>
</Shape>
```

3차원 물체를 기술하기 위한 X3Dom 코드이다. 위의 코드는 그림 9-1과 같이 빨강색(1 0 0)의 박스를 만들기 위한 X3Dom 형식의 코드이다. X3Dom은 웹 브라우저에 직접 표현가능하다.

X3D는 xml 형태로 문서의 데이터만 보여주고 3D 물체를 보기 위해선 전용 브라우저를 별도로 설치해야 한다. 그러나 X3D에서 만들어진 .x3d파일을 x3dom에서 유효하게 사용할 수 있다. X3Dom은 Html5형식을 따르기 때문에 태그요소들이 대소문자를 구분하지 않는다. 그러나 X3D는 대소문자를 엄격히 따르기 때문에 X3Dom을 이용할 때 대소문자를 구분하는 습관을 들이는 것이 좋다.

X3Dom 코드는 노드(node)와 필드(field)로 구성되어 있다. 노드는 X3Dom에서 3D 물체의 형태를 기술하는 구성요소이며 필드는 노드의 특성을 기술하는 구성요소로서 변수 값을 가진다. 위의 예에서 대문자로 이루어진 Shape, Box Appearance 그리고 Material이 노드가 된다. 과거 VRML/X3D에서는 노드는 반드시 대문자로 기술하였으나 HTML5에서 대소문자를 구분하지 않기 때문에 X3Dom에서도 대소문사는 구분하지 않는다. 그러나 X3D를 이용하기 위해신 대소문자를 구분해시 쓰는 습관을 들이는 것이 좋다.

하나의 노드는 하나 혹은 다수의 필드로 구성되어 있어 여러 개의 필드를 포함할 수 있다.

```
<Box size='2 2 2'></Box> //Box노드는 size 필드를 포함.
<Material diffuseColor='1 0 0'> //Material 노드는 diffuseColor 필드를 포함
```

노드는 또 다른 노드를 포함할 수 있으며 같은 노드라도 필드의 값에 따라 다양한 형태의 3D 물체를 구현할 수 있다. 위의 예제에서는 <Shape>노드가 <Box>와 <Appearance> 노드를 자식으로 포함하고 있다.

프로그램 실행결과에서 초기화면은 2차원처럼 보이는 사각형을 보게 된다. 이는 박스를 정면에서 바라보기 때문에 사각형으로 보이는 것이며 마우스를 움직이면 마우스의 움직임에 따라 박스가 회전하는 모양을 볼 수 있다.

X3D에는 100여개 이상의 노드가 정의 되어있다. vrml이 54개의 노드를 포함하고 있는 것에 비하면 매우 많은 노드가 확장되었다. X3D의 노드에 대한 필드의 변수 값을 어떻게 지정하느냐에 따라 현실 세계의 물체를 거의 나타낼 수 있다. 노드와 필드의 관계를 정의한 vrml과 X3D 스펙은 공개되어 있으며 X3Dom를 이용하여 3D를 구현하고자 한다면 X3D의 스펙의 내용을 수시로 살펴보아야 한다.

9.2.2 X3Dom 탐색모드

X3D 장면은 3차원으로 이루어져 있으며 마우스나 키보드로 공간을 이동하며 탐색하거나 관찰할 수 있다. 2차원 웹 문서는 마우스로 스크롤(Scroll)하면 내용들을 볼 수 있지만 X3D에서는 Z축이 존재하여 이동이 가능하다. 기본적으로 관찰(Examine), 걷기(Walk), 비행(Fly), 올려보거나 내려다보는 헬리콥터(Helicoter), 자세히 살펴보는 Look at, 관찰모드와 유사한 턴테이블(Tuntable) 그리고 게임(Game) 모드가 있다. 마우스와 키보드로 장면 내에서 제어가 가능하며 위의 모드들에 대한 사용법은 다음과 같다.

■ Examine (keyboard:e)(참조: X3D)

기능	마우스버튼
회전	• Rotation : 왼쪽/오른쪽+Shfit
상하좌우	• Pan : 중앙/왼쪽+Ctrl
확대	• Zoom : 오른쪽/휠/왼쪽+Alt
중심회전	• 왼쪽버튼 두 번 클릭

■ Walk (keyboard:w)

기능	마우스버튼
전진	• Foward : 왼쪽
후진	• Backward : 오른쪽ㅣ

■ Fly (keyboard:f)

기능	마우스버튼
전진	• Foward : 왼쪽
후진	• Backward : 오른쪽

■ Look at (keyboard:i)

기능	마우스버튼
안으로 이동	• Move in : 왼쪽
밖으로 이동	• Move out : 오른쪽

■ Helicopter (keyboard:h)

기능	마우스버튼
전진	• Foward : 왼쪽

■ 초기모드 ()

기능	마우스버튼
초기화면	• Reset : r
모두표시	• Show All : a
수평조절	• Uright : u

■ Game (keyboard:g)

기능	마우스버튼
전진	• Forward : 위쪽 화살키
후진	• Backward : 아래쪽 화살키
Strafe left	• 왼쪽 화살키
Strafe R	• 오른쪽 화살키

9.2.3 NavigationInfo 탐색 노드

NavigationInfo 탐색 노드는 3D 공간을 보여주기 위한 브라우저와 사용자간의 상호작용을 제공하고 항해하기 위한 가상의 관찰자(avatar)를 설정하기 위한 노드이다. 3D의 가상공간을 구축하고 현실세계에서와 같이 항해하고 탐색하기 위해서는 관찰자의 키나 탐색모드 등 특성을 정확히 설정해야 한다.

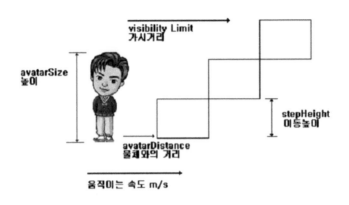

그림 9-2 Navigation 탐색의 개념

출처: 예제중심의 X3D

그림 9-2에서 보는바와 같이 가상의 공간을 탐색하고 항해하기 위해 설정해야 요소는 아바타의 크기, 이동속도, 물체와의 충돌거리, 이동할 수 있는 높이 그리고 아바타가 볼 수 있는 가시거리(Visibility Limit)등 이다. 또한 현실 세계에서와 마찬가지로 물체들을 보기 위해선 태양과 같은 광원이 존재하여야 한다. 이러한 광원 역시 NavigationInfo 노드에서 설정한다.

가상공간에서 관찰자가 현실세계에서와 같은 움직임을 정의하기 위해선 관찰자의 크기를 설정해야 한다. 아바타의 키 크기에 따라 다른 물체들의 크기와 위치가 다른 형태로 나타날 수 있다. 관찰자의 키가 설정되면 물체와의 충돌거리와 이동할 수 있는 높이를 설정해야 한다. 가상공간에서 아바타가 높은 빌딩을 통과하거나 산을 통과하여 넘어가면 안 된다. 이와 아울러 관찰자가 움직이는 속도나 볼 수 있는 가시거리 등을 설정하는 것도 세밀하게 가상공간을 설정하는 요소가 된다. 이와 같이 NavigationInfo 노드는 아바타가 3D 공간을 자유롭게 항해하고 탐색하기 위한 속성을 설정하는 노드이다. 표 9-3은 NavigationInfo 노드의 필드와 속성을 나타낸 것으로 의미는 다음과 같다.

표 9-3 NavigationInfo 노드

필드 명	기본 값	값 범위
avatarSize	[0.25,1.6,0.75]	#[0,∞)
headlight	TRUE	
speed	1.0	#[0,∞)
type	["WALK","ANY"]	
visibilityLimit	0.0	#[0,∞)

① avatarSize : 아바타(avatar)란 가상공간에서 관찰자를 나타내는 분신의 의미이다. 일반적으로 게임이나 채팅 사이트에서는 아바타를 만들어 가상공간에서 시각적인 이미지를 제공하고 있다. avatarSize는 세 가지의 세부적인 환경을 설정할 수 있다. 환경설정의 내용으로는 Avatar Distance, Avatar Height, Avatar Step Height가 있다.

- Avatar Distance : 관찰자와 다른 물체 간에 충돌을 감지하는 거리이다. 기본 값은 0.25로 관찰자와 다른 물체 간에 설정된 값 이하로는 서로 충돌되어 더 이상 그 방향으로는 진행할 수 없다.

- Avatar Height : 관찰자의 신장 크기로서 가상공간을 탐색하기 위한 관찰자의 눈높이라 생각해도 된다. 기본 값은 1.6으로서 현실에서 신장 160cm를 가진 사람이다. X3D에서 길이의 단위는 미터(meter)를 적용한다. 따라서 1.6은 1.6[m]을 의미한다.

- Avatar Step Height : 관찰자가 장애물을 건너 올라갈 수 있는 최대 높이이다. 만약 장애물의 높이가 Step Height보다 높으면 더 이상 진행하지 못하고 Avatar Distance에서 설정된 값 때문에 충돌하게 된다. 기본 값은 0.75로서 계단이나 언덕을 만들 때 충돌하지 않기 위해서는 이보다 적은 값으로 물체를 만들어야 한다.

② headlight : -z 축으로 향하는 기본 빛으로 현실 세계의 빛과 같다. 기본 값은 TRUE로서 빛이 존재하지만 FALSE 값을 사용하면 빛을 제거할 수 있다. 만약 야간이나 실내에서와 같이 빛이 없는 곳에서 인공조명을 사용하려면 headlight를 Off 시켜야 그 효과를 볼 수 있다.

③ speed : 아바타가 가상공간을 이동하는 속도로서 초당 움직이는 거리(m/sec)의 비율을 설정한다.

④ type : 가상공간을 항해하는 형태를 설정한다.

- EXAMINE : 관찰 모드이다. 사용자는 이동할 수 없으며 물체를 회전하며 관찰할 수 있다.
- WALK : 현실세계와 마찬가지로 중력이 작용하며 걷기 모드로 이동이 가능하다. 바닥이 없으면 아래로 추락할 수 있다.
- FLY : WALK 형태와 동일하나 중력이 무시되어 날아다닐 수 있다.
- LOOKAT : 물체의 한 부분을 세밀히 관찰하기 위한 모드이다.
- ANY : 앞서 언급한 모든 형태가 가능하다. 이 모드에서는 사용자가 다른 모드를 선택할 수 있다.
- NONE : 어떠한 관찰 모드도 사용하지 않는다. 사용자는 초기 모습만을 보게 된다.

⑤ visibilityLimit : 아바타의 가시거리(visible distance)를 나타낸다. 가시거리보다 먼 물체는 보이지 않는다. visibilityLimit의 값은 0.0~∞이며 0이면 ∞와 같다.

9.2.4 Shape 노드

3D 공간에서 물체를 표현하기 위해서는 Shape 노드를 사용하여야 한다. 2차원의 모니터에서 3D 공간을 표현하고 3D 물체를 생성하는 것은 물체의 이동과 더불어 물체의 회전, 크기 변환 등의 작업을 위해서는 공간 좌표에 대한 이해가 필요하다.

그림 9-3은 2차원의 모니터에 표현되는 3D 공간의 좌표를 나타낸 것이다. x축은 모니터의 수평 방향인 가로축이며 y축은 세로축인 수직 방향이다. 기존의 2D 이미지는 이처럼 x, y 축으로 설정되지만 가상의 3D 공간과 물체를 만들기 위하여 사용자가 모니터를 보는 방향으로 가상의 z축을 추가하여 물체의 원근감이나 3D 공간의 거리감을 표현하도록 한다.

그림 9-3은 2차원의 평면 그림을 3차원의 시각적인 효과를 위하여 시계방향으로 회전을 하였다. 우리가 살고 있는 현실세계는 기준점이 없지만 3D 공간에서는 원점을 기준으로 양과 음의 좌표축을 가진다. 그림에서 3D 공간의 좌표는 항상 양과 음을 갖는 (x, y, z) 쌍으로 이루어지며 그림의 붉은색 문자처럼 첫 번째 값이 x, 두 번째 값은 y 그리고 마지막 값이 z축의 값이 된다. 그림에서 x, y, z축이 만나는 교차점의 좌표는 가상공간의 중앙으로서 (x, y, z)의 값은 모두 0이다. 이를 기준으로 양의 값과 음의 값으로 결정된다.

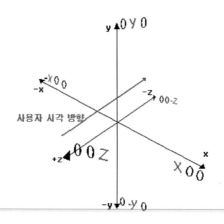

그림 9-3 3D 공간 좌표의 개념

2D에서 x, y는 이미지의 크기를 나타내지만 3D에서 z축은 원근감을 나타나내기 위한 축으로서 +z축의 값이 클수록 관찰자와 가까워지게 된다. 그림 9-4는 같은 크기의 물체를 z축의 값에 따라 표현한 것이다. 노란색의 구는 z=0인 위치에 있어 z=5인 파란색 구보다 상대적으로 작게 보인다. 따라서 z의 값이 클수록 물체는 상대적으로 크게 보이게 된다. 공간 좌표와 다르게 물체는 음의 값이 없는 크기만을 고려해야 한다.

컴퓨터 그래픽에서 3D 물체를 표현하기 위해 Shape 노드를 사용하지만 몇 단계의 절차가 필요하다. Shape는 모양을 의미하는 추상적인 단어로서 물체를 만들기 위한 과정을 그림 9-5를 통해 살펴보자.

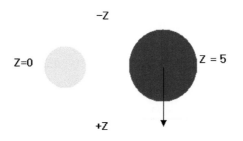

그림 9-4 z 값에 따른 물체의 이동

여러분에게 모양(Shape)라고 한다면 머릿속에는 구체화 되지는 않지만 왼편 그림과 같이 추상적인 기하학적(geometry) 모양이 떠오르게 된다. 이를 구체화하기 위해선 사각형, 또는 원이라고 언급을 해야지만 추상적인 모양(Shape)에서 구체적인 기하학적(geometry) 모양이 된다. 그러나 아직도 모양의 형태만 정의되었지 해당 모양의 외형은 설정되지 않았다. 물체는 모양만으로 결정되는 것이 아니라 오른쪽 그림과 같이 외형(Appearance)에 따라 느껴지는 정도가 달라진다. 모양이 가지는 속성에는 물체의 형태를 나타내는 기하학적 특성과 물체의 외형을 나타내는 외형적인 특성이 존재하므로 이과정을 따라야 한다.

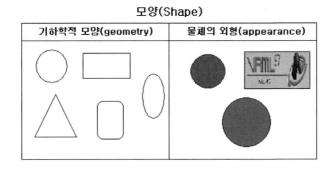

그림 9-5 Shape 노드에 대한 개념이해
출처: 가상현실

9.2.5 빛(headlignt)의 특성과 색상

물체의 외형은 세 가지 형태인 색상, 이미지, 동영상으로 포장할 수 있으며 추가적으로 물체의 선 특성(LineProperties), 면 특성(FillProperties) 그리고 외부 프로그램에 의한 물체의 표현(Shader) 등이 있다. 물체의 외형을 색상으로 나타내는 경우는 컴퓨터 그래픽의 색상표현 방식과 동일하게 색의 3원색인 R(Red), G(Green), B(Blue)의 조합으로 표현된다. 그러나 물체를 색상으로 표현하는 경우에는 색상뿐만이 아니라 현실 세계에서와 마찬가지로 빛의 특성에 의해 물체의 외형은 달라 보이게 된다. 즉, 물체의 외형적인 특성은 빛을 어떻게 반사하느냐에 따라 물체의 색상도 달라진다. 같은 색상의 물체라도 빛의 유무에 따라 밝은 색과 어두운 색으로 표현되므로 빛은 물체의 외형을 결정하는 시각적 특성이 된다.

(1) 물체의 색상 표현

인간이 느끼는 색상은 빛의 다양한 성분 중 가시광선이 물체에 반사된 색상이다. 물체에 반사된 색상이 물체의 고유색상이라 할 수 있으므로 현실세계의 태양과 같은 광원을 가상공간에도 만들어야 한다. 따라서 X3dom에서의 광원은 NavigationInfo 노드에서 제공되는 빛(headlight)이 현실에서의 태양과 같다는 가정하고 적용한다.

NavigationInfo의 headlight를 이용하여 3D 물체의 색상을 표현하기 위해서는 앞서 언급하였던 빛의 특성과 빛에 의해 반사된 물체의 색상을 모두 고려해야 한다. 컴퓨터그래픽과 HTML에서 표현하는 색상과 마찬가지로 가상공간에서 물체의 색상을 표현하기 위해서 빛의 3원색인 빨강, 초록, 파랑색을 사용하고 이들을 적절히 혼합하여 색상을 표현한다.

X3Dom에서는 RGB 색상의 표현을 위해 html5에서 표현(0~255 숫자범위)하는 방법과 달리 각각 0~1사이의 값으로 색상을 표현한다. 0~1사이의 값이란 소수 값으로 색상이 표현됨을 의미한다. 0은 색상이 없는 것으로 간주되어 RGB의 모든 값이 (0 0 0)을 가지면 검정색이 된다. 1의 값은 순수한 자신의 색상을 나타낸다. 만약 흰색을 표현하고 싶다면 RGB 각각의 값을 (1 1 1)로 모두 1로 만들어 주면 된다. 또한 보라색으로 물체를 표현하고 싶다면 R,B는 1의 값을 갖지만 G의 값은 0이 된다. 그 밖의 다른 색상들은 0~1사이의 값들을 적절히 조절하여 표현할 수 있으므로 자연계의 모든 색상을 표현할 수 있다.

(2) 빛의 특성

빛의 특성을 정확히 이해하기 위해서 그림 9-6처럼 태양을 중심으로 물체의 부분에 따라 반사정도가 다르고 고유의 빨강색과 파랑색의 색상(emissive)을 가진 두 개의 구가 양쪽에 있다고 가정하자. 빨강색 구와 같이 광원이 오른쪽 위에 있을 경우에는 구의 특성상 오른쪽 상단에서 빛을 전반사(specular)하여 매우 밝은 부분으로 나타나지만 광원의 반대편은 빛을 전혀 받지 못하게 되어 상대적으로 가장 어두운 색으로 나타나게 된다. 이와 유사하게 상대적으로 오른쪽에 있는 파란색의 구는 빛의 광원이 왼쪽 상단에 위치하여 반사되는 부분은 왼쪽 상단에 밝게 나타난다.

구와 같이 곡면을 가지는 물체는 반사되는 빛이 물체의 일정 부분으로 확산되어 나타나며 이 부분을 빛의 확산(diffuse)이라 한다. 확산된 물체의 특징은 물체의 색상과 빛이 혼합되어 논리적 연산을 통해 색상으로 나타나게 된다. 상당히 미비하지만 물체의 색상에 영향을 주는 빛으로 주변광(ambient)

도 있다. 주변광이란 한 물체가 주변의 다른 물체로 부터 반사된 빛에 의해 영향을 받는 빛을 의미한 다. 이처럼 빛의 특성으로 물체에 영향을 주는 요소로는 발산(emissive), 확산(diffuse), 반사 (specular), 주변(ambient), 광이 있으며 물체의 투명도(transparency)와 반사광 밝기 정도(shininess) 를 나타내는 특성도 있다. 이들 각각에 대한 특성을 요약하면 다음과 같다.

- 발산광(emissiveColor) : 물체 고유의 색상으로 광원이 없어도 시각적으로 보이는 색상이다. 현실세 계에서는 빛이 없으면 물체가 보이지 않지만 발산광은 광원이 없어도 물체 고유의 색상으로 보이게 된다. 현실세계의 야광물체라 생각하면 무난하지만 발산광 만으로는 입체감이 떨어지게 된다.

- 확산광(diffuseColor) : 반사광의 주변으로 일정부분 확산되는 색상이다. 빛의 입사 각도에 따라 확 산광의 색상도 어느 정도 영향을 받는다. 확산광은 시각적으로 물체의 입체감을 느끼게 하는 특성 이 있다.

- 반사광(specularColor) : 광원에서 수직으로 물체에 부딪혀 반사되는 색상이다. 일반적으로 곡면 을 갖는 물체의 일부 표면에 가장 밝은 부분을 생성한다.

- 주변광(ambientColor) : 여러 물체에서 반사된 빛에 의해 방향성을 상실한 색상으로 물체의 특정 부분에 적용되지 않고 물체 전체에 영향을 주게 된다.

- 반사광의 밝기(shininess) : 반사되는 정도를 나타냄으로 빛의 강도를 표현한다.

- 투명도(transparency) : 유리와 같이 물체의 투명도를 나타낸다.

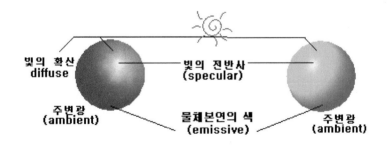

그림 9-6 빛의 특성에 따른 물체의 외형
출처: 예제중심의 X3D

기본 확산광(diffuseColor)만의 색을 R=0.8, G=0.8, B=0.8로 정의하고 있으며 다른 요소들은 모두 기본 값으로 0을 가지고 있다. 확산광의 0.8은 1에 가까우므로 RGB요소를 모두 혼합하면 흰색에 가까운 색상이 된다. 확산광의 기본 값만을 정의한 이유는 3D 물체가 기본적으로 빛의 확산광에 영향을 받는다는 것을 전제로 하고 있다. 각 값이 1이 아니고 0.8인 이유는 인간의 시각적 특성을 고려한 것이다. 그림 9-7은 발산광(emissive), 확산광(diffuse), 반사광(specular)의 색상 관계를 정리하여 나타낸 것으로 초기 선언된 색상과 다르게 물체가 표현됨을 유의하기 바란다. 이들을 사용할 때 주의해야 할 점은 다음과 같다.

① emissiveColor는 물체 고유의 색상으로서 적용되는 면적이 가장 넓다. 따라서 emissiveColor를 1 1 1인 흰색으로 적용한다면 diffuseColor와 emissiveColor 성분은 나타나지 않는다.

② diffuseColor의 성분은 다른 요소와 달리 기본 스펙에 (.8 .8 .8)로 정의되어 있다. 따라서 이 성분을 사용하지 않기 위해서는 반드시 (0 0 0)으로 초기화 한다.

③ emissiveColor를 제외한 다른 요소는 혼합된 색상으로 나타난다.

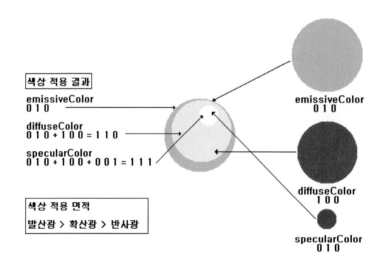

그림 9-7 색상에 따른 물체의 표현
출처: 예제중심의 X3D

9.2.6 인공조명(ArtificialLight)

인공조명은 인위적인 빛을 생성하여 야간이나 실내에서 조명효과를 주기 위해 사용하는 노드이다. 현실세계에서는 낮에는 태양의 빛으로 사물들을 볼 수 있지만 밤에는 가로등, 형광등과 같은 인공조명을 이용하여 사물들을 보게 된다. 만약 자연적인 빛이든 인공적인 빛이든 빛이 없다면 물체들은 보이지 않을 것이다. 인공적인 빛의 특징은 사용자 정의의 빛의 색상, 위치, 밝기 등의 속성을 조절 가능하며 빛을 인위적으로 조작이 가능하다면 물체를 더욱 효과 있게 표현할 수 있다.

인공조명에는 DirectionalLight, PointLight 그리고 SpotLight가 있다. 인공조명의 특성을 명확히 반영하기 위해서는 NavigationInfo 노드에서 <headlight='false'>로 하여 기본으로 제공되는 빛을 제거하고 사용해야 한다. 인공조명은 headlight의 속성을 그대로 갖지만 인공조명은 인위적인 빛이기 때문에 빛의 색상 등 사용자가 원하는 대로 조절 가능하다. 제어할 수 있는 빛의 속성은 다음과 같다.

- intensity : 빛의 세기를 결정한다. 0~1사이의 값을 가지며 기본 값은 1이다.

- on : 빛의 On/Off 기능을 제공한다. headlight 빛을 제거하기 위해서는 Off 하듯이 인공조명 역시 TRUE/FALSE를 통하여 On/Off를 할 수 있다.

- ambientIntensity : headlight 빛의 속성과 마찬가지로 주변광의 강도를 설정한다.

- color : 인공조명의 색상을 나타낸다. 기본 빛의 속성은 백색광(1 1 1)을 가지며 물체의 색상과 혼합되어 결정되지만, 인공조명의 색상은 사용자가 임의대로 조정할 수 있다. 인공조명의 색상에 따라 물체는 headlight 빛이 적용되었을 때와는 전혀 다른 결과를 나타내는 경우가 생긴다.

Material 노드에서 발산광, 확산광, 반사광들은 OR연산을 하지만 표 9-4에서와 같이 물체의 색상은 headlight나 인공조명의 색상과 AND 연산을 한다. AND 연산은 모두 1의 값이 되어야만 1의 값을 갖지만 OR 연산은 둘 중 하나만 1이면 1의 값이 된다. headlight의 경우는 항상 백색광의 형태로 제공되기 때문에 사용자는 객체의 색상만 고려하면 되지만 인공조명의 경우는 조명의 색상에 따라 물체의 겉보기 색상은 달라진다.

표 9-4 headlight와 인공조명의 색상 표현 방법

빛의 종류와 색상	headlight			인공조명		
빛의 색상	1 1 1			1 1 0		
diffuseColor	1 0 0	0 1 0	0 0 1	1 0 0	0 1 0	0 0 1
확산광 결과	1 0 0	0 1 0	0 0 1	1 0 0	0 1 0	0 0 0
emissiveColor	1 0 0	0 1 0	0 0 1	1 0 0	0 1 0	0 0 1
발산광 결과	1 0 0	0 1 0	0 0 1	1 0 0	0 1 0	0 0 0

그림 9-8은 다소 복잡해 보이나 왼쪽의 그림 (a)는 headlight를 적용한 결과이고 오른쪽 그림 (b)는 인공조명을 적용한 결과로서 결과는 다르다.

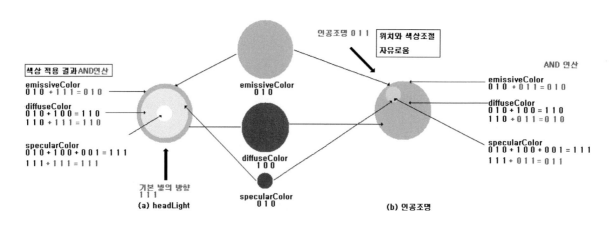

그림 9-8 headlight와 인공조명의 차이점
출처: 예제 중심의 X3D

기본 빛(headlight)의 경우는 항상 백색광[1 1 1]의 형태로 제공되기 때문에 설정된 발산광, 확산광 그리고 반사광 그대로 나타난다. (1 1 1)의 경우는 AND 연산을 하더라도 항상 자신의 색상 값으로 나타나기 때문이다. 그러나 인공조명은 사용자가 인위로 조절 가능하므로 (1 1 1)의 색상이 아니라면 그림과 같이 AND 연산에 의해 확산광(diffuseColor)이 나타나지 않으며 반사광(specularColor)는 기대하지 않았던 색상으로 나타난다. 따라서 headlight는 사용자가 물체의 색상만 고려하면 되지만 인공조명

의 경우는 사용자가 빛의 색상을 조정 가능하여 때론 예상치 못한 결과가 발생한다. 인공조명의 또 다른 특징은 그림 (b)에서 보는 바와 같이 광원의 위치를 사용자가 정의할 수 있다. 기본 빛은 항상 -z 축을 향하지만 인공조명은 임의로 방향을 설정할 수가 있어 반사광의 위치가 다르게 표현된다.

(1) DirectionalLight

DirectionalLight 노드는 headlight와 매우 유사하지만 사용자 임의로 방향을 설정할 수 있는 인공조명이다. DirectionalLight 빛의 방향을 설정하기 위해서는 빛의 시작 위치가 아니라 빛이 도착하는 종착지점을 설정하여야 한다. 표 9-5는 DirectionalLight 노드의 필드로서 direction 필드의 x, y, z 좌표를 설정하여 빛의 도착 지점을 설정할 수 있다. DirectionalLight 노드의 빛의 방향(direction)에 대한 기본 값은 headlight와 같다. headlight 역시+z축에서 -z축 방향의 방향성 빛으로 고정되어 있다. DirectionalLight는 사용자가 direction 필드를 통해 빛의 종착점을 조절할 수 있다.

표 9-5 DirectionalLight 노드

필드 명	초기 값	값의 범위
ambientIntensity	0	#[0,1]
color	1 1 1	#[0,1]
direction	0 0 -1	#($-\infty$,∞)
intensity	1	#[0,1]
on	TRUE	

(2) PointLight노드

PointLight 노드는 특정지점에서 빛을 발산하는 특징으로 특정지점으로 향하는 DirectionalLight 노드와 반대적 특징을 가진다. 표 9-6은 PointLight 노드의 필드로서 각 필드를 이용하여 형광등이나 별과 같이 특정위치에서 빛을 발하는 인공조명 효과를 나타낼 수 있다.

표 9-6 PointLight 노드

필드명	초기 값	값의 범위
ambientIntensity	0	#[0,1]
attenuation	1 0 0	#[0,∞)
color	1 1 1	#[0,1]
intensity	1	#[0,1]
location	0 0 0	#(-∞,∞)
on	TRUE	
radius	100	#[0,∞)

- attenuation : 빛이 거리에 따라 감쇠 정도를 나타내는 필드로서 감쇠 계수는 Max 함수를 이용한다.

1/max(attenuation[0] + attenuation[1]×r + attenuation[2]×r2, 1)

max(x,y) 함수는 x와 y 중 큰 값을 적용하는 함수이다. attenuation[0][1][2]는 attenuation 필드의 색인 데이터 값을 의미하며 r은 광원으로부터의 거리이다.

- location : 광원의 위치를 나타내는 필드이다.

- radius : PointLight가 적용되는 거리를 나타낸다. radius의 값이 객체의 거리보다 작다면 객체는 보이지 않게 된다.

(3) SpotLight 노드

SpotLight 노드는 DirectionalLight와 PointLight의 특성을 모두 가지고 있으며 특정 위치에서 특정 방향으로 빛을 발산하기 위하여 사용되는 노드이다. 현실세계에서 스탠드나 가로등과 같은 효과를 적용하기 위해서는 SpotLight 노드를 이용한다. 그림 9-9는 SpotLight 노드의 특성을 그림으로 표현한 것이며 표 9-7에 SpotLight 노드의 필드를 나타내었다.

- beamWidth : 광원을 기준으로 빛이 감쇠 없이 퍼져 나가는 폭을 정의하는 필드이다.

- cutOffAngle : beamWidth부터 빛이 감쇠하는 폭을 정의하는 필드로서 그림 9-9와 같이 cutOffAngle 밖의 영역은 검정색으로 표현되어 물체가 보이지 않는다. beamWidth부터 cufOffAngle 까지는 SpotLight의 색상에서 검정색까지 선형적으로 적용된다.

- radius : SpotLight가 적용되는 거리를 나타낸다. radius의 값이 물체의 거리보다 작다면 물체는 보이지 않게 된다.

표 9-7 SpotLight 노드

필드명	초기 값	값의 범위
ambientIntensity	0	#[0,1]
attenuation	1 0 0	#[0,∞)
beamWidth	1.570796	#[0,π /2]
color	1 1 1	#[0,1]
cufOffAngle	0.786598	#[0,π /2]
direction	0 0 -1	#(-∞,∞)
intensity	1	#[0,1]
location	0 0 0	#(-∞,∞)
on	TRUE	
radius	100	#[0,∞)

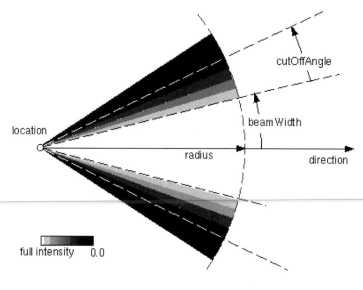

그림 9-9 SpotLight의 특성
출처: Web3D.org

9.3 WebGL

9.3.1 WebGL 개념

WebGL(Web Graphic Library)은 플러그인을 사용하지 않고 웹 브라우저 내에서 대화형 2D 및 3D 그래픽을 렌더링하기 위한 JavaScript API로서 크로노스 그룹(Khronos Group)에서 제정하였다. WebGL 요소는 X3D와 마찬가지로 다른 HTML 요소와 혼합되어 페이지 또는 페이지 배경의 다른 부분과 합성될 수 있다. 현재 대부분의 웹 브라우저는 WebGL을 지원하고 있다.

2011년 3월 OpenGL Es 2.0 기반하에 WebGL 1.0이 발표되었으며 2017년 2월에는 OpenGL Es 3.0 기반하에 WebGL 2.0이 발표되었다. OpenGL은 그래픽 프로그램을 위한 API이다. OpenGL 기반하에 만들어 졌다는 것은 플랫폼에 구애받지 않고 사용할 수 있으며 C, 파이선(Python), 자바(Java), 자바스크립트(Javascript) 등 많은 언어를 인터페이스로 확장가능하다는 장점이 있지만 OpenGL은 오직 물체를 렌더링만 할 수 있고 다른 기능을 수행하기 위해서는 다른 라이브러리가 필요하다는 단점을 가지고 있다.

WebGL은 다음과 같은 장점이 있다.

- 무료 개방된 라이브러리로서 누구나 사용가능하다.
- 렌더링 가속화를 지원하는 GPU를 활용한다.
- 별도의 플러그인 없이 웹브라우저에 내장되어 실행된다.
- 자바스크립트 프로그래밍이 가능하다.
- 모바일 브라우저에서도 사용가능하다.

WebGL 프로그램은 C 또는 C++와 유사한 언어인 OpenGL ES 2.0 기반의 세이더 언어로 작성되고 JavaScript로 작성된 제어 코드로 구성되며 브라우저 엔진에 내장된 HTML5 캔바스(Canvas) 요소 위에 그려진다. 웹에서 WebGL을 사용하기 위해서는 HTML canvas 요소를 사용해야 하며 canvas로 부터 컨텐스트(Context)를 얻는 canvas.GetContext() 메소드에 'experiment-webgl'을 매개변수로 넘 겨주어야 한다.

```
<Script>
const canvas = document.getElementById('mycanvas');
const ctx = canvas.getContext( 'experiment-webgl') ;
</Script>
```

WebGL을 사용하기 위한 절차는 다음과 같다.

① 3D 랜더링 준비
- WebGL 컨텍스트 생성
- WebGL 컨텍스트 크기 조정

② 컨텍스트에 2D 컨텐츠 추가하기
- 장면에 조명효과 추가하기
- 셰이더 초기화, DOM에서 셰이더 불러오기

③ 셰이더를 사용하여 색상 적용하기

- 정점에 색상 적용하기

- 프래그먼트에 색상 입히기

- 색상을 적용해서 그리기

④ 오브젝트 애니메이션 만들기

- 오브젝트 회전하기

- 오브젝트 이동하기

⑤ 3D 객체 만들기

- 육면체의 정점 위치 정의

- 육면체의 색상 정의

- 인덱스 배열 정리

- 정육면체 그리기

⑥ 텍스쳐 애니메이션

- 텍스쳐 구성 비디오 로딩

- 비디오 프레임 텍스쳐로 사용

⑦ 조명 설정

- 명암 효과 주기

- 정점별 법선 구성하기

- 셰이더 수정하기

9.3.2 three.js

three.js는 종종 WebGL과 혼동되는데, 그 이유는 three.js는 WebGL을 사용하여 3D를 그리기 때문이다. WebGL은 점, 선 및 삼각형만 그리는 매우 낮은 수준의 시스템이다. WebGL에서 유용한 작업을 수행하려면 일반적으로 꽤 많은 코드가 필요하며 three.js를 이용하면 보다 간단하게 해결할 수 있다.

three.js에는 장면, 조명, 그림자, 재료, 텍스처, 3D 수학 등 유용한 라이브러리를 포함하고 있으며 WebGL을 이용하여 작성하고 처리해야 한다.

three.js를 사용하기 위해서는 자바 스크립트를 알고 있어야 한다. three.js를 지원하는 대부분의 브라우저는 자동 업데이트되므로 대부분의 사용자는 three.js 코드를 직접 실행할 수 있어야한다. three.js 앱을 사용하려면 여러 개체를 만들고 함께 연결해야 한다. 그림 9-10은 작은 three.js 앱의 구조를 나타내는 다이어그램이며 각 부분별 명칭은 다음과 같은 의미를 내포한다.

Renderer는 three.js의 주요 대상이다. Scene과 Camera를 Render에 전달하면 Camera 안에 있는 3D 장면의 일부를 캔버스에 2D 이미지로 렌더링한다. 트리와 같은 장면 그래프 안에는 Scene 객체, 여러 Mesh 객체, Light 객체, 그룹, Object3D 및 카메라 객체와 같은 다양한 객체로 구성된다. Scene 객체는 장면 그래프의 루트를 정의하고 배경색 및 안개와 같은 속성을 포함한다. 이러한 객체는 구조와 같은 계층적 부모/자식 트리를 정의하고 객체가 나타나는 위치와 방향이 어떻게 조정되는지를 나타낸다. 아이들은 부모에 비해 위치와 방향을 갖는다. 예를 들어 자동차의 바퀴는 자동차의 자식일 수 있으므로 자동차의 물체를 움직이고 방향을 정하면 자동으로 바퀴가 움직일 수 있다.

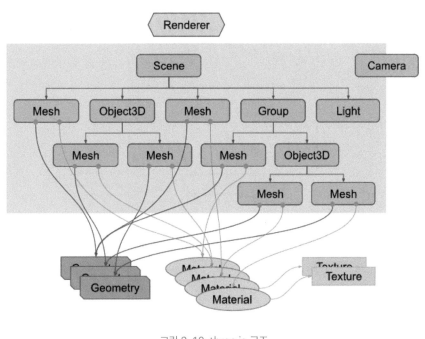

그림 9-10 three.js 구조

출처: three.js

그림에서 카메라는 장면 그래프에서 반만 걸치고 있다. 이것은 다른 오브젝트와 달리, 카메라를 설정하기 위해 Scene 그래프에 있을 필요가 없다는 것을 나타낸다. 다른 오브젝트와 마찬가지로, 카메라는 다른 오브젝트의 자식으로서 부모 오브젝트를 기준으로 움직이고 방향을 지정한다.

메시(Mesh) 객체는 특정 재질로 특정 드로잉을 나타낸다. 머터리얼(Material) 객체와 오브젝트 모두 여러 메시 오브젝트에서 사용할 수 있다. 예를 들어 서로 다른 위치에 두 개의 파란색 큐브를 그리려면 각 큐브의 위치와 방향을 나타내는 두 개의 메시 객체가 필요할 수 있다. 큐브에 대한 꼭짓점 데이터를 보유하는데 하나만 필요하며 파란색을 지정하려면 하나의 재질만 있으면 된다. 두 메시 객체 모두 동일한 객체와 동일한 머터리얼 객체를 참조할 수 있다.

지오메트리(Geometry) 객체는 구형, 큐브, 평면, 개, 고양이, 인간, 나무, 건물 등과 같은 일부 형상의 꼭지점 데이터를 나타낸다. three.js는 많은 종류의 내장 지오메트리 프리미티브를 x3dom과 유사하게 제공한다. 사용자 지정 지오메트리를 생성하고 파일에서 지오메트리를 로드할 수도 있다.

재질(texture) 객체는 사용할 색상과 반짝이는 정도를 포함하여 지오메트리를 그리는 데 사용되는 표면 속성을 나타낸다. 머터리얼은 한 개 이상의 텍스쳐 객체를 참조하여 이미지를 지오메트리 표면에 투영하는데 사용할 수 있다. 텍스쳐 객체는 일반적으로 이미지 파일에서 로드되거나, 캔버스에서 생성되거나, 다른 장면에서 렌더링된 이미지를 나타내며 빛의 물체는 다양한 종류의 빛을 나타낸다.

간단한 형태의 3D 물체를 구성할 때 필요한 구성요소는 다음과 같으며 9-11과 같은 장면 트리로 구성된다.

WebGLRenderer, PerspectiveCamera, Scene, Mesh, BoxGeometry and MeshBasic Material

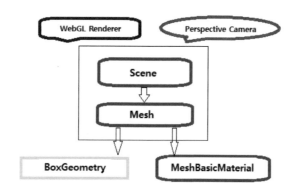

그림 9-11 간단한 3D 객체의 구성요소

three.js를 사용하기 위해서 필수적으로 이해하고 있어야할 요소들은 다음과 같다.

- javascript 프로그래밍과 CSS(Casecade Style Sheet)

- DOM(Document Object Module)

- Es5, Es6 모듈

9.4 WebXR

9.4.1 WebXR 정의

WebXR은 증강현실과 가상현실(AR 및 VR)을 웹에 모두 구현하는데 필요한 기능을 제공하며 WebXR 장치 API를 핵심으로 하며 이러한 기술을 혼합현실 (MR) 또는 교차현실 (XR)이라고 한다. WebXR 장치 API는 웹 브라우저에서 HTC Vive, 오큘러스 리프트와 퀘스트(Oculus Rift, Oculus Quest), 구글 카드보드(Google Cardboard), 홀로렌즈(HoloLens) 그리고 삼성 기어 VR과 같은 증강 현실 및 가상현실 장치에 액세스하기 위한 웹 응용 프로그래밍 인터페이스(API)이다. WebXR 장치 API 및 관련 API는 W3C 그룹, 몰입형 웹 커뮤니티 그룹 및 몰입형 웹 작업 그룹에 의해 정의된 표준으로서 이러한 표준제정과 하드웨어 장비의 발달로 이제 소비자들은 몰입형 컴퓨팅 플랫폼을 제공을 경험할 수 있게 되었다.

몰입형 컴퓨팅은 사용자들이 원활한 경험을 체험하기 위해 고정밀, 5G와 같은 초고속 그리고 초지연 통신에 대한 엄격한 요구 사항이 필요하다. 또한 핸드 헬드(hand held) VR 컨트롤러 또는 특수 혼합현실 게임 패드와 같은 제어 장치의 입력 수용을 지원하며 웹과 같은 플랫폼에 대한 보안 문제를 해결해야 한다. WebXR 장치API는 개발자가 다양한 하드웨어 장치와 웹에서 강력하고 편안하며 안전한 몰입형 애플리케이션을 구축할 수 있도록 인터페이스를 제공하고 있다.

WebVR API는 2014년 봄에 모질라의 블라디미르 부키치에비치(Vladimir Vukićević)에 의해 처음 고안되었으며 2016년 3월 1일, 모질라(Mozilla) VR 팀과 구글의 크롬 팀은 WebVR API 제안의 버전 1.0 릴리스를 발표하였다. 최신 WebXR 장치 API 작업 초안은 2022년 2월에 마지막으로 게시되었다. 2018년 WebXR 디바이스 API는 WebVR을 대체하여 증강 현실, 가상현실 장치 및 가능한 미래 현실 및 장치 모두를 위해 설계되었다. 그림 9-12에 WebXR 로고를 나타내었다.

그림 9-12 WebXR 로고

WebXR을 개발하기 위해서는 다음과 같은 기본 개념이 요구된다.

■ 시야각

시야각(FOV: Field Of View)이라는 용어는 인간의 시각 및 모든 컴퓨터에서 제공하는 모든 시각 기술에 적용되는 용어이다. 시야각은 환경을 볼 수 있는 범위로서 각도 또는 라디안으로 지정된 시야각의 너비는 시야의 맨 왼쪽 가장자리에서 맨 오른쪽 가장자리까지 호를 정의하는 각도로 측정되며 인간의 눈은 약 135° 정도의 시야각을 갖는다.

■ 시야각과 XR 장치

사용자의 눈이 가상 세계에 몰입할 정도로 넓은 시야를 확보하려면 시야각은 적어도 두 눈의 가시 영역의 너비에 접근해야한다. 기본 헤드셋은 일반적으로 약 90° 정도부터 시작하지만, 고가의 헤드셋은 일반적으로 약 150°의 시야각을 가지고 있다. 따라서 넓은 시야각을 제고하면 몰입감을 높일 수 있지만 시야각을 늘리면 헤드셋의 무게와 비용도 증가할 수 있다.

■ 자유도

사용자가 가상 세계 내에서 얼마나 많은 이동의 자유를 가지고 있는지를 나타낸다. 이는 WebXR 하드웨어 구성이 가상 장면으로 인식하고 재현할 수 있는 이동 유형의 수와 직접 관련이 있다.

① 회전의 자유(그림 9-13)

- 피치(pitch): 위아래로 보기

- 요우(yaw) : 왼쪽과 오른쪽을 보며

- 롤(roll): 왼쪽과 오른쪽으로 기울이기

② 이동의 자유 : 회전의 자유와 함께 앞, 뒤, 상, 하, 좌, 우의 움직임
이 가능하며 6가지 자유도의 움직임을 6DoF라 한다.

③ WebXR 세션 모드 : WebXR은 동일한 API를 사용하여 증강현
실과 가상현실 세션을 모두 지원한다.

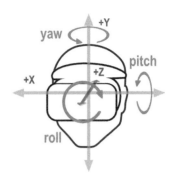

9.4.2 WebXR 장치

그림 9-13 하드웨어의 자유도
출처: MDN Web document

WebXR을 사용하기 위해서는 위치 추적이 가능한 모바일 장치 혹
은 헤드 트래킹 기능이 있는 HMD와 같은 필수적인 장비가 필요
하고 컴퓨터 시스템에는 가상현실과 증강현실을 지원하는 운영체제 및 적절한 하드웨어가 구비되어
있어야 한다. 만약 이와 같은 장치와 프로그램이 모두 구비되었다면 WebXR을 체험하기 위해 다음
과 같은 단계를 거쳐 콘텐츠를 체험할 수 있다.

① 원하는 유형의 XR 콘텐츠가 하드웨어 및 UA에서 지원되는지 여부를 체크한다.

② XR 창이 활성화되면 시작 플레이 버튼을 선택한다.

③ 활성화 이벤트가 성공하면 프레임 루프를 실행하여 XR 장치에 표시할 이미지를 생성한다.

④ UA에 의해 세션이 종료되거나 사용자가 XR 콘텐츠를 종료할 때까지 프레임이 계속 재생된다.

WebXR 장치는 사용자에게 몰입형 콘텐츠를 제공할 수 있는 물리적 하드웨어 단위이다. 콘텐츠는
사용자 환경의 다양한 측면을 시뮬레이션하거나 보강하는 시각적, 오디오, 햅틱 또는 기타 감각 출력
을 생성하는 경우 "몰입형"으로 간주된다. WebXR 장치는 공간에서 사용자의 움직임을 추적하고 사
용자의 움직임과 동기화되는 출력을 생성하는 것을 포함한다.

가장 간단한 WebXR 컨텐츠는 웹 문서의 컨텍스트 또는 전체 화면 모드에서 장면을 사용자의 화면
으로 직접 렌더링하는 것이다. 이는 사용자에게 전용 WebXR 장치가 없거나 사용자가 휴대 전화 또
는 기타 핸드 헬드 장치에서 AR 또는 VR 앱을 볼 때 지원하는 가장 일반적인 형태의 콘텐츠이다.

고출력의 콘텐츠는 일반적으로 응용 프로그램 실행 및 그래픽 처리를 데스크톱 컴퓨터와 같은 외부 장치로 오프로드하고 케이블을 사용하여 컴퓨터에 연결하거나 무선 네트워크를 사용하여 사용자에게 표시할 이미지를 수신하게 된다.

만약 여러분이 몰입형 WebXR을 체험하고자 관련 사이트에 접속한다면 여러분 브라우저에는 그림 9-14와 같은 브라우저의 WebXR 지원 여부와 그림 9-15와 같은 세션 모드가 나타나며 WebXR의 기본 정보를 제공하게 된다.

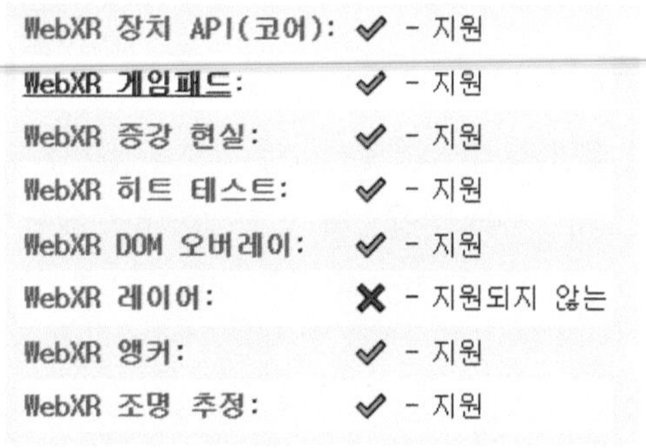

WebXR 장치 API(코어): ✔ - 지원
WebXR 게임패드: ✔ - 지원
WebXR 증강 현실: ✔ - 지원
WebXR 히트 테스트: ✔ - 지원
WebXR DOM 오버레이: ✔ - 지원
WebXR 레이어: ✖ - 지원되지 않는
WebXR 앵커: ✔ - 지원
WebXR 조명 추정: ✔ - 지원

인라인 : ✔ - 사용 가능 [세션 시작]
몰입형 vr : ✖ - 사용할 수 없음
몰입형 ar : ✖ - 사용할 수 없음

그림 9-14 브라우저 WebXR 지원 여부 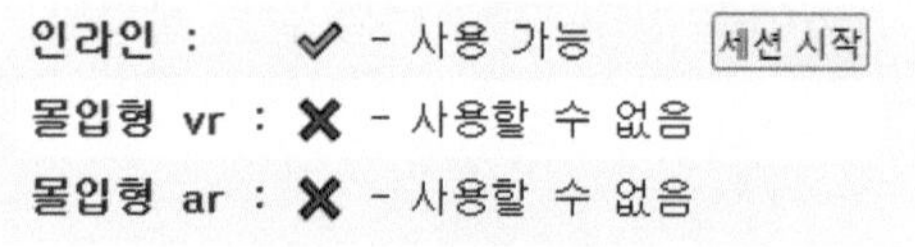   그림 9-15 세션 지원 여부

9.5 실습 - 파워포인트 슬라이드 작성하기 02

9.5.1 표 작성하기

(1) 슬라이드 추가하기

그림 9-16 과 같이 새 슬라이드 - 제목 및 내용을 선택한다.

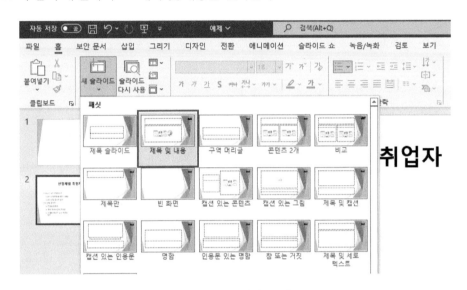

그림 9-16 슬라이드 추가

(2) 슬라이드 제목 입력

제목 개체 틀을 선택하고 "산업체별 취업자 수"로 제목을 입력하고 글꼴은 "맑은 고딕", 글꼴 크기는 40pt로 설정한다.

그림 9-17 과 같이 텍스트 개체 틀에는 표 삽입 단추를 누르고 표 삽입 대화상자에서 열 개수는 7, 행 개수는 10을 입력하고 확인 단추를 누른다.

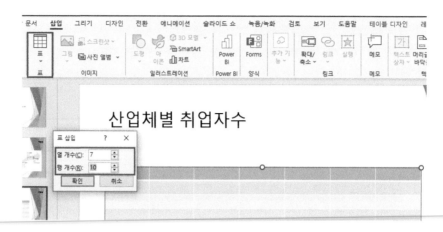

그림 9-17 표 삽입

[3] 표 내용 입력 및 셀 맞춤

그림 9-18 과 같이 1행과 산업별 내용을 입력하고 표 도구 - 레이아웃 - 맞춤 - 세로 가운데 맞춤을 지정한다. 표 내용은 표 도구 - 레이아웃 - 맞춤 -오른쪽 맞춤으로 지정한다.

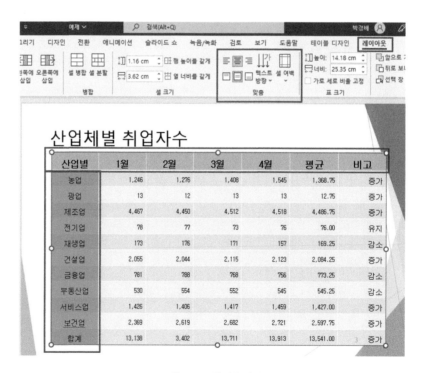

산업체별 취업자수

산업별	1월	2월	3월	4월	평균	비고
농업	1,246	1,276	1,408	1,545	1,368.75	증가
광업	13	12	13	13	12.75	증가
제조업	4,467	4,450	4,512	4,518	4,486.75	증가
전기업	78	77	73	76	76.00	유지
재생업	173	176	171	157	169.25	감소
건설업	2,055	2,044	2,115	2,123	2,084.25	증가
금융업	781	788	768	756	773.25	감소
부동산업	530	554	552	545	545.25	감소
서비스업	1,426	1,406	1,417	1,459	1,427.00	증가
보건업	2,369	2,619	2,682	2,721	2,597.75	증가
합계	13,138	3,402	13,711	13,913	13,541.00	증가

그림 9-18 셀 맞춤 지정

(4) 표 질감 선택과 테두리

6,7행을 블록으로 지정하고 그림 9-19와 같이 표 도구 - 디자인 - 표 스타일 - 음영 - 질감을 선택하고 흰색 대리석을 클릭한다.

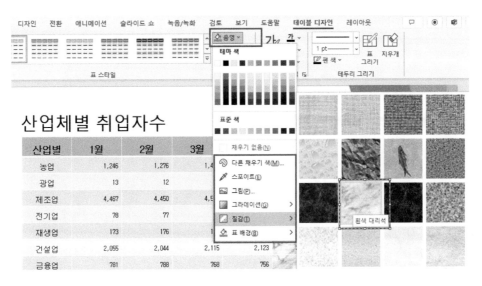

그림 9-19 표 질감

그림 9-20과 같이 표 전체를 선택하고 표 도구 - 디자인 - 테두리 그리기 - 팬 색을 진한 청색으로 선택하고 선 굵기는 1.5pt로 지정한다. 표 서식을 완료하였으면 표에 적용하기 위하여 표 스타일 - 테두리 - 모든 테두리를 클릭하면 표의 테두리는 설정한 대로 변경된다.

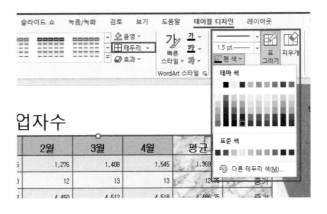

그림 9-20 표 테두리 설정하기

[5] 도형 작성하기

네 번째 슬라이드를 그림 9-21과 같이 빈 슬라이드를 추가하여 도형이 포함된 슬라이드를 작성해 보자. 도형을 삽입하기 위해 그림 9-22와 같이 삽입 - 일러스트레이션 - 도형 - 별 및 현수막 - 두루마리 모양을 선택한다.

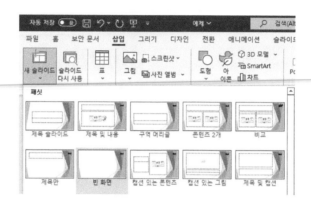

그림 9-21 빈 슬라이드 추가하기

그림 9-22 도형 삽입

도형을 선택한 상태에서 그림 9-23과 같이 그리기 도구 - 서식 - 도형 스타일 - 도형 채우기 - 그라데이션 - 선형 위쪽을 선택하고 그림 9-24와 같이 그리기 도구 - 서식 - 도형 스타일 - 도형 효과 - 그림자 - 바깥쪽- 오프셋 아래쪽을 선택한다.

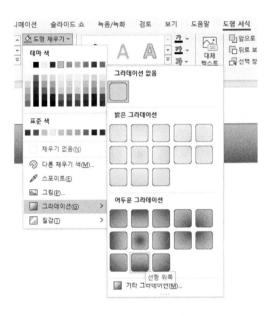

그림 9-23 도형 그라데이션 선택

도형 안에 "1~4월 산업별 취업자 수" 입력하고 글꼴 서식은 맑은 고딕, 글꼴 크기는 20pt, 스타일 굵게로 설정한다.

그림 9-24 도형 효과 - 그림자

(6) 도형 그룹화 하기

사각형 도형과 화살표 도형을 적용하여 그림 9-25와 같이 만들어 보자. 사각형 도형과 화살표 도형을 만들고 질감과 3차원 옵션을 이용하여 입체 효과를 선택한다.

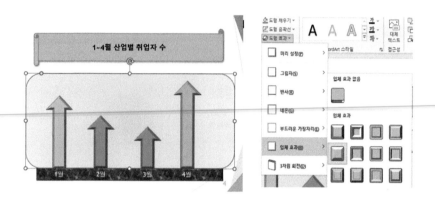

그림 9-25 도형 입체 효과

슬라이드에 만들어진 모든 도형은 하나의 개체로 취급되어 편집하는데 있어 비 효율적이다. 각 개체를 하나로 묶어 그룹화하면 효율적으로 편집할 수 있다. 그림 9-27 과 같이 슬라이드에서 그룹화 하고자 하는 개체를 마우스로 모두 선택한다. 각 선택된 도형을 그룹화하기 위하여 그리기 도구 - 서식 -

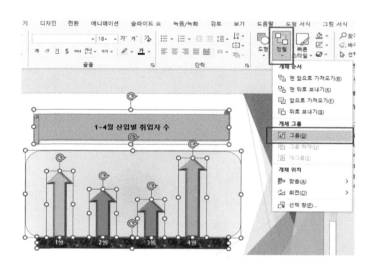

그림 9-26 형 그룹화

정렬 - 그룹화 - 그룹을 선택하면 각 개체는 하나의 개체로 그룹화 된다. 만약 그룹을 해제하려면 그룹 해제 메뉴를 선택하면 다시 원 상태로 돌아간다.

9.5.2 슬라이드 쇼 지정하기

(1) 화면전환 지정하기

슬라이드 1을 선택하고 그림 9-27과 같이 전환 - 슬라이드 화면전환 - 자세히 단추를 누른 후 은은한 효과 - 나타내기를 선택한다.

그림 9-27 화면 전환 효과

나타내기를 선택한 후 그림 9-28과 같이 오른쪽 있는 효과 옵션 - 오른쪽에서 부드럽게를 선택한다.

효과 옵션 선택 후 그림 9-29와 같이 3번의 타이밍 그룹에서 '마우스를 클릭할때'의 체크 표시는 해제하고 '다음 시간 후'를 15초로 설정한 후 4번의 모두 적용 단추를 누른다.

모두 적용 단추를 누르면 모든 슬라이드 옆에 타이밍이 설정된 것으로 별표 모양이 나타나는 것을 볼 수 있다.

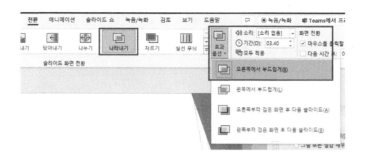

그림 9-28 효과 옵션

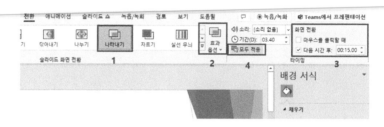

그림 9-29 화면 전환 시간 설정

(2) 애니메이션 지정하기

애니메이션 효과를 지정하기 위해 그림 9-30과 같이 슬라이드 2를 선택한 후 왼쪽의 텍스트 상자를 클릭한 후 애니메이션 - 애니메이션 그룹 - 자세히 - 나타내기 - 날아오기를 선택한다.

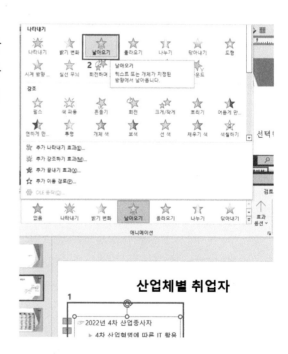

그림 9-30 애니메이션 효과

날아오기 애니메이션을 선택한 후 그림 9-31과 같이 효과 옵션에서 → 왼쪽에서를 선택한다.

제목 텍스트 상자를 선택한 후 애니메이션 - 애니메이션 그룹을 선택하고 애니메이션 목록에서 닦아내기를 선택하고 효과 옵션은 왼쪽에서 선택한다.

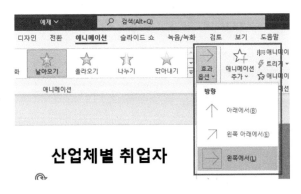

그림 9-31 애니메이션 효과 옵션 설정

슬라이드 4번은 애니메이션 효과에서 그림 9-32와 같이 추가 나타내기"를 선택한 후 대화상자에서 "기본 확대/축소"를 선택한다.

그림 9-32 추가 나타내기 효과

[3] 쇼 재구성 사용하기

슬라이드 쇼 - 슬라이드 쇼 시작 - 슬라이드 쇼 재구성 - 쇼 재구성을 선택한 후 쇼 재구성 대화 상자에서 새로 만들기 단추를 클릭하고 그림 9-33과 같이 슬라이드 쇼 이름을 "산업체 취업자수"라고 입력한다. 그림 9-34와 같이 재구성할 슬라이드를 선택한 후 추가단추를 누르면 슬라이드 쇼 재구성 목록에서 새로운 쇼 재구성이 작성된 것을 확인할 수 있다.

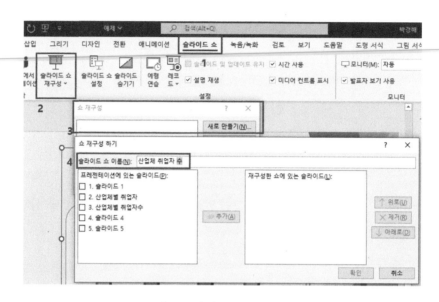

그림 9-33 슬라이드 쇼 재구성하기

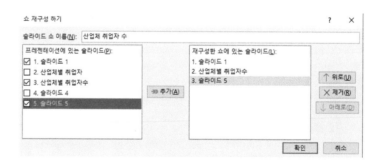

그림 9-34 재구성된 슬라이드 쇼

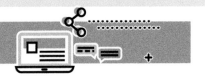

1. VRML에 대해 설명하시오.

2. X3D에 대해 설명하시오.

3. X3Dom에 대해 설명하시오.

4. 가상현실 공간을 구축하고 탐색하기 위한 네비게이션(NavigationInfo)의 설정 방법에 대해 설명하시오.

5. 3차원 물체를 구성하기 위한 Shape는 무엇으로 결정되는지 설명하시오.

6. 빛의 특성에 따라 물체의 색상은 어떠한 방식으로 표현 되는지 설명하시오.

7. 인공조명의 종류에 대해 설명하시오.

8. WebGL에 대해 설명하시오.

9. X3Dom에 대해 설명하시오.

10. WebXR에 대해 설명하시오.

11. 다음을 파워포인트로 작성하시오.

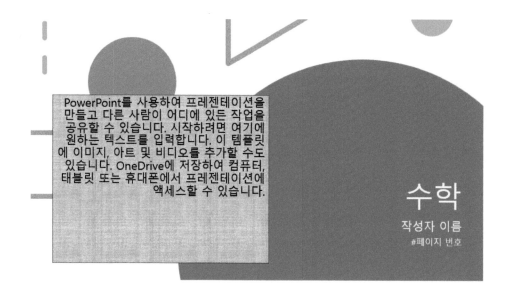

참고 문헌 및 사이트

1. 가상현실과 증강현실, 박경배, 21세기사 2012

2. 쉽게 배우고 이해하는 컴퓨터 개론, 김두진, 웅진닷컴, 2018

3. e-Test Professionals, 김용집, 씨앤씨에듀, 2021

4. Web3D 디자인을 위한 X3D 넌 누구냐, 박경배 곽승욱, 글로벌출판사, 2008

5. 가상현실을 위한 HTML5 & Web3D, 박경배, 21세기사, 2021

6. HTML5 중심의 CSS3와 자바스크립트, 박경배, 21세기사, 2020

7. 사물인터넷, 국립중앙과학관, 지식백과

8. 지능정보사회 중장기 종합대책, 중앙정부, 2016

9. 4차산업혁명과 산업구조의 변화, 이은민, 2016

10. 멀티미디어 활용의 실제, 홍수현, 정민사, 2016

11. HTML5&CSS3&Javascript, 천인국, 생능출판사, 2013

12. https://www.w3.org/Consortium/

13. https://www.w3schools.com/css/css_intro.asp

14. https://www.w3schools.com/css/css_syntax.asp

15. https://www.w3.org/TR/2011/WD-html5-20110525/elements.html

16. https://www.w3.org/standards/webdesign/htmlcss.html

17. https://www.w3schools.com/css/default.asp

18. https://developer.mozilla.org/en-US/docs/Web/API/WebXR_Device_API/Fundamentals

19. https://immersive-web.github.io/webxr-samples/

20. 21이슈보고서, 인공지능과 기계학습 개요 산업응용.pdf, 이현진, 2021

21. OECD, '제조분야에서의 인공지능 사용과 확산'의 주요내용 및 시사점, NIA, 권태균, 2022.

22. http://www.web3d.org/x3d/specifications/ISO-IEC-19775-X3DAbstractSpecification/

23. http://www.web3d.org/x3d/specifications/ISO-IEC-19775-X3DAbstractSpecification/Part01/

24. 3D 가상홈페이지 만들기, pp155~pp162, 박경배, 21세기사, 2007

25. https://threejs.org

26. https://www.webxr-metaverse.com

27. https://docs.unity3d.com/kr/2018.4/Manual/webgl-gettingstarted.html

28. https://www.opengl.org/

29. https://www.samsungsemiconstory.com/kr/category/기술/8대-공정/

30. https://terms.naver.com/, 네이버 지식백과

31. https://www.x3dom.org/

32. https://www.microsoft.com/ko-kr/microsoft-365/excel

33. https://www.microsoft.com/ko-kr/microsoft-365/powerpoint

34. https://www.hancom.com/main/main.do

저자 약력

박경배(gbpark@yit.ac.kr)
- 현) 여주대학교 국방장비과 교수
- 관심분야 : 멀티미디어, 이동 애드혹 통신, 가상현실

김범식(kbs@yit.ac.kr)
- 현) 여주대학교 소프트웨어융합과 교수
- 관심분야 : 정보보안, 시스템 소프트웨어

강경인(kikang@yit.ac.kr)
- 현) 여주대학교 지능로봇과 교수
- 관심분야 : 드론/로봇 코딩, 네트워크 통신

4차 산업혁명 시대의 IT 개론과 실습

1판 1쇄 인쇄 2023년 01월 02일
1판 1쇄 발행 2023년 01월 10일
저   자 박경배·김범식·강경인
발 행 인 이범만
발 행 처 **21세기사** (제406-2004-00015호)
　　　　　경기도 파주시 산남로 72-16 (10882)
　　　　　Tel. 031-942-7861　　Fax. 031-942-7864
　　　　　E-mail : 21cbook@naver.com
　　　　　Home-page : www.21cbook.co.kr
　　　　　ISBN 979-11-6833-069-6

정가 32,000원